戦前期日本の
学閥ネットワーク

慶應義塾と企業家

三科仁伸

日本経済評論社

目次

序章　学閥ネットワークに関する経営史研究の意義と課題……………… 1

第Ⅰ部　企業経営と学閥ネットワーク──ヒトとビジネスをつなぐ

第1章　高等教育機関による実業界への人材供給と学閥
　　　　──慶應義塾の事例………………………………………… 19

　はじめに　19
　第1節　慶應義塾出身者の就職動向　21
　第2節　実業界における「学閥」　30
　おわりに　35

第2章　豊国銀行の設立と展開
　　　　──濱口吉右衛門による銀行合同 ………………………… 39

　はじめに　39
　第1節　豊国銀行の設立と濱口吉右衛門　40
　第2節　合同以前の前身五銀行の展開　43
　第3節　豊国銀行の展開　47
　第4節　豊国銀行の解散と昭和銀行への合同　62
　おわりに　64

第3章　千代田生命保険の創業と"堅実主義的"経営
　　　　──門野幾之進による後発保険事業の経営 ………………… 71

　はじめに　71
　第1節　門野幾之進について　72

第2節　千代田生命保険と門野幾之進　75

第3節　生命保険以外の保険事業への参入　88

おわりに　95

第4章　玉川電気鉄道の剏業と事業展開
──津田興二の鉄道経営 ……………………………… 101

はじめに　101

第1節　玉川電気鉄道建設計画の展開　102

第2節　玉川電気鉄道の開業と鉄道事業の展開　109

第3節　玉川電気鉄道の経営陣と株主　114

おわりに　122

第Ⅱ部　地方資産家の企業家ネットワーク──地方と中央をつなぐ

第5章　地方資産家の企業家活動と有価証券投資
──伊東要蔵と学閥ネットワーク ……………………… 129

はじめに　129

第1節　伊東要蔵の企業家活動　130

第2節　伊東要蔵の有価証券投資活動　140

第3節　有価証券取引と株式仲買商　155

おわりに　158

第6章　経営危機下の地方銀行改革
──三十五銀行の不良債権処理問題 ………………… 163

はじめに　163

第1節　三十五銀行の経営危機と伊東要蔵の経営参画　164

第2節　経営改革への着手　169

第3節　足立孫六への貸付金の処理　180

第4節　株主との対立と伊東要蔵の退任　185

おわりに　189

第7章　浜松鉄道の建設とその経営
──ローカルネットワークの活用 ………………………………… 195

はじめに　195
第1節　浜松地域と鉄道の形成　196
第2節　1897年前後の鉄道建設計画　197
第3節　浜松鉄道の設立と展開　207
第4節　大正期における鉄道建設活動への関与　213
おわりに　216

終章　「学閥」の時代
──ネットワークがつないだもの ………………………………… 223

あとがき　231
参考文献　237
人名索引　246

図表一覧

表

表 1-1	明治期慶應義塾出身者の所属産業分類 ……………………………	22
表 1-2	明治期慶應義塾出身者の職位 …………………………………	23
表 1-3	慶應義塾出身者の就職先（1923-40 年）………………………	24
表 1-4	各大学卒業生の就職先（1925 年 3 月）………………………	26
表 1-5	各大学卒業生の就職先（1935 年 3 月）………………………	27
表 1-6	1936 年度卒業生の主な就職先	
	（慶應義塾・早稲田大学・東京帝国大学）	29
表 1-7	昭和初期における慶應義塾出身者の採用傾向が顕著な企業 ……	33
表 2-1	豊国銀行設立発起人 ……………………………………………	42
表 2-2	豊国銀行営業状態概況 …………………………………………	48
表 2-3	豊国銀行主要株主 ………………………………………………	58
表 3-1	門野幾之進履歴 …………………………………………………	73
表 3-2	門野幾之進関係企業における兼任重役一覧（2 社以上）………	76
表 3-3	千代田生命保険基金拠出者 ……………………………………	78
表 3-4	千代田生命保険評議委員 ………………………………………	79
表 3-5	千代田生命保険業績概況 ………………………………………	83
表 3-6	千代田生命保険保有株式の産業別割合 ………………………	86
表 3-7	千代田火災保険会社業績概況 …………………………………	91
表 4-1	玉川砂利電気鉄道設立発起人 …………………………………	103
表 4-2	玉川電気鉄道役員 ………………………………………………	116
表 4-3	玉川電気鉄道主要株主 …………………………………………	120
表 5-1	伊東要蔵家資産規模推移 ………………………………………	131
表 5-2	伊東要蔵家主要収益 ……………………………………………	132
表 5-3-1	伊東要蔵参画企業（静岡県内企業）のうち，2 社以上兼任役員………	136
表 5-3-2	伊東要蔵参画企業（静岡県外企業）のうち，2 社以上兼任重役………	137
表 5-4	伊東要蔵勤労所得 ………………………………………………	138
表 5-5	諸株券所有数調 …………………………………………………	141
表 5-6-1	伊東要蔵有価証券投資取引高（1899-1913 年）………………	142

表 5-6-2	伊東要蔵有価証券取引高（1919-29 年）………………	146
表 5-7-1	伊東武有価証券取引高（1924-30 年）…………………	150
表 5-7-2	伊東武有価証券取引高（1933-40 年）…………………	152
表 6-1	三十五銀行資金調達および運用状況概況……………	166
表 6-2	三十五銀行における関係者に対する貸付金残高および整理方法………	170
表 6-3	三十五銀行本支店別欠損額…………………………	175
表 6-4	三十五銀行主要株主および保有株数………………	178
表 6-5	足立孫六貸付金処分案………………………………	182
表 7-1	伊東要蔵関係鉄道事業年表…………………………	195
表 7-2	浜松鉄道（浜松軽便鉄道）発起人…………………	209

図

図 2-1	豊国銀行役員在職期間 ……………………………………	52
図 3-1	門野幾之進の就任役職 ……………………………………	74
図 3-2	千代田生命保険における運用資金の推移 ……………	85
図 4-1	玉川電気鉄道路線図 ………………………………………	101
図 4-2	玉川電気鉄道主要事業純益 ……………………………	110
図 4-3	玉川電気鉄道貨物輸送純益 ……………………………	112
図 5-1	伊東要蔵の就任役職 ………………………………………	134
図 7-1	遠参鉄道計画路線図 ………………………………………	199
図 7-2	浜松鉄道・遠州電気鉄道路線図 ………………………	210
図 7-3	浜松鉄道利益金 ……………………………………………	212
図 7-4	浜松鉄道輸送量 ……………………………………………	212

写真

写真 2-1	濱口吉右衛門（9 代目）……………………………………	40
写真 2-2	和田豊治 ……………………………………………………	41
写真 2-3	門野幾之進 …………………………………………………	72
写真 4-1	津田興二 ……………………………………………………	115
写真 5-1	伊東要蔵 ……………………………………………………	130

序章　学閥ネットワークに関する経営史研究の意義と課題

　本書の課題は，企業家ネットワークの中でも，特定の高等教育機関の出身である学卒者らが同窓関係に基づいて構築した学閥ネットワークが，近代日本の経済発展および企業経営に与えた役割を明らかにすることである。一般に，企業家ネットワークとは，血縁や地縁，幕藩体制期以来の身分関係に基づくものなど，さまざまな人間関係を基盤として形成される。その中でも，本書では，その結合要因として，近代日本にはじめて登場した高等教育機関の存在に着目したい。すなわち，多様な企業家ネットワークの1つの類型として，学閥ネットワークをとりあげる。

　近代企業の発展における企業家の役割については，改めてチャンドラー（Chandler, Jr., Alfred DuPont）による一連の労作を引用せずとも領得できる。そもそも，零細な個人商店などを別にすれば，一定規模の企業の経営やそのための資金調達を小数の経営者のみでおこなうことは困難であり，複数の企業家が協働して事業をおこなうことが求められる。ただし，その過程で形成される企業家同士の人的なネットワークは，相互に信頼のおけるものである必要がある。かつて，18世紀後半から19世紀初頭にかけての産業革命期のイギリスにあっては，泡沫会社法（Bubble Act）による規制もあり，一部事業を除き，パートナーシップ形態による企業が主流であった。そのような場合，協同してビジネスをおこなう上では信頼性の確保が重要視され，血縁関係や所属する宗教的共同体などをベースとした信頼関係が重視されたとされる[1]。

　では，19世紀後半に旧来的な封建体制から脱却し，開国とともに国際的な経済システムに組み込まれることになった日本では，企業経営は，どのような共同体をベースとして展開されたのであろうか。特に企業を取り巻く諸種の市場が未成熟であった戦前期の日本でこそ，相互に信用を確認しあえる企業家

ネットワークが必要とされたのではないだろうか。この問題について，本書では，多様な企業家ネットワークの中で，出身大学などの高等教育機関を同じくする者同士によるそれを素材として，多面的かつ実証的な検討をおこないたい。

　本書が取り上げる学閥ネットワークは，地縁や血縁に基づく固定的なものとは異なり，特定の地域や出自に限定されず特定の高等教育機関の出身者であるならば参画することができるものである。そのため，幕藩体制期の身分や出身の枠組みを超え，全国的規模での展開が想定される。学閥ネットワークは，封建社会の残滓を残すことのない，明治期に新たに登場した近代的なものと考えられよう。こうした学閥ネットワークが，市場が未成熟な戦前期の日本において，前時代の拘束を脱し，企業家が近代的な企業経営に必要な人材や資金を調達することを可能にするものであったはずである。このように仮定するならば，学閥ネットワークは，具体的にどのように機能したのであろうか。慶應義塾出身者による学閥ネットワークを事例として，ネットワークを構成した企業家の多様性やその結束力に留意しつつ，本書各章での分析を進めることで，この問題への理解を得たい。

　このようなネットワークの形成について，Hyman, H.H.［1942］は，社会心理学的なアプローチにより，個人の主観的地位に基づいた準拠集団的行動論を提起した。ここでは，個人の行動やふるまいは収入などの客観的な基準ではなく，自分自身の認識によって決定されると考えられた。そして，住友財閥を分析した瀬岡誠［1998；2002；2005］は，この準拠集団的行動論を経営史研究へと応用することで，住友財閥の鈴木馬左也や伊庭貞剛らが有していた個人的なネットワークと，それが財閥経営に与えた思想的影響を指摘している。こうした分析を踏まえるならば，本書が検討課題とする学閥ネットワークも，同窓関係に基づく準拠集団的機能に依拠したものと捉えることができよう。

　以下，本章では，企業家ネットワークの役割を示すとともに，本書全体の課題を整理する。そして，関連する先行研究を渉猟することで，学卒者による企業家ネットワーク研究の意義を明確化するとともに，あわせて，彼らが目指した近代日本の産業化について，本書での議論に即して検討したい。ただし，各章に関する個別的な先行研究については，各章冒頭において検討することとしたい。

1 企業家ネットワークの役割

本書が検討課題とする企業家ネットワークは，はたしていかなる役割を果たしていたのだろうか。この問いについて，ここでは，三科仁伸［2018a］によりながら，その存在もしくは不在が企業経営に与えた影響を，王子電気軌道（現・東京さくらトラム（都電荒川線））と城東電気軌道の経営を対比する形で，簡単に紹介したい。

本書の第4章で取り上げる玉川電気鉄道と同様，両軌道は戦前期東京における代表的な交通機関である。王子電気軌道の設立は，沿線地域住民らの発起による計画であったが，日露戦争後の反動不況の影響で資金調達が進まず，才賀藤吉が率いる才賀商会の支援により，開業を目指すことになった。しかし，不渡り手形の発生により才賀藤吉が実業界を追われると，同社の株式はさまざまな実業家の手にわたり，支配的な影響力を行使できるものはいなくなる。この間，大正生命保険の金光庸夫が経営を主導することになる。だが，王子電気軌道の好調な電灯電力事業に関心を示した東京電灯と東邦電力の資本が入ることで，金光庸夫が企図した交通網の拡充は挫折する。すなわち，彼は王子電気軌道を新宿まで延伸し，そこで京王電気軌道と接続させることを計画していたが，資金調達の問題や鉄道事業の拡大を好まない電力会社の意向により，この計画は実現することはなかった。

一方で，王子電気軌道と同様に沿線の地域住民らによって発起された城東電気軌道は，電灯電力の供給事業の拡大を目論む千葉胤義による混乱を経て，尾高次郎が，次いで大川平三郎が社長として経営を主導した。また，主要な株主は，彼らと関係が深い東洋生命会社や尾高合名会社，大川合名会社などの企業であった。この間，グリーンメーラー視されていた高柳淳之介の経営介入を防ぐ際には，尾高次郎や大川平三郎の義父である渋沢栄一らが尽力したとされる。こうした血縁関係に基づく企業家ネットワークの支援を受けたことで，城東電気軌道には経営上の混乱はみられず，1937年に東京乗合自動車と合併している。この合併は，東京乗合自動車の親会社が東京地下鉄道であり，大川平三郎自身が同社の取締役を兼任していたためであった。

両者の対比からも明らかなように，特定の企業家ネットワークによる人的もしくは資金的な後援を受けることは，経営を安定化させるための重要な要素で

あった。戦前期の日本にはこうした企業家の後援を受けることができず，王子
電気軌道のように経営が不安定化した企業が存在したことを想起するならば，
われわれは，企業家ネットワークの経営上の意義をより具体的に理解できるで
あろう。

2 本書の検討課題とその意義

　本書の議論は，同じ高等教育機関を卒業した者同士の同窓関係に基づいて構
築された学閥ネットワークを分析することによって進められる。この学閥ネッ
トワークとは，出身高等教育機関の同窓関係に基づいて，企業家を相互に繋ぐ，
「顔のみえる」非匿名的な関係を示すものである。

　企業家ネットワークに関する研究は，近年，本格化しつつあるといえる。こ
の研究視角を最初に提起したのは，『日本全国諸会社役員録』を活用して，そ
の分析をおこなった鈴木恒夫ほか［2009］に結実する一連の研究であった。彼
らがいうところの「企業家ネットワーク」とは，「2人の同一人物が2つの同
じ会社に役員でいる組み合わせ」を「要素ネット」とし，この「要素ネット」
の逐次的な連結による総体であるとされる[2]。このようにして構築された企業
家ネットワークは，基本的には，企業経営陣の兼任関係を軸に規定されるもの
であった[3]。そして，この鈴木ほか［2009］の中では，「地域に根差した同志が
企業家ネットワークという独自の人的ネクサスを形成し，これを基に共同で会
社を設立し，かつ経営に関与する中で地域経済の発展に貢献して来た」[4]とす
る分析結果が提示された。彼らによる数量的な分析手法は，特定の企業家を対
象とした個別的な研究にも援用されており，たとえば，島田昌和［2005］は，
こうした枠組みを活用することで，渋沢栄一を中心とした企業家ネットワーク
を析出している。

　その一方で，このような研究姿勢に対し，石井寛治［2010］は，「巨大ネット
ワークの分析に際しては，コンピューター処理は分析の第一段階であって，
ネットワークの広がりについての実質的判断は，具体的事情を考えた上で下す
べき」[5]であると批判している。また，中西聡［2011］も，数量的な分析を踏
まえつつも，個別具体的な事例に即した実証的研究の役割を再確認している。
そうした中で「地域に根差した」ネットワーク以外に限定されることなく，多

4

様なネットワークのあり方を実証的に研究することが，今後の課題と考えられる。

そこで，以上のような先行研究の成果を援用し，本書では地縁や血縁など，多様な人間関係に基づく企業家ネットワークの基盤の１つとして，特定の高等教育機関出身者による，学閥ネットワークを検討していきたい。なお，こうした関係性に基づく学閥ネットワークは，これまでも，三井などの財閥形成期における研究の中で副次的に論究されることはあったとしても[6]，直接的な論究は抑制的であった。よって，本書での検討により，企業家ネットワークにおける「学閥」の要素を中心とした具体的な分析視角を提起していきたい。

本書の中で，われわれが検討対象とする高等教育機関は，慶應義塾[7]である。ヒルシュマイア，J.［1965］は，近代日本の産業化を牽引した人材を輩出した高等教育機関の中で，慶應義塾が明治期における代表的な経営者や企業家の供給元であったとしている。また，「経営史研究においては誰しも，慶應義塾出身の経営者に行き当たった経験があるであろう」[8]と指摘されていることからもわかるように，彼らの役割は広範かつ顕著なものであり，日本の経営史研究の中で欠くべからざる対象とされる。加えて，Michie, J. and Smith, J. G. eds.［1998］などが指摘するように，近代日本の発展に果たした慶應義塾の役割は国際的にも認知されており，日本の経済史研究のみに限定されるものではないと考えられる。そのため，本書の検討事例として，最適なものとして選択される。

戦前期の日本には，官立大学を除いた私立大学として，慶應義塾以外にも多くの高等教育機関が存在した。そして，それらの高等教育機関の出身者が，帝国日本の内外において，さまざまな分野で多様なネットワークを構築していた。こうしたネットワークの役割は，市場が未成熟な戦前期においては，現代社会に比してより重みを持つものであった。そうした中で，実業界との繋がりが顕著であったのが慶應義塾であることを考えるならば，われわれは，まずはこの出身者に注目する必要があろう。ここで付言すると，慶應義塾では，卒業生のみならず，慶應義塾に対し特に功績があるとして特選されたものを，「塾員」と呼称している。この場合，特選された「塾員」は，正規の卒業生でなくとも，同様のものとして扱われる[9]。

次に，経営史研究一般に議論を引きつけて，こうした学閥に着目することによって得られる本書の意義を明らかにしたい。

そもそも，資本主義下における経済発展において，"経済のエンジン"とも称される企業や企業家の役割は大きい。すでに，1920年代において，シュンペーター，J. A.［1977］が企業家の活動に由来する「革新」に経済発展の原動力を求めた一方で，Cole, A. H.［1959］らはシュンペーターの議論を発展させ，事業の設立のみならず，その維持拡大も企業家の特質とみなすことを提唱した。また，宮本又郎［1999］によると，このような企業家への理論的関心を日本の経営史研究に適応させる場合，国際的には模倣者や追随者であっても，企業家は各時代の「革新者」であるとともに，経営者や管理者，技術者なども企業家に含む必要があるとされる。

日本の経営史研究の中では，日本の近代化や産業化を担った企業家を輩出した社会階層への分析も試みられた。彼らの出自について，土屋喬雄［1954］や石川健次郎［1974］によると，その多くは，財閥などの番頭を含め，武士身分の出身が多いことが指摘されている。また，明治期の企業家の出身階層から成功にいたるプロセスを分析した前述のヒルシュマイヤー，J.・由井常彦［1977］は，次の4つの類型を提示している。第1に「動乱期の機会を手中にした商人タイプ」，第2に「いわゆる「政商」タイプ」，第3に「中央における実業家タイプ」，第4に「地方的な実業家」である。このうち，第4の類型とされる「地方的な実業家」とは，旧来の農民層や商人層が中心であって，「がいしてより地域的な郷土の発展・近代化とか，家名の高揚，家業の繁栄」に対する動機付けによって，経済活動に関与したと説明される[10]。

では，彼らはいかにして近代的な企業家として，中央や地方における実業界で活動していたのであろうか。ここで，われわれが着目するものこそが，高等教育機関の出身者によって形成された学閥ネットワークの存在である。結論をやや先取りするのであれば，こうしたネットワークにアクセスすることにより，彼らはさまざまなビジネスチャンスを獲得するとともに，時に信用をおける投資先を確保したのであった。

ここまでみてきたように，本書での学閥ネットワークの研究は，鈴木ほか［2009］が提起した企業家ネットワークの形成要因を，具体的に提起するもの

6

である。そして，そこに内在する「具体的事情」を明らかにするとともに，企業家個人の経済活動に即して再検討することで，企業経営において学閥ネットワークが果たした役割を究明していく。

3　近代企業への就職と慶應義塾

　次に，学閥ネットワークの形成の前提となる高等教育機関と企業の関係について検討する。森川英正［1981］によると，近代的企業が叢生した明治期において，資本家は近代産業経営に必要な専門的知識や情報を充分に把握しえなかったために，そうした専門知識の持ち主である学卒者に依拠せざるをえず，また，学卒者の供給が不足基調であったことから，「資本家は彼らの意思を尊重せざるをえなかった」[11]とされる。そして，青沼吉松［1965］によると，1900年頃から学卒者の実業界入りが進展していき，1930年代後半には大企業経営者の75％以上が学卒者であった。竹内洋［1999］は，高等教育機関出身者の賃金についてみてみると，明治期末ころまでの慶應義塾の出身者の初任給は，帝国大学出身者のそれの50％から60％であったが，その後，この格差は徐々に縮小していったことを明らかにしている。

　本書で検討対象とする慶應義塾では，その設立者である福澤諭吉自身が，自身の門下生が民間の経済部門に進んでいくことを推奨していた。彼は「尚商立国論」を通して，「新しい時代のビジネスは公益心を持った，しかも学問を身につけたエリートが担うべき」[12]であると主張しており，そのために，多くの門下生が実業界で活躍していったことは，森川英正［1990］や平野隆［2017］などの指摘の通りである。実際，明治30年代の実業界では，帝国大学の出身者を除くと，「慶應義塾ノ出身者ガ跋扈シテ居ルノデアル」[13]と評されたように，慶應義塾の出身者が多く活躍していた。また，明治期における教育機関とその出身者が創立あるいは経営に参画した企業との関わりを検討した石川［1974］は，慶應義塾の出身者は，銀行業や紡績業，鉄道事業に関与したものが多かったことを指摘し，実業界での役割を評価している。

　慶應義塾と企業との関係が特に重視されたのは，出身者の就職においてであった。明治期における学卒者を採用する主要な方法は，「企業内の責任ある人々が教育機関や学者との間で持っていた非公式なコネクションを通してのも

の」[14] であった。そのため，明治期には，慶應義塾の学生が「近代企業に就職するためには，福沢〔諭吉〕，小泉〔信吉〕，小幡〔篤次郎〕という歴代の塾長とそれに連なる同窓生に認められることが，重要」[15] であった。すなわち，同窓の出身者による就職の周旋が，半ば確立された就職ルートとして成立していたのである。たとえば，三井家では，福澤諭吉の甥である中上川彦次郎の意向もあり，慶應義塾の出身者を大量に雇用し，また，三菱では，荘田平五郎を介した就職ルートが形成されていた。他にも，福澤桃介の紹介による松永安左ェ門の日本銀行への就職などのように，同窓関係に基づいた採用傾向は，当時の代表的な企業において確認される。

このような人材供給の意義は，財閥の形成過程において強調される。実際，明治期を通し，慶應義塾などの高等教育機関の出身者が企業に採用される事例は拡大している。中上川彦次郎は，三井銀行の立て直しと工業化政策を「士流学者」によって実行すべく，多数の慶應義塾出身者を高給で採用しており，このことは三井家の改革の一環であった。こうした学卒者が積極的に登用された背景として，彼らの相対的に高い学識に加え，人材の中途採用や情報の獲得などにおける，彼らの人脈が重視されたことが指摘されている[16]。この時期に三井に採用された主な慶應義塾の出身者は，朝吹英二や藤山雷太，武藤山治，和田豊治，日比翁助，池田成彬らであり，彼らは三井家の内外において，近代日本の産業化に貢献した人物といえる。武内成 [1995] が主張するように，明治初期の三井財閥では，慶應義塾出身者の採用が顕著であった。ただし，20世紀にはいるころには，特定の高等教育機関の出身者にかかわらず，内部昇進型の専門経営者が増えていく傾向にあった[17]。

大正期以降になると，個人による紹介ではなく大学からの紹介や斡旋がより重要な役割を果たすようになる。これは，大森一宏 [2000] によると，高等教育機関の出身者を定期的に雇用する企業が多く登場したことが影響した結果とされる。しかし，1910年代以降，各高等教育機関の規模拡大に伴い，幹部教育者が学生の能力や人格を個別具体的に把握することは困難になる。そこで，戦間期には，特定の企業との関係を維持しつつ，高等教育機関の中で，就職活動に関する制度化が進められた。このことは，不況による卒業生の就職難への対応をも意味していた。

こうした状況について，長廣利崇［2013］は，戦前期の日本では，高等教育機関による企業への人材推薦制度は有効に機能していたと指摘し，両者の継続的な関係性は取引コストの面から説明する。その一方で，戦間期における工業学校と企業との制度的リンケージは，「学校や教育への信頼といった「社会的資源」の問題」[18]として理解することが求められている。ただし，学歴による人材採用を検討する際には，長廣［2019］が指摘するように，「人が選ばれる時，それが学歴によって選ばれたか，能力によって選ばれたかは判然としない」[19]という点については，十分留意する必要があろう。

ただし，就職後のキャリアパスの形成に対する出身校の影響は軽微であった。たとえば，戦前期における三井物産の場合，「学歴による経済的格差も社会的格差についても有意なものとはみなせない」[20]とされており，企業内においては実力主義が浸透していたことが推察される。

20世紀前半の日本では，高等教育機関と企業との関係は，現在以上に密接なものであった。もちろん，就業構造のメカニズムをすべて所属する高等教育機関のみから説明することは困難であるが，少なくとも，両者の間には，強固なリンケージが形成されていたことは確かである。そして，こうした構造を支えていたのは，これらの高等教育機関の出身者であった。明治期には，出身者による相互の連携，すなわち，学閥ネットワークを介して，企業は経営に必要な人材を調達していたことが想定される。本書では，上述のような財閥史研究の成果を踏まえつつ，財閥系以外の企業を取り上げることで，より広範囲に及ぶ「士流学者」の活躍とその意義を検討していきたい。

4　近代日本の産業化と地方資産家の役割

明治期の慶應義塾へは全国から多数の学生が入学しており，卒業後には，地方の産業化に貢献したものが少なからず存在した。本書第II部では，こうした地方の産業化に貢献した慶應義塾出身の地方資産家である伊東要蔵を取り上げ，彼を支えた学閥ネットワークの役割を検討していく。ここでは，近代日本における地方の産業化をめぐる議論を再検討したい。

近代日本における産業革命の在り方を議論した大石嘉一郎編［1975］は，地方の産業化を中央資本や財閥などによるものとして捉え，彼らを主体とした

「上からの資本主義化」を強調した。他方，地域を基盤とした経済主体，なかでも在来的な資産家の役割についてはこれまでも認識されていたが，彼らによる地方企業への投資は，当該地域の産業化を目的としたものではなく，封建的な地主制度が内包する矛盾の1つが顕在化したものに過ぎないとする，守田史郎 [1963] などの見解が，通説としての地位を保っていた。

　また，中村政則 [1979] によると，土地所有を基盤とした地主制研究の中における地方資産家は，「日本資本主義はいかなる構造的特質を打刻され，さらにいかなる階級的矛盾をかかえこまざるをえなかったのか」[21] という観点からのみ観察される対象であった。その中にあって，小作収入の産業化資本への転化を重要視した中村政則は，地方金融における地主の役割を指摘することで，彼らが地方の産業化に果たした役割を示唆している。「中村は，それまでの幕末・明治初年の地主制形成論を中心とした地主制史研究を，産業革命期の地主制確立論へ転換」[22] させたとする評価に異存はないが，しかしながら，産業資本への転化をもって「工業と農業の発展の不均衡性を加速度的に激化」[23] させたという結論に象徴されるように，マルクス主義経済学による把握を念頭におくと，地方資産家の役割に対する評価は，消極的なものにならざるをえなかった。

　このような研究史上の 1970 年代までの「上からの資本主義化」路線の議論は，1980 年代には停滞をみせた一方で，1990 年前後から，地方を主体とした「下からの資本主義化」のコースが相次いで提起された[24]。こうした議論の中で，産業革命期における企業勃興の担い手として，地方資産家に改めて関心が示された。谷本雅之・阿部武司 [1995] および谷本 [1998] は，新潟県下の資産家や千葉県の濱口儀兵衛家の事例を基に，地域の近代化を志向するとともに，地方名望家的側面をもつ彼らの投資活動と，それに伴うリスク負担の在り方の類型化を試みた。その結果，企業経営への関与の度合いと出資リスクに基づき，地方資産家を4つの類型に分類した上で，一定の資金を投資することで出資リスクを負担する一方で，企業経営には参画しない「地方名望家」型の資産家の役割を重視した。ここでの名望家とは「「地域社会」との関わりで社会的な活動を行う資産家」のことであり，企業家は「「新しい地域・機会」で事業を行う主体」と定義付けられた[25]。

谷本が提起した「動機としての地域社会」論に対して，中村尚史［2010］は地域社会における地縁や血縁などの非匿名的な人的ネットワークを活用した企業家の利潤追求活動こそが，地方の産業化に貢献したと主張する。そして，中村は，中央の資本家が，都市部を中心としつつ，全国的な産業化に貢献したのに対して，地方資産家は地域社会に張り巡らされた地縁・血縁などの非匿名的な人的ネットワークを活用することにより，当該地域における相対的な優位性を発揮し得たとして，「顔のみえる関係」が果たした役割を強調している。そのため，中村が主張する「顔のみえる関係」論においては，経済的合理性を必ずしも必要としない「動機としての地域社会」論は，地方経済の停滞を招くことはあっても，その発展には貢献しえないものと評価され，むしろ，「名望家的投資を控えつつ，慎重な選別（スクリーニング）と観察（モニタリング）にもとづいて地方企業への投資を行った資産家（地方投資家）の存在が，的確な成長資金の供給を通して地域経済の活性化に寄与した」[26] と結論づけられた。

両者の議論とも，「複層的な経済発展の中で，人々の経済行動に影響を与える「場」」[27] としての地域社会の存在を前提とする点で共通している。しかし，「動機としての地域社会」論が近世以来の在来的な生産様式に着目したのに対し，「顔のみえる関係」論は近代的な工場生産の展開を重視する点で，異なる見解が示されたといえよう。

また，地域の産業化に果たした在来的な商家の役割についても，実証的な分析が進められた[28]。地域社会の存在を前提とした企業勃興と，これを支えた地方資産家の活動に関する個別実証的な研究は，近年の産業革命研究における主要な課題の１つとされる。これらの研究成果を総括して，中西［2019］は，近代において資産家が資本家へと変容していく過程を重要視し，近代日本を「資産家資本主義」の時代と捉えている。

松方デフレ期から日露戦争期にかけての明治期後半は，国内全体で相次いで企業が勃興するとともに，産業革命が進展した時代であり，特に地方経済が飛躍的な発展を遂げた「地方の時代」であったとされる。その後，都市近郊地域における工業地帯の形成によって，現代にまで続く「都市の時代」へと転換したと理解される。では，こうした地方の産業化や地方企業の経営は，はたして当該地域のみで完結しえたのであろうか。

こうした「地方の時代」であっても，地方の産業化に必要とされた資源の調達は地域内部で完結せず，地域外のネットワークを活用することが，「カネ（設備投資資金）と情報の獲得のために必要」[29] であったとされる。たとえば，建設に巨額の資本が必要とされる鉄道事業を例にみてみると，上武鉄道の建設では，経営トップが渋沢栄一からの融資を取り付けるなど，「重役は自らの人脈を最大限に活用」[30] するとともに，両毛鉄道の建設でも，「中央において形成されていたネットワークの効果的な利用」[31] が必要とされた。一般に，中央の資本家らは，「ともすると単に「スポンサー」や「顔」としての役割に終始」する傾向があるも，彼ら自身が関心を寄せる事業の場合には，「自ら積極的に自身の関連するネットワークを用いて，資金的，人的援助を要請」[32] することもあったとされる。そのため，資金調達をおこなう上で，中央との接触が重要な役割を果たした。そうした中にあって，渡邉恵一［2005］が検討した青梅鉄道による浅野セメント向けの石灰石の採掘および輸送の事例が示すように，中央企業と地方企業の共存共栄的な相互依存関係も形成されていた。

ただし，中央と地方の関係についての評価は，検討対象とする事例によるものであり，いずれの側からの議論に傾注するかによって，その結論は変わる。そこで，本書のうち，特に第Ⅱ部では，地方の産業化に貢献した地方資産家であるとともに，慶應義塾出身の企業家らと連携して中央資本の一翼を担った伊東要蔵のような，両面的性格を有する企業家を検討することにより，「上からの資本主義化」と「下からの資本主義化」の関係，すなわち，中央と地方の関係を，学閥ネットワークという観点から再考したい。

5　本書の構成

上述の研究課題を検討するにあたり，本書は2部によって構成される。第Ⅰ部「企業経営と学閥ネットワーク——ヒトとビジネスをつなぐ」では，豊国銀行や千代田生命，玉川電気鉄道といった学閥的色彩が強調される企業を対象として，慶應義塾の出身者がどのように関わり，いかなる役割を果たしたかを明らかにする。これにより，慶應義塾の出身者による学閥ネットワークの存在を，帰納的に議論する。一方，第Ⅱ部「地方資産家の企業家ネットワーク——地方と中央をつなぐ」では，個別具体的な企業家の経営活動を対象として，その

中で機能した重層的な人的ネットワークの実態を明らかにする。すなわち，第Ⅰ部において，全体的視点から学閥ネットワークの形成とそれが企業経営に果たした役割について検討し，これを踏まえ，第Ⅱ部では，具体的な企業家の経営活動の事例を個別的視点から検討することにより，多面的かつ包括的な分析をおこなう。本書の章別構成は，次の通りである。

　第1章「高等教育機関による実業界への人材供給と学閥──慶應義塾の事例」では，20世紀前半における高等教育機関出身者の就職実態を，検討対象とする慶應義塾の卒業生名簿である『塾員名簿』の数量的分析によって，検討していく。そして，彼らが実業界において形成した学閥ネットワークについて，帝国大学や他の私立大学の視点も含めて，相対的に分析する。

　第2章「豊国銀行の設立と展開──濱口吉右衛門による銀行合同」では，個別企業の経営における学閥ネットワークの機能について，まずは豊国銀行を取り上げる。慶應義塾出身である濱口吉右衛門（9代目）による銀行合同と，それを後援した和田豊治らの活動の検討を通し，その具体的役割を論証していく。

　第3章「千代田生命保険の創業と"堅実主義的"経営──門野幾之進による後発保険事業の経営」では，慶應義塾の教師から実業家に転じた門野幾之進の企業家活動を支援した，学閥ネットワークの役割を検討し，同時に彼自身がこうしたネットワークの中で果たした機能を分析する。

　第4章「玉川電気鉄道の開業と事業展開──津田興二の鉄道経営」では，停滞した鉄道建設計画に経営資源を提供した慶應義塾出身者の学閥ネットワークに着目し，産業化の進展による都市の近代化を背景としつつ，電力供給や資金調達の拡大局面における，彼らの活動の意義を検討する。

　第5章「地方資産家の企業家活動と有価証券投資──伊東要蔵と学閥ネットワーク」では，慶應義塾出身の学閥ネットワークを支える一員であった伊東要蔵の企業家活動について，協同して事業にあたった兼任重役の動向や有価証券投資の構造を踏まえつつ，彼が慶應義塾の出身者との間で構築した関係を分析する。

　第6章「経営危機下の地方銀行改革──三十五銀行の不良債権処理問題」では，20世紀初頭の地方銀行で発生した不良貸付を原因とした経営危機に対して，頭取として経営改革を実践した伊東要蔵の企業家活動と，それを支えた学

閥ネットワークの機能を明らかにする。

第7章「浜松鉄道の建設とその経営——ローカルネットワークの活用」では，伊東要蔵の地方資産家としての側面に注目し，地方の近代化を進めるにあたり，彼が関与した企業家ネットワークの在り方を検討する。これにより，学閥ネットワークの役割を相対化することが，本章の目的である。

そして，終章「「学閥」の時代——ネットワークがつないだもの」では，本書の課題に即して研究成果を概括した上で，近代日本の経済発展と企業経営に貢献した人的ネットワークの1つである学閥ネットワークの機能と役割について考察する。これにより，本書は，企業経営における「人的つながり」の意義について提起したい。

なお，本書における歴史史料の引用に際しては，原則として，旧字体は新字体に改め，適宜，句読点を付したことを付記しておく。

注

1)　荒井政治［1963］『イギリス近代企業成立史』，東洋経済新報社，76-82頁。
2)　鈴木恒夫ほか［2009］『企業家ネットワークの形成と展開——データベースからみた近代日本の地域経済』名古屋大学出版会，35頁。
3)　彼らの一連の研究は，和田一夫ほか［1992a; 1992b; 1993］に代表されるように，当初は愛知県下に限定した分析であった。しかし，小早川洋一ほか［1999］や鈴木恒夫ほか［1999］のように，『日本全国諸会社役員録』に基づく，より広範な分析をおこなうことで，その検討対象は全国へと拡大されていった。
4)　鈴木ほか［2009］，408-409頁。
5)　石井寛治［2010］「書評：鈴木恒夫・小早川洋一・和田一夫著『企業家ネットワークの形成と展開——データベースからみた近代日本の地域経済』」，『経済学論集』第75巻第4号，46頁。
6)　このような問題意識によるものとして，たとえば，武内成［1995］などが挙げられる。
7)　慶應義塾では，1890年に，文学科・法律科・理財科からなる大学相当の高等教育機関が組織され，1920年に，大学令に基づく旧制大学の設置が認可されている（慶応義塾史事典編集委員会編［2008］『慶應義塾史事典』慶應義塾，50，82頁）。こうした経緯はあるが，本書では，表現の統一性の観点から，一貫して，単に「慶應義塾」とのみ表記する。
8)　井奥成彦［2020］「問題提起」（全国大会統一論題要旨），『経営史学』第54巻第4号，29頁。
9)　慶応義塾史事典編集委員会編［2008］，516-517頁。

10) ヒルシュマイヤー，J・由井常彦［1977］『日本の経営発展——近代化と企業経営』，東洋経済新報社，128 頁。

11) 森川英正［1981］『日本経営史』日本経済新聞社，57 頁。

12) 平野隆［2013］「福沢諭吉の経営思想・近代企業論」，小室正紀編『近代日本と福澤諭吉』慶應義塾大学出版会，141 頁。

13) 外山正一［1899］『藩閥之将来 全——附教育之大計』博文館，52 頁。

14) 米川伸一［1994］「第二次大戦以前の日本企業における学卒者」，『一橋大学研究年報 商学研究』第 34 巻，16 頁。

15) 大森一宏［2000］「戦前期日本における大学と就職」，川口浩編『大学の社会経済史——日本におけるビジネス・エリートの養成』創文社，193 頁。

16) 森川英正［1978］『日本財閥史』教育社，110 頁。

17) 武田晴人［1995］『財閥の時代——日本型企業の源流をさぐる』新曜社，140 頁。

18) 菅山真次［2011］『「就社」社会の誕生——ホワイトカラーからブルーカラーへ』名古屋大学出版会，169 頁。

19) 長廣利崇［2019］「書評：若林幸男編『学歴と格差の経営史——新しい歴史像を求めて』」，『社会経済史学』第 85 巻第 1 号，92 頁。

20) 若林幸男［2018］「サラリーマン社会と「学歴格差」」，若林幸男編『学歴と格差の経営史——新しい歴史像を求めて』日本経済評論社，18 頁。

21) 中村政則［1979］『近代日本地主制史研究——資本主義と地主制』，東京大学出版会，1 頁。

22) 森武麿［2018］「地主制史論（第 2 部「中村正則の歴史学」を歴史に位置づける」），浅井良夫・大門正克・吉川容・永江雅和・森武麿編著『中村政則の歴史学』日本経済評論社，116 頁。

23) 中村政則［1965］「明治・大正期における「地代の資本転化」と租税政策」，『一橋論叢』第 53 巻第 5 号，676 頁。

24) 代表的な研究成果として，武田晴人編［2003］『地域の社会経済史——産業化と地域社会のダイナミズム』有斐閣などが挙げられる。

25) 谷本雅之・阿部武司［1995］「企業勃興と近代経営・在来産業」，宮本又郎・阿部武司編『日本経営史 II 経営革新と工業化』，岩波書店，107 頁。

26) 中村尚史［2010］『地方からの産業革命——日本における企業勃興の原動力』，名古屋大学出版会，6 頁。

27) 沢井実・谷本雅之［2016］『日本経済史——近世から現代まで』有斐閣，231 頁。

28) 代表的な研究成果として，石井寛治・中西聡編［2006］『産業化と商家経営——米穀肥料商廣海家の近世・近代』名古屋大学出版会；中西聡・井奥成彦編［2015］『近代日本の地方事業家——萬三商店小栗家と地域の工業化』日本経済評論社；井奥成彦・中西聡編［2016］『醤油醸造業と地域の工業化——高梨兵左衛門家の研究』慶應義塾大学出版会などが挙げられる。

29) 中村尚史［2010］『地方からの産業革命——日本における企業勃興の原動力』名古屋大学出版会，318 頁。

30) 恩田睦［2018］『近代日本の地域発展と鉄道——秩父鉄道の経営史的研究』日本

経済評論社，239 頁。
31)　石井里枝［2013］『戦前期日本の地方企業——地域における産業化と近代経営』
　　日本経済評論社，236 頁。
32)　同上，49 頁。

第Ⅰ部　企業経営と学閥ネットワーク

ヒトとビジネスをつなぐ

第1章　高等教育機関による実業界への人材供給と学閥
慶應義塾の事例

はじめに

　第Ⅰ部では，慶應義塾出身者による学閥ネットワークの役割を分析する。はじめに，本章では，戦前期日本における，大学などの高等教育機関による実業界への人材供給の実態について，本書の分析対象である慶應義塾を事例として検討する。

　まずは，学歴と就職の関係について確認しておく。両者の関係について，サロー，L. C.［1984］は，「仕事競争」という概念を提起している。サローによると，人々はより好条件でキャリア展望のある職業に就くために，より高い学歴を獲得しようと競争するとされる。学歴の上昇と就業環境の向上が密接な関係性を有するとした彼の見解は，近代社会における就職構造を検討する際の前提といえる。

　こうした見解は，明治期の日本においても認識されており，たとえば高等教育機関の拡充の必要性を説いた外山正一［1899］は，学歴と卒業後の社会における活動領域の関係性を，具体的な数量データを用いて指摘している。また，近現代日本の大卒就職市場を，スクリーニングとシグナリングの役割に留意しつつ分析した福井康貴［2016］によると，戦前期におけるその歴史的展開は次のように理解される。すなわち，市場規模が小さい明治初期においては，高等教育機関や教育担当者からの推薦が機能したが，20世紀に入ると，市場規模の拡大や企業組織の高度化に伴って，各企業による人物試験を通して，個人的な特性を評価する必要が発生した。また，特定の高等教育機関と企業との関係は，戦後社会においても継続されており，新堀通也［1966］は，1950年代まで

は，大学による推薦制度を活用した学閥優位の状況であったと指摘している。そして，1970年代以降では，大学組織そのものではなく，出身者の同窓関係に基づくネットワークの役割が重視されていることが，苅谷剛彦ほか［1993］によって示されている。

　こうした一連の通史的理解の中では，個別の高等教育機関の動向についての議論は抑制的であった。これは，戦前期の高等教育機関を経済史的枠組みから検討することを試みた川口浩編［2000］についても，同様であろう。戦前期における企業と学校の関係性を分析した菅山真次［2011］は，両者の制度的なリンケージの役割を指摘しているが，ここでも，高等教育機関は検討の対象外とされている。そのため，戦前期の大卒市場を個別具体的な高等教育機関の側から検討することを通して，こうしたリンケージの持つ意味を検討する必要があろう。

　以上の問題意識を踏まえて，本章では，慶應義塾を事例として，戦前期の高等教育機関出身者の就職実態を明らかにする。本章冒頭に記した課題を検討するための論点として，次の2点を設定する。第1に，慶應義塾出身者の卒業後の就職実態や動向を，慶應義塾の卒業生名簿である『塾員名簿』[1]や『（大）日本帝国文部省年報』の分析により，数量的に解明する。第2に，彼らが実業界で活躍する背景となった学閥の役割について，個別の企業との関わりに留意しつつ，メディア等での言説や慶應義塾側の対応を検討する。

　分析に際しては，学閥の存在や同窓関係によるネットワークの役割に留意する。上述のように，これらは戦後日本における就職構造にも影響を与えたとされていることから，本章の分析では，近代日本における高等教育機関と企業との密接な関係性が，戦前期にとどまらず，長期的かつ構造的なものであることを示すことにつながると考える。

　本章で取り上げる慶應義塾の卒業生就業実態について，近代日本における学歴社会の形成過程を検討した天野郁夫［1992］は，明治初期においては政府部門で働くものも少なくなかったが，明治14年の政変を契機として実業界への進出が始まり，本格的な進出は明治20年代以降のことであると指摘している。こうした指摘を踏まえつつ，本章での分析対象時期を，具体的な就業実態が判明する明治30年代以降に設定する。

なお，既存の経済史や経営史の研究の関心が，企業のトップ・マネジメント
に集中していたのに対し，本章では，ミドル・マネジメント以下の一般社員に
ついても検討対象とすることで，分析の対象を拡大する。その際には，慶應義
塾出身者のみならず，他の高等教育機関の出身者にも若干ではあるが言及しつ
つ，比較分析をおこなうことで，戦前期における慶應義塾による人材供給を包
括的に明らかにしたい。

第1節　慶應義塾出身者の就職動向

1　明治期における慶應義塾出身者の就職動向

　まずは，明治期の慶應義塾出身者の就職実態について，自己申告に基づき作
成された，『塾員名簿』に記載された職業情報をもとに，分析をおこなう。表
1-1 において，『塾員名簿』に職業情報が掲載されるのは 1896 年以降のことで
あるため，ここでは，同年より 5 年ごとの慶應義塾出身者の所属産業ごとの人
数を示す。ただし，表 1-1 をみる際には，各年までの総計を示したものである
こと，複数の職業が併記されている場合には，冒頭のものを代表的なそれとし
て採録したことに，留意する必要がある。

　この表 1-1 によると，明治期における慶應義塾出身者の主な就職先の産業は，
金融業，卸売小売業，製造業である。また，第 1 次産業に分類される農林業・
漁業部門の従事者が一定数確認できるが，その多くは，地方資産家や地主など
であることが想定できよう。なお，実業界以外では，公務員や教育関係に携わ
る者の数が注目される。個別の産業についてみると，慶應義塾出身者の最大の
就職先である金融保険事業の中心は銀行であったが，保険事業に関わる者も増
加傾向にある。『塾員名簿』によって，1911 年時点における主な銀行の所属人
数をみると，全体で 305 人のうち，三井銀行が 64 人，日本銀行が 28 人，横浜
正金銀行と豊国銀行がそれぞれ 17 人，住友銀行が 14 人，十五銀行が 10 人で
ある。このように，銀行の中では三井銀行が最多である。このことは，銀行に
限らず，全体として三井の名前を冠する企業への就職者が 112 人と最大の規模
を占めていることとも整合する。

　鉄道事業に関わる出身者は，1896 年以降は漸次的に減少していったが，日

表 1-1　明治期慶應義塾出身者の所属産業分類

(単位：人)

	農林業・漁業	鉱業	建設	製造業	紡績	電気・ガス・水道業	情報通信業
1896 年	147	17	13	18	112	2	75
1901 年	165	39	8	50	150	2	96
1906 年	188	48	10	34	163	7	100
1911 年	207	88	17	79	323	81	139

	運輸業	鉄道	卸売小売業	金融業	銀行	不動産業	学術研究	宿泊業飲食業
1896 年	81	138	159	130	182	1	18	2
1901 年	65	131	218	230	296	1	21	4
1906 年	74	139	239	227	310	6	34	8
1911 年	61	148	322	305	471	4	41	11

	生活関連サービス業	教育学習支援	医療福祉業	複合サービス業	サービス業	公務	軍隊
1896 年	3	163	13	2	45	12	97
1901 年	6	160	13	3	48	15	107
1906 年	5	183	17	8	61	27	145
1911 年	11	211	16	8	72	45	141

	無職	学生留学中	分類不能不明	合計
1896 年	3	1	29	1,222
1901 年	2	79	48	1,597
1906 年	6	12	118	1,807
1911 年	11	8	118	2,448

典拠：慶應義塾塾監局編［1896・1901・1906・1911］。
注1：典拠史料の職業欄未記載のものは，集計対象外とした。その人数は，1886 年が 456 人，1901 年が 419 人，1906 年が 470 人，1911 年が 608 人である。
　2：原則として，職業欄に複数の職業が併記されている場合は，最初のものを代表的なものとして集計した。産業分類は，「日本標準産業分類（平成 25 年 10 月改定）」の基準によった。

露戦後期には，局地鉄道や軌道会社への就職が増加している。他方，電力事業や情報通信事業などは，1900 年代後半より増加傾向を示している。また，軍隊関係者には一年志願兵が含まれていることから，彼らについては，兵役後に他の職業に就いたことが想定できる。

　ここで，表 1-2 として，『塾員名簿』に記載がある分に限り，当該時期の企業内における職位の分布を示す。表 1-2 からわかるように，慶應義塾出身者の企業内での役割は，主にミドル・マネジメント層以下の一般社員であった。こ

のことは，明治後期には慶應義塾が企業の
設立者のみならず，それ以外に圧倒的に多
くの従業員を供給していたことを意味して
いる。福澤諭吉は，1893 年に発表した
『実業論』の中で，「奉公の口を撰ぶに諸会
社銀行，若しくは既に西洋風に化したる大
家は自から士流学者の身に適するの趣を存
することなれば，之に入らんことを求むるは

表 1-2　明治期慶應義塾出身者の
　　　　職位
（単位：人）

	社長	役員	社員	合計
1896 年	14	43	452	509
1901 年	19	73	643	735
1906 年	33	82	737	852
1911 年	69	165	1,118	1,352

典拠：表 1-1 と同じ。
注：記載分のみを集計対象とした。

当然のこと」であるとして，企業に就職した際には，「木下藤吉が初めて信長
に奉公したるときの如くなる」ことを説いている[2]。福澤諭吉自身も，門下生
に対し，高等教育を受けたのちは，企業を支える「士流学者」としての活躍を
期待していたのであろう。高等教育機関出身者の企業勤めに対する彼の見解は，
その門下生にも継承されている。たとえば，藤山雷太は，新入社員に対して，
豊臣秀吉（木下藤吉）の事例を踏まえつつ「自分の分に安んぜよ」と述べてい
る[3]。

　また，『塾員名簿』の記載から，1896 年に社員であった者の 1911 年段階に
おける職位を確認すると，社長が 6 人，役員が 44 人，社員が 173 人である。
この 15 年の間に，トップ・マネジメントに昇格したものがいた一方で，大部
分のものはミドル・マネジメント以下の社員のままであったことがわかる。

2　1920 年代以降の高等教育機関出身者の就職動向

　次に，1920 年代以降の就職状況について見ていく。ここでは，『（大）日本帝
国文部省年報』を活用し，他の高等教育機関との比較を通して，分析を進める。
戦前期のうち，各大学の卒業生の就職先が掲載されている時期は，1922 年度
から 1939 年度にかけてであり，戦間期に相当する時期の就職先を検討してい
く。

　まず，表 1-3 として，慶應義塾の卒業生の就職先を示す。表 1-3 から，1920
年代以降の慶應義塾の卒業生の就職先の半数は，銀行を含めた一般の企業およ
び自営・実業関係のものである。ここにも，前項でみた明治期と同様，実業界
志向の強い慶應義塾出身者の姿勢を読み取ることができる。また，医学部を有

第 1 章　高等教育機関による実業界への人材供給と学閥　　　23

表 1-3 　慶應義塾出身者の

卒業年度	1922	1923	1924	1925	1926	1927	1928	1929	1930
官吏/公吏	0	6	2	13	10	10	22	5	19
陸軍/海軍	53	46	1	4	4	5	0	0	0
弁護士/弁理士/計理士	0	1	0	0	0	0	0	0	0
医療従事者	67	59	78	66	79	79	79	88	89
学校教員/職員	20	17	7	11	18	7	13	6	11
銀行会社員	363	351	303	376	330	451	344	221	338
新聞雑誌記者	0	11	10	14	0	0	14	11	24
自営/実業従事者	0	0	0	0	46	0	37	2	25
その他の業務者	45	173	212	28	0	0	0	2	7
学術研究者	0	0	0	0	0	0	0	0	0
大学院/他学部/留学	45	20	24	18	31	9	21	25	32
職業未定/不詳	125	271	123	150	248	199	299	444	410
死亡	5	14	3	1	5	0	4	0	0
合計	723	969	763	681	771	760	833	804	955

典拠：文部大臣官房文書課編［1927-1950］。
注 1 ：数値は卒業翌年の 3 月 1 日現在のもの。たとえば，1922 年度の数値は 1924 年 3 月 1 日現在を示す。
　　 2 ：1935 年度の「銀行会社員」および「自営/実業従事者」の表記は，典拠資料による。

していたことから，医療関係の従事者は，実業関係に次いで多い。その一方で，官公吏になるものは限定的である。なお，卒業後の職業が未定もしくは不詳とされているものが全体の 2 割から 3 割程度確認でき，恐慌期にはその数が急増していることが確認できる。

　これらの点を踏まえて，他の高等教育機関の出身者との比較をおこなう。表1-4 および表 1-5 は，1925 年と 1935 年における，各大学の卒業生の就職先の内訳を示したものであり，慶應義塾以外の私立大学の代表として早稲田大学の卒業生の数値を，帝国大学の代表として東京帝国大学の卒業生の数値を，官公立大学の代表として東京商科大学の卒業生の数値を表記している。両表とも，単年度の学校種別の就職先の総計と，典拠資料に記載された創立以来の学校種別の就職先の総計を，あわせて示している。

　まず，表 1-4 が示す 1925 年 3 月卒業生の就職先をみると，慶應義塾や早稲田大学などの私立大学では，全卒業生の中で，銀行員や会社員になるものが最も多い。次いで，私立学校の卒業生では，教育関係の学校教員や職員，帝国軍人，官公吏になるものがあるが，いずれの職業においても慶應義塾出身者の就

就職先（1923-40 年）

（単位：人，%）

1931	1932	1933	1934	1935	1936	1937	1938	1939	合計	
									人数	割合
44	24	14	14	23	22	21	8	14	271	1.76
0	0	0	0	32	0	44	12	67	268	1.74
0	0	0	0	0	0	0	0	0	1	0.01
98	13	90	107	5	15	61	11	21	1,105	7.15
77	61	6	6	4	0	7	72	42	385	2.49
338	466	489	629	0	548	511	726	835	7,619	49.35
14	0	0	0	0	0	0	0	0	98	0.63
33	21	30	16	595	28	48	11	0	892	5.78
26	0	0	0	0	0	24	0	44	561	3.63
13	0	0	0	83	78	3	7	0	184	1.19
25	20	15	9	12	10	3	8	0	327	2.12
140	195	409	60	170	178	121	99	24	3,665	23.74
2	2	6	6	4	2	7	3	0	64	0.41
810	802	1,059	847	928	881	850	957	1,047	15,440	100.00

職率は低位である。特に，官公吏となった私立大学出身者の約 4 割は早稲田大学の出身者であり，慶應義塾からは 2 人がなっているに過ぎない。また，慶應義塾の卒業生においては，軍医を含む医療関係の職業に就く卒業生も多い。銀行会社員や新聞記者などの実業界への就職に傾注する状況は，東京商科大学などの官公立大学にも共通するものである。その一方で，東京帝国大学などの帝国大学の卒業生は，数値的には実業界に就職するものが多いものの，官公吏や教育関係，医療関係などの分野に就職するものの割合が比較的高い。また，大学院に進学するなど，学問的研究を継続するものも，一定数確認できる。

　ただし，各大学とも，1925 年 3 月の卒業生のうち，職業未定や不詳となっているものの割合が，これまでに比して高くなっている。これは，関東大震災に伴う経済活動の停滞により，労働市場が冷え込んだ影響と考えられる。同じく表 1-4 の各校創立以来 1925 年 3 月までの卒業生の就職先をみると，単年度のものと，ほぼ同様の傾向を示しているといえる。

　次に，表 1-5 が示す 1935 年 3 月卒業生の就職先をみると，同年においても，慶應義塾や早稲田大学などの私立大学の卒業生は，銀行会社員や新聞記者など

表 1-4　各大学卒業生の就職先（1925 年 3 月）

（単位：人）

1925 年 3 月卒業生の就職先

	私立大学			帝国大学		官公立大学	
	慶應義塾大学	早稲田大学		東京帝国大学		東京商科大学	
官吏/公吏	2	76	178	166	288	5	5
陸軍/海軍	1	29	197	0	13	0	11
弁護士/弁理士/計理士	0	0	9	0	1	0	0
医療従事者	77	0	77	101	292	0	82
学校教員/職員	7	50	175	231	456	11	11
官庁・企業等職員	—	—	0	0	0	0	0
銀行会社員	303	369	1,031	318	501	159	160
新聞雑誌記者	10	21	55	12	23	5	5
自営/実業従事者	0	0	0	0	2	2	2
その他の業務者	212	64	337	29	33	2	0
学術研究者	0	0	0	0	0	0	9
大学院/他学部/留学	24	28	81	128	202	3	3
職業未定/不詳	123	365	989	637	1,077	89	89
死亡	3	2	12	0	6	1	1
合計	762	1,004	3,141	1,622	2,894	275	378

各校創立以来 1925 年 3 月までの卒業生の就職先

	私立大学			帝国大学		官公立大学	
	慶應義塾大学	早稲田大学		東京帝国大学		東京商科大学	
官吏/公吏	12	348	529	6,161	8,415	6	285
陸軍/海軍	12	0	12	0	240	27	46
弁護士/弁理士/計理士	0	0	9	987	1,227	0	0
医療従事者	125	0	125	2,244	4,112	0	23
学校教員/職員	40	121	296	4,123	5,216	26	33
官庁・企業等職員	—	—	0	17	17	0	0
銀行会社員	709	1,309	2,546	7,291	10,526	235	235
新聞雑誌記者	24	49	83	9	47	4	4
自営/実業従事者	0	0	0	0	273	1	1
その他の業務者	328	149	530	2,039	2,396	1	1
学術研究者	0	0	0	0	0	0	152
大学院/他学部/留学	82	34	137	619	1,179	4	89
職業未定/不詳	331	761	1,436	2,068	3,924	88	96
死亡	29	37	68	2,553	3,210	2	2
合計	1,692	2,808	5,771	28,111	40,782	394	967

典拠：文部大臣官房文書課編［1927-1930］。
注 1：また，数値は卒業翌年の 3 月 1 日現在のもの。
　2：表中の「銀行会社員」には，商店員を含む。「官庁・企業等職員」には，外国政府や企業からの招聘者を含む。「留学」には，海外渡航者を含む。また，「その他の業務者」には，帝国議会員を含む（帝国大学のみ）。
　3：外国人及び付属学校出身者は含まない。
　4：数値は，すべて原資料の記載による。

表1-5　各大学卒業生の就職先（1935年3月）

（単位：人）

1935年3月卒業生の就職先

	私立大学			帝国大学		官公立大学	
	慶應義塾大学	早稲田大学		東京帝国大学		東京商科大学	
官吏/公吏	14	159	731	348	732	2	24
陸軍/海軍	0	9	233	100	172	6	105
弁護士/弁理士/計理士	0	0	49	5	7	0	0
医療従事者	107	0	360	93	239	0	242
学校教員/職員	6	30	315	141	641	4	260
官庁・企業等職員	—	—		4	4	0	31
銀行会社員	629	578	2,401	762	1,462	209	750
新聞雑誌記者	0	52	72	33	186	0	3
自営/実業従事者	16	26	370	0	0	14	49
その他の業務者	0	6	265	62	197	2	4
学術研究者	0	0	111	0	0	2	63
大学院/他学部/留学	9	35	154	245	451	0	15
職業未定/不詳	60	474	1,804	303	802	0	47
死亡	6	0	16	9	16	2	9
合計	847	1,370	6,881	2,105	4,909	241	1,602

各校設立以来1935年3月までの卒業生の就職先

	私立大学			帝国大学		官公立大学	
	慶應義塾大学	早稲田大学		東京帝国大学		東京商科大学	
官吏/公吏	193	1,372	4,874	8,925	14,422	81	298
陸軍/海軍	16	90	1,773	214	493	17	287
弁護士/弁理士/計理士	1	15	288	1,547	2,052	0	2
医療従事者	937	0	2,221	2,342	5,739	0	1,588
学校教員/職員	278	576	2,907	7,296	13,310	119	1,197
官庁・企業等職員	—	—		62	62	0	176
銀行会社員	4,946	4,492	16,437	10,897	16,500	2,008	4,958
新聞雑誌記者	107	319	759	845	2,357	42	98
自営/実業従事者	210	500	2,885	0	0	58	186
その他の業務者	149	235	2,003	3,230	5,362	35	74
学術研究者	13	7	508	0	0	0	126
大学院/他学部/留学	217	265	1,638	547	1,510	10	149
職業未定/不詳	2,987	5,681	18,459	5,205	10,167	651	1,539
死亡	42	64	211	4,484	6,815	47	201
合計	10,096	13,616	54,963	45,594	78,789	3,068	10,879

典拠：文部大臣官房文書課編［1927-1943］。

注1：数値は卒業翌年の3月1日現在のもの。

　2：表中の「官吏/公吏」には，外国政府所属のものを含む。「官庁・企業等職員」には，外国政府や企業からの招聘者を含む。「銀行会社員」には，商店員を含む。「留学」には，海外渡航者を含む。また，「その他の業務者」には，帝国議会員を含む（帝国大学のみ）。

　3：京都府立医科大学は1930年度卒業生以降，大阪商科大学は1931年度卒業生以降の数値を採録。官立文理科大学出身者の就職先は典拠資料に記載なし。外国人および付属学校出身者は含まない。

　4：数値は，すべて原資料の記載による。

の実業界に就職するものが中心であることがわかる。慶應義塾の場合，他の高等教育機関と比較しても，実業界への就職者が多い。1935年の銀行会社員についてみると，慶應義塾の卒業生は，私立大学の26.2%，全大学の13.6%に相当する。また，官公吏についてみると，帝国大学出身者の割合が若干高く，私立大学の中では，早稲田大学の出身が多いことは，慶應義塾との差異を示している。官公立大学のうち，東京商科大学の卒業生が銀行会社員への就職が中心であることは，1925年と同様の傾向である。

　同じく表1-5の各校創立以来1935年3月までの卒業生の就職先をみると，こうした傾向が，これまで継続されていたことが確認できる。ここに示した同年までの卒業生全体について，慶應義塾の卒業生の銀行員や会社員への就職実態は，私立大学の30.0%，全大学の13.4%に相当する。このことは，戦間期においても，高等教育機関の中で，慶應義塾が実業界への主要な人材供給機関の1つであったことを意味している。また，1935年までの総数に比して，1935年単年度の職業未定や不詳となっているものの割合が低いことは，1930年代半ばの日本経済の回復を反映したものと考えられる。

　両表を比較すると，両年において，大きな差異は生じていないことが確認される。これは，1920年代以降では，各高等教育機関による人材供給が構造化されていたことを示している。また，表1-4および表1-5から，戦間期においては，帝国大学からも実業界への就職者が一定程度確認できる。このことは，帝国大学が，純然たる官僚養成のための教育機関ではなく，広く経済社会全体に対して，人材を供給していくようになったことを示すものであり，慶應義塾などの私立大学の出身者は，彼らとの競合を余儀なくされたことを示唆していよう。

　また，表1-4および表1-5で示した戦間期の就職状況を踏まえて，個別企業への就職実績についてみておく。ここで，表1-6として，慶應義塾，早稲田大学，東京帝国大学の，1936年度卒業生の主な就職先について示す。これは，政治学者の木下半治が独自に各大学を調査して集計した数値である。表1-6をみると，慶應義塾出身者には，三井関係の企業への就職者が多いことが確認できる。これは，前項で示した明治期の就職状況とも符合しており，両者の関係は戦間期にも継続されていたことがわかる。また，木下半治［1937］は慶應義

表 1-6　1936 年度卒業生の主な就職先（慶應義塾・早稲田大学・東京帝国大学）

大学 （学部）	卒業生	決定者	主な就職先	内訳
慶應義塾 大学	800 人	450 人	三井（36 人）	物産 14 人，三越 7 人，鉱山 5 人，銀行 4 人，信託 3 人，生命保険 2 人，合名 1 人
			三菱（12 人）	商事 3 人，鉱業 3 人，信託 2 人，重工業 2 人
			機械製造業（37 人）	日立製作所 15 人，日産自動車 8 人，東京電機 4 人，古河電工 4 人，富士電機 5 人，日本電機 1 人
			電力業（20 人）	東邦電力 11 人，東京電灯 4 人，大同電力 3 人，日本電力 2 人
			運輸業（9 人）	阪急電鉄 4 人，日本郵船 4 人，阪神電鉄 1 人
			満洲関係（10 人）	満洲鉄道 5 人，大同学院 3 人，満洲中央銀行 1 人，南進公司 1 人
			その他	鐘紡 30 人，千代田生命保険 9 人，大日本麦酒 7 人，安田保善社 5 人，日本精糖 5 人，麒麟麦酒 4 人，日本鉱業 4 人など
早稲田大 学（文系 学部）	n/a	200 人		満洲鉄道 13 人，日立製作所 13 人，朝鮮殖産銀行 11 人，安田保善社 7 人，東京電灯 6 人，三菱鉱業 5 人，三菱商事 5 人，東邦電力 4 人，住友 3 人など
東京帝国 大学（法 学部）	500 人	220 人	官庁（120-150 人）	
			三井（16 人）	鉱山 6 人，物産 4 人，銀行 3 人，信託 3
			三菱（23 人）	商事 8 人，重工 5 人，鉱業 5 人，銀行 2 人，信託 2 人，倉庫 1 人
			住友（13 人）	（住友合資会社にて一括採用）
			時局関係（21 人）	日本製鉄 5 人，日立製作所 4 人，日本窒素 4 人，北海道炭鉱 4 人，川崎造船 2 人，日産自動車 2 人
			金融業（22 人）	安田銀行 5 人，台湾銀行 5 人，日本徴兵保険 5 人，昭和銀行 4 人，正金銀行 2 人，第一銀行 1 人
			電力業（7 人）	東京電灯 3 人，東力 2 人，東邦電力 1 人，大同電力 1 人
			満洲関係（14 人）	満洲鉄道 7 人，東洋拓殖 3 人，満洲煙草 2 人，大同学院 1 人，満洲拓殖 1 人
			その他	国際通運 5 人，海軍主計 5 人，東洋紡績 3 人，大阪朝日新聞 2 人，阪神電鉄 2 人，東洋レイヨン 1 人など
同大学 （工学部）	334 人	n/a		中島飛行機 3 人，三井鉱山 2 人，三菱鉱業 2 人，三菱電機 2 人，日本製鉄 2 人，日立製作所 2 人，住友電工 2 人，古河電工，東京電灯，藤田組，東京電機，住友製鋼所など

典拠：木下［1937］。
注：典拠資料に具体的な就職先の記載がない大学および学部は表記せず。

塾出身者の東京電灯や阪急電鉄への就職について，同窓生である小林一三による「サーヴィス」（260 頁）であると評している。こうした評価の妥当性については留保する必要があるが，特定の大学と企業との間に，他大学に対して優越的な関係が存在していたことが改めて確認される。こうした状況が，次節で検討する企業内部における学閥の形成に寄与したものと考えられよう。

第 2 節　実業界における「学閥」

1　「学閥」の存在と意義

　次に，前節で分析した慶應義塾出身者の就職に影響を与えた学閥に関して，同時代の認識について検討する。そもそも，学閥という用語がいつ頃から使われはじめたのかは判然としない。試みに，当時の新聞記事をもとにその初出を探ると，1898 年 7 月 4 日付の『東京朝日新聞』の「新今様」欄に，「藩閥倒れ学閥も跡を収めバやがてまた党閥起り始めたり筆で征伐ヤッツケロ」という狂歌を確認できる。ここでは，学閥という用語が，藩閥や党閥などといった政治集団を指す用語とともに使われている。そのため，明治 30 年代には，学閥という呼称はすでに周知されていたものと推察される。

　では，明治期において，実業界における学閥はどのように認識されていたのであろうか。ここでは，1912 年に雑誌『新日本』に掲載された，鎌田栄吉（慶應義塾長）「学閥大いに歓迎すべし」，高田早苗（早稲田大学長）「党同は可なれど異伐は不可也」，澤柳政太郎（東北大学総長）「疑心暗鬼を生ず」，鵜澤總明（弁護士）「学閥の興廃は進化の法則」の 4 人の議論を参照したい[4]。

　まず，慶應義塾の鎌田栄吉は，「多年同一の学風に養成せられ，同一の趣味を持てる人々が，相寄り相集つて，一つの団結を形作るのは，人情の上から言つても，至極尤もな話で，何等非難すべき性質のものではあるまい」として，同一大学の出身者による団結としての学閥を好意的にとらえている。さらに，「官私の各大学を始め其他何大学でも構はぬから，成る可く沢山な学閥が，社会各方面に勃興せんこと」を希望している。その結果，「各種の学閥をして相ひ競争せしめ，而かも機会均等の上にこれを為さしむるは，国家繁栄の基礎を造るものである」と述べている。すなわち，鎌田栄吉は，社会の発展のために

は，多数の私立大学を設立し，「官公私立の障壁を撤廃して其間に何等の区別を設けず，機会均等に，実力を以て互いに競争すると云ふ事」が重要であることを強調している。

　また，早稲田大学の高田早苗も，「元来人間は親しきもの同士自然相寄るもの」であるから，学閥について，「主義とか，意見とか，学風とか云ふ事が基礎となつて団結するのは，質の善いもの」であると述べている。そして，「同じ学校の出身者が互に手を引き合つて，激流奔湍を乗り越さうとする」ことは，無理のないことと考えている。ただし，学閥を形成した結果，「多少勢力を得ると忽ち他の学閥を排斥し，之を圧倒せんと企つる如き事柄は，大いに愼んで貰ひたい」として，過剰な利己主義は抑制すべきであると述べている。なお，ここで付言しておくと，同時期に，同じく早稲田大学の教授である安部磯雄は，学閥を打破すべきものであるとした上で，学閥による他者への圧迫に対して批判的な意見を示している[5]。

　こうした鎌田栄吉や高田早苗の見解に対して，澤柳政太郎は，学閥の存在そのものについて否定的である。彼によると，私立大学の出身者は「眼界が狭」く，「一般に普通教育と，外国語の素養が充分でない」ことに加えて，意気込みや精力が低いことから，帝国大学の出身者との間に能力の格差が発生する。そのため，官吏に「進み得る能力が無」い私立大学の出身者は，実業界に進まざるを得ないとしている。その上で，実業界で学閥が形成される可能性については，特定の企業において，「此所だけは，せめて我等の勢力範囲にして置かうと云ふ所から，多少学閥的傾向を帯ぶるに至つたものがある」ためではないかと述べている。このような見解は，当時の「官尊民卑」的風潮を大いに反映したものであるといえる。その要因として，慶應義塾で学生の企業への周旋を担当していた山名次郎[6]は，帝国大学は，大学令改正以前は予科課程を含めると在学期間が一年長かったことや，また帝国大学の学生たちは「素質が良く」「ドッシリして居る」と認識されているためであったと指摘している[7]。

　その一方で，鵜澤總明は，明治初期に，官吏として帝国大学出身者が採用され，実業界には慶應義塾や高等商業学校の出身者が入った結果，「爾来後進生を推薦若くは任用するに当つても，自然自己の最も熟知せる，手近な同窓から其人を求めて行つた」ことが，学閥が形成された所以であると述べている。し

かし，彼は，社会が発展し自由競争が激しくなると，こうした学閥の役割は低減すると考えていた。

このようにみると，当時の社会，特に実業界において，学閥と称される集団が形成されていたことについては，上記4人ともが共通して認めている。ただし，鎌田栄吉や高田早苗といった私立大学の学長は，複数の学閥による自由競争を評価する立場から，学閥を肯定的に捉えていたのに対し，澤柳政太郎や鵜澤總明は，個人主義による競争を重視する立場から，それを否定的に捉えていた。こうした見解の相違は，実業界もしくは官界のいずれで活躍することを，より高く評価するかという判断によるものであろう。だが，実業界であれ，官界であれ，澤柳政太郎が指摘するように，採用時には，人材を「己の眼界の届く範囲に於いて物色せざるを得」ない状況は共通している。それゆえに，当時においては，同窓の関係者による紐帯の結果として生み出された学閥に，一定の役割が期待されたことは，当然のことといえよう。

2　個別企業における「学閥」

前項での検討を踏まえつつ，実業界における代表的な企業と高等教育機関の関係についてみていく。まずは，財閥系の企業を中心に，藤原楚水［1932］に即して検討する。三井財閥系の企業は，出身大学を問わずに採用する方針をとっており，全体としてみると，学閥的色彩は薄かった。ただし，その中でも，三井銀行や王子製紙には慶應義塾出身者が多く，これは，慶應義塾の出身者で，三井財閥の発展に貢献した中上川彦次郎や池田成彬，藤原銀次郎らの影響によるものであろう。また，三井物産の中枢には，東京商科大学の出身者が多く集まっていたとされている。一方，三菱財閥系の企業では，「赤門派」と称される東京帝国大学出身者が優勢であり，技術関係の職種では，海軍等の出身者が主流であった。三菱財閥系の中でも，三菱商事には東京商科大学の出身者が多数在籍し，また明治生命には阿部泰蔵や荘田平五郎らの影響もあり，慶應義塾出身者が多く採用されていた。住友財閥系の企業では，河上謹一の影響で，帝国大学出身者が主要な役職を独占していたが，住友銀行のみ，東京商科大学の出身者が多くいたとされる。さらに，藤原楚水は，主な産業分野の中で学閥の影響が強いものとして，金融業と電力業が挙げている。前者は帝国大学出身者

表 1-7　昭和初期における慶應義塾出身者の採用傾向が顕著な企業

企業	採用人数	選考方法／基準	応募方法	学閥／出身者の採用傾向
三井銀行	15 人	知人紹介，筆記試験，口頭試問	学校推薦	帝大，商大，慶應
三越百貨店	15〜20 人	口頭試問，時事問題，健康，容姿	学校推薦	慶應閥，帝大，商大
千代田生命	10 人	試験（算術，作文，英語）	学校推薦	慶應閥
日清生命	10 人	人物考査	学校推薦	早稲田が多い，帝大，商大，慶應
明治生命	10 人	面接，体格検査，学校成績	学校推薦	帝大，慶應，立教，高千穂商業，明治学院
三菱銀行	90 人	メンタル検査，健康検査	学校推薦	従来は商大閥，帝大，早大，慶應
東邦電力	25 人	面接の結果を松永社長が判断	（言及せず）	慶應閥

典拠：「就職戦線必勝法」，『実業之世界』第 25 巻第 1 号，1928 年；「就職戦線偵察」，『実業之日本』第 33 巻第 4 号，1930 年；「大会社大銀行の新社員採用を前に 就職戦線偵察記」，『実業之日本』第 34 巻第 4 号，1931 年；「就職戦線偵察記——大会社・大銀行の新社員採用期を前にして」（第 1 報〜第 4 報），『実業之日本』第 35 巻第 2 号〜第 4 号，1932 年。
注 1：中等学校以下の卒業生については，除外した。
　 2：明治生命の応募方法では，個人応募は不採用。

が主流である一方，後者には，福澤桃介らの活動により，慶應義塾出身者が多かったとされる。

　次に，各企業における学閥の影響について，新入社員の採用を検討する。ここで，表 1-7 として，昭和初期における慶應義塾出身者が多く採用される傾向が顕著な企業を示す。同表には，戦前期の就職市場に関する雑誌記事のうち，採用時に特に出身大学を考慮する企業を採録している。そのため，表 1-7 に示していない多くの企業は，特定の大学との関係が形成されていなかったものと推察される。当時の採用手続きは，各学校に依頼して，学校が推薦した学生の中から選抜するものが主流であったことから，その後の選考において，出身学校が影響したものであろう。

　採用選考において，出身大学を考慮することは，表 1-7 に示した学閥重視とされる企業以外でも，確認することができる。たとえば，久原鉱業は，選考における「多少の情実は免れない」と考えており，古河合名会社は，「其学校出身の先輩の意見に重きを置き，学校から推薦してくると同時に，其中に就て同窓の先輩から物色させ」ていた[8]。他にも，応募時に社員の紹介が必要とされた東京電灯や[9]，入社試験をおこなわず「縁故採用主義」をとる王子製紙など

第 1 章　高等教育機関による実業界への人材供給と学閥　　33

のように[10]，個人的関係を重視し，選考を実施する企業も存在していた。

　この表1-7の中で，特に企業の中で顕著な学閥を形成した高等教育機関は，慶應義塾である。こうした「慶應閥」とされる企業の代表は，三越百貨店と千代田生命保険である。三越百貨店は，「大体が，慶應閥で，三田色の色彩の強いところだけに，余程運動しなくてもそれ以外の者は入店断念のほぞをかためねばなるまい」[11]と評されるほど，慶應義塾出身者が中心であった。実際，佐藤博夫［1960］によると，五島慶太が三越百貨店の買収を計画した際，慶應義塾出身の小林一三が，「慶応出の人たちで経営している事業のなかで，たった一つ残されたのが三越百貨店なのだから，これだけは君，手をつけないようにしてくれ」（102頁）と頼み込み，その計画を中止させたとされる。また，千代田生命保険については，第3章で詳述するためここでは割愛するが，慶應義塾出身の門野幾之進が創業者であったことから，両者は緊密な関係を維持していた。これら以外にも，主な代表的な「慶應閥」とされた企業としては玉川電気鉄道や豊国銀行などを挙げることができるが，その詳細は次章以降に譲りたい。

　ここまでみたように，一部の企業には特定の大学の出身者が集中しており，実際に学閥を形成していたといえる。その要因として，企業の創業期に尽力した企業家の役割が大きかったことが挙げられる。特定の企業家と企業の関係は，産業革命期に形成されたものが中心であり，1930年代においても，彼らの影響が存続していたのである。実際，同時期のメディアでも，「昭和の財界は明治の政界以上に閥が幅をきかす」[12]として，学閥の影響力の大きさが指摘されている。

　最後に，慶應義塾による学生の就職支援についてみておこう。先述のように，戦前期の就職活動に際しては，学校からの推薦が重要な意味を持っていた。たとえば，1933年1月に株式会社十合呉服店が作成した新規採用者向けの「申込参照要項」[13]によると，「採用決定順序」は，「先づ当店よりの指示により，各校当局に於ける詮衡を経て所定書類（学校当局に問合せられたし）の送達を受け，第一次書面考査の上，面接により最後の決定（二月中の予定）をなす」ものであった。その際に「申込に際しての熟慮希望」として，「当店に於ても，其適性如何を考慮すべきも，先づ各自に於て身体容姿性格上適性如何を熟慮の上，申込あることを希望」することが提示されている。すなわち，学校側で企

34

業が提示する適正を考慮した選考がおこなわれたことを前提として，企業側が所定書類を受理するという流れである。なお，この中で十合呉服店が提示した「採用基準」は，以下の7点であった。

①学業成績良好なるもの
②身体強壮なるもの
③思想健固なるもの
④風采，言語，動作等につき明朗（スマート）なる感じを与へるもの
⑤百貨店営業に適正ありと考ふるもの
⑥年齢成る可く年少のもの
⑦大阪又は近畿に縁由あるもの

　実際，学生の就職に際しては，高等教育機関の側で適性の判断や選考がおこなわれていた。大正期までの慶應義塾における学生の就職支援は，人事嘱託の山名次郎の経験に基づいておこなわれていた。彼は，各学生の適性を判断した上で，各会社に適した推薦方法を採用していた。また，各企業や銀行の人事課などとの交流を通して，便宜を得ていたという。なお，山名次郎が1925年6月に辞任した後は，その後任として対馬機[14]が学生の就職の斡旋をおこなっている[15]。彼が使用していた手帳[16]の記載によると，学生ごとに，「手紙」，「風采」，「応接」，「体格」などを評価した上で，適性のある企業への推薦をおこなっていたことがわかる。このように，実業界における「慶應閥」の形成には，慶應義塾による就職支援活動も少なからず影響していたといえよう。

おわりに

　以上，本章では，慶應義塾出身者の動向を中心として，戦前期における高等教育機関による，実業界への人材供給の実態について検討した。本章での分析により明らかにされた点を，冒頭に記した課題に即してまとめると，次の2点に集約される。

　第1に，明治期から戦間期にかけての数量的な分析により，慶應義塾から実

業界に多くの出身者が供給されていたことが確認された。その中でも，三井系の企業に就職するものが多いことが，特徴的であった。第2に，学閥の存在については賛否が分かれていたが，就職市場における実際の選考過程では，出身大学が影響する場合があった。そして，創業者などとの関係から，一部の大学と企業は特に密接な関係を有していた。これは，慶應義塾にのみ限定的に確認された現象ではなく，他の大学においても，それぞれに特定の企業と密接な関係を有していたのである。

　以上の検討結果を踏まえると，慶應義塾出身者による学閥の形成には，同窓関係に基づく連帯意識に加えて，企業と高等教育機関との長期的な関係や帝国大学などの他大学との競合も影響したと考えられる。そして，昭和期以降も，慶應義塾と一部の民間企業の繋がりは維持されており，こうしたことが，社会においても，「慶應閥」と認識される企業の存在を生み出していったのである。そうした中で，戦前期日本の企業経営においては，個人的関係に基づく人的資源の調達が重要な役割をもっており，それを支えたものの1つが同窓関係を基盤とする学閥ネットワークであったといえよう。

　　注
1)　本章で利用する『塾員名簿』とは，慶應義塾の卒業生（塾員）名簿の総称であり，塾員の氏名，住所，職業，卒業年次などが記されている。第1号は，1889年の『慶應義塾特撰員・卒業生・現在生姓名録』である。以降，『慶應義塾塾員姓名録』や『慶應義塾塾員名簿』などとも呼称された（慶応義塾史事典編集委員会編［2008］『慶応義塾史事典慶応義塾150年史資料集』別巻1，慶応義塾，49頁）。本章では，これらを総称して，『塾員名簿』と表記する。なお，次章以降を含め，本書中で典拠史料として『塾員名簿』を活用する場合，編集機関および発行機関は，原史料の表記に即して記載するものとする
2)　慶應義塾編［1959］『福澤諭吉全集』第6巻，岩波書店，193頁。
3)　藤山雷太［1918］「新社員採用の標準三つの問題」，『実業之世界』第15巻第7号，29頁。
4)　「学閥論」，『新日本』第2巻第1号，1912年。なお，原資料には「鵜澤聰明」と表記されているが，これは明らかな誤植である。
5)　安部磯雄［1913］「学閥論」，『実業之世界』第10巻第7号，15-18頁。
6)　山名次郎は，1912年から1925年にかけて，慶應義塾の嘱託職員を務めた人物である（慶応義塾150年史資料集編集委員会編［2016］『慶応義塾150年史資料集2──基礎資料編：教職員・教育体制資料集成』，慶応義塾，1181頁）。

7）　山名次郎［1926］「諸会社銀行は新卒業生採用に当つて須らく官私大学に依る差別待遇を撤廃せよ」，『実業之日本』第 29 巻第 23 号，139 頁。

8）「十五大会社々員採用物語」，『実業之日本』第 19 巻第 10 号，1916 年。

9）「信頼し得る社員の紹介と雇入」，『実業之世界』第 20 巻第 2 号，1923 年。

10）「就職戦線偵察記」，『実業之日本』第 33 巻第 5 号，1930 年。

11）「就職戦線偵察記──大会社・大銀行の新社員採用期を前にして　第一報」，『実業之日本』第 35 巻第 2 号，1932 年。

12）「財界と学閥【三井・三菱の巻】」，『THE SALARIED MAN』第 3 巻第 4 号，1930 年 4 月。

13）　慶應義塾福沢研究センター所蔵，未整理（史料番号なし）。

14）　対馬機は，1912 年から 1942 年にかけて，維持会相談役および慶應義塾の嘱託職員を務めた人物である（慶応義塾 150 年史資料集編集委員会編［2016］，749 頁）。

15）「各大学の卒業生売込ぶり」，『実業之日本』第 28 巻第 23 号，1925 年。

16）　慶應義塾福沢研究センター所蔵，未整理（史料番号なし）。企業別に項目化され，推薦する学生の選考に関するものが 26 冊，学生ごとの評価に関するものが 23 冊，現存している。

第2章　豊国銀行の設立と展開
濱口吉右衛門による銀行合同

はじめに

　前章を踏まえ，第2章から第4章において，慶應義塾出身者による学閥ネットワークが個別企業の経営に与えた役割を検討する。そのはじめとして，本章では金融業を取り上げ，豊国銀行（昭和銀行や富士銀行を経て，現在はみずほ銀行に継承）の経営を分析する。

　本章で取り上げる豊国銀行は，後述するように，日露戦争後の1908年，資本金1,000万円をもって設立された。この当時，1,000万円という巨額の資本金は，三井銀行や第一銀行，十五銀行などに匹敵する規模であった。

　はじめに，先行研究における豊国銀行の位置づけを確認しておこう。第一次世界大戦期を重層的な金融構造の展開および定着期と捉えた伊牟田敏充 [1980] は，豊国銀行を「三流都市銀行」に分類している[1]。「三流都市銀行」とは，営業範囲は必ずしも全国的ではなく，中小財閥の機関銀行といった性格をもち，金融市場への影響力も限定的な側面においてしか発揮されないものと定義される。石井寛治 [1999] は，都市所在の銀行について，預金高や支店の分布状況などのマクロ的視点から各行を分析した上で，豊国銀行は一時的に都市銀行たりえたと指摘している。また，谷本雅之 [1990] は，濱口家の経済活動を検討する過程で，豊国銀行が濱口吉右衛門（9代目，容所）の主導の下，武総銀行を母体として形成された点を指摘しているが，濱口家との関係にのみ論点が絞られており，その後の動向を含めて，豊国銀行全体については言及していない。これに対して，山崎廣明 [2000] は，昭和銀行の設立の前提として，1927年を中心とした豊国銀行の分析をおこなっているが，豊国銀行自体に関

する分析は，谷本［1990］の議論を援用しており，その枠を出ていない。

上記の研究成果を踏まえつつ，本章では，伊牟田［1980］や石井［1999］が指摘するところの傍流の都市銀行とされる豊国銀行について，慶應義塾出身者による学閥ネットワークの役割を中心に，その設立および経営動向について明らかにする。また，設立時における，濱口家以外の動向を検討することで，その役割を相対的に評価するとともに，金融恐慌に至る過程の分析を通して，昭和銀行との合同に至る歴史的前提を明らかにしたい。この課題を検証するため，本章の論点として，以下の3点を設定する。第1に，豊国銀行に合同した五銀行の当時の状況を検証し，豊国銀行の設立過程を明らかにする。第2に，開業後の豊国銀行の経営状況を分析し，同行を主導した企業家と株主について詳細な検討を加える。そして，第3に，昭和銀行との合同過程について検討し，金融恐慌後に豊国銀行の果たした役割を再評価する。これらの検討を通じ，豊国銀行の形成と，それを支えた慶應義塾出身者のネットワークについて検討していきたい。

第1節　豊国銀行の設立と濱口吉右衛門

写真 2-1　濱口吉右衛門
（9代目）
（「偕楽帖」，桂太郎家旧蔵資料，拓殖大学所蔵）

1908年2月10日，豊国銀行が営業を開始した[2]。同行は，当時から，「浅草，三田，武総，本郷商業，浜松信用の五銀行を打つて一丸となし，資本集中によりて財界に雄姿を顕出した」[3]ものと評されていた。本節では，この豊国銀行の設立過程を検討していく。

巨額の資本金を背景とした銀行経営の安定化を模索していた濱口吉右衛門（以下，本章では，断りのない限り9代目，写真2-1）は，資本金1,000万規模の巨大銀行の設立を計画するが，資本金の調達に苦慮することになる。そこで，和田豊治に相談すると，彼は「〔濱口〕吉右衛門君多年の友誼に酬ゆるは此時」[4]であるとし

て，神谷傳兵衛や豊川良平，伊東要蔵らと談合し，資金集めに奔走した。そして，1907年11月21日，豊国銀行の創立総会が東京銀行集会所で開催された。当日の議長は，濱口吉右衛門が務めた。株式200万株を総数1,100人が引受けることになっており，創立総会にはこの内の51人（引受株数7万5,360株）が出席し，688人（引受株数6万8,047株）分の委任状が寄せられた。ここで，銀行設立に関する報告がおこなわれた後，商法の規定に基づき，定款の変更や取締役および監査役の報酬などに関する事項が議決された。そして，取締役および監査役の選任がおこなわれ，取締役に濱口吉右衛門，坂田実，近藤利兵衛，岡本貞烋，今井喜八，伊東要蔵，

写真2-2　和田豊治（左）
（慶應義塾福沢研究センター所蔵）

渡邊三左衛門，青地玄三郎，小池長次郎，伊藤幸太郎が，監査役に門野幾之進，関戸金三郎，吉田吉右衛門，濱口吉兵衛，石崎政蔵が，それぞれ就任している[5]。あわせて，豊国銀行の設立発起人が確定し，41人が就任している。設立発起人と彼らの引受株数は，次頁の表2-1に示す通りである。

　株式に関しては，これら41人の設立発起人で，297万円分に相当する5万9,400株を引受けており，その中でも，濱口吉右衛門の引受株数が1万株と最大であった。さらに，豊国銀行の母体となった武総銀行の役員に加えて，濱口吉右衛門の実弟である濱口吉兵衛や遠山市郎兵衛，木村平右衛門に加え，西濱口家[6]の濱口擔[7]ら近親者，岡本貞烋や門野幾之進といった慶應義塾の出身者，そして濱口吉右衛門が設立に尽力した富士瓦斯紡績の経営陣でもある和田豊治や稲延利兵衛といった人物によって，株式が引受けられた。彼らの多くが豊国銀行に合同した五銀行の関係者ということではなく，濱口吉右衛門と個人的な関係が強い企業家であった。なお，次節で指摘する，設立後に大株主となる田巻堅太郎の名前は，この時点では確認できない。

　この後，同年11月27日付で設立に関する認可申請書を東京府に提出し[8]，同年12月9日に事業の認可を受けている[9]。これを受けて，同年12月26日，

第2章　豊国銀行の設立と展開　　　　41

表2-1 豊国銀行設立発起人

氏名	住所	引受株数	出身
濱口吉右衛門（9代目）	東京市日本橋区	10,000	武総銀行
近藤利兵衛	東京市日本橋区	4,000	
神谷傳兵衛	東京市浅草区	3,000	
町田徳之助	東京市浅草区	3,000	
青地玄三郎	東京市浅草区	3,000	
伊東要蔵	静岡県引佐郡	2,000	浜松信用銀行
和田豊治	東京市本所区	2,000	
中村徳次郎	福岡県嘉穂郡	2,000	
斎藤辨之助	東京市日本橋区	2,000	
木村平右衛門	東京市日本橋区	2,000	
濱口吉兵衛	東京市日本橋区	1,200	武総銀行
堀栄助	横浜市英町	1,200	
稲延利兵衛	東京市日本橋区	1,000	
濱口擔	東京市芝区	1,000	武総銀行
麦少彭	神戸市下山手通	1,000	
遠山市郎兵衛	東京市日本橋区	1,000	
岡本貞然	東京市麻布区	1,000	
大橋新太郎	東京市日本橋区	1,000	
大村五左衛門	東京市京橋区	1,000	武総銀行
門野幾之進	東京市麻布区	1,000	
柿沼谷蔵	東京市日本橋区	1,000	
中谷整治	大阪市南区	1,000	
永見勇吉	東京市赤坂区	1,000	武総銀行
村井彌兵衛	東京市日本橋区	1,000	
牧口義矩	新潟県刈羽郡	1,000	
前田兼七	東京市日本橋区	1,000	
藤崎三郎助	東京市四谷区	1,000	
國分勘兵衛	東京市日本橋区	1,000	
荒井泰治	台湾台北	1,000	
坂田実	東京市麻布区	1,000	
斎藤福之助	北豊島郡滝ノ川村	1,000	
岩崎傳次郎	東京市四谷区	500	
稲垣市兵衛	東京市浅草区	500	
飯塚仁兵衛	東京市牛込区	500	
星井忠左衛門	東京市京橋区	500	武総銀行
別府金七	東京市京橋区	500	
大塚栄吉	東京市芝区	500	
渡邊甚吉	岐阜県岐阜市	500	
吉村鉄之助	東京市芝区	500	
小竹佐右衛門	和歌山県日高郡	500	
清水榮蔵	東京市日本橋区	500	

典拠：「銀行設立要項」，『明治四十年 文書類纂 商工』，東京府文書，628-D3-16，東京都公文書館所蔵。
注1：本表の表記は引受株数によるものとし，その単位は「株」である。
　　2：人名の明かな誤記は，訂正の上，表記した。

臨時株主総会が開かれ，定款の改正および本支店の設置を議決している[10]。

　出資状況を反映した引受株数からも明白なように，豊国銀行は濱口吉右衛門の主導下で形成されており，その影響力は大きかった。換言すれば，豊国銀行は，彼の強力な指導力なくしては成立しえなかったことであろう。ここで，濱口吉右衛門についてみておく。彼は慶應義塾で学んだ後（1896 年特選塾員），家業である醤油問屋を継ぎ，その経営にあたるとともに，広く政財界で活躍した。19 歳で県会議員に当選すると，衆議院議員に 3 回，貴族院議員に 2 回当選し，この間，軍備縮小を提唱した。実業界においては，鐘淵紡績で取締役として同社の救済に奔走するとともに，雨宮敬次郎らとともに東京商品取引所の設立に尽力した。そして，富士紡績を興し，同社のほか，濱口合名会社や九州水力電気の社長として活躍している[11]。

　濱口吉右衛門が豊国銀行の設立を計画した動機について，濱口一族として，武総銀行の経営拡大の失敗への責任もあったが[12]，本人の談としては，「日露戦争後諸会社の勃興に対し，銀行の新設は極めて少なく，殊に大企業に対する，大金融機関の設備不完全にして，日本銀行の如き見返担保に制限ありて，普ねく大資金の需要に応ずるを得ず，その他の大銀行と雖も，急激なる資金の需要に応ずる能はざる事情尠からざる点あるを以て，この欠陥を充さんが為めに最も堅気の同志を語らひ，一千万円の資本金を以て，今の豊国銀行を設立」[13]したと説明されている。

第 2 節　合同以前の前身五銀行の展開

　次に，豊国銀行に合同した 5 つの銀行，すなわち，武総銀行，浅草銀行，本郷商業銀行，三田銀行，浜松信用銀行について[14]，豊国銀行との合同に至るまでの展開を検討する。各行の展開を検討することで，豊国銀行が成立した金融上の背景を示すことができる。

1　武総銀行
　武総銀行は，1900 年 9 月 23 日，日本橋区小網町 4 丁目を本店所在地として設立された。資本金は 40 万円であり，1907 年段階で満額払込済であった。同

年の諸積立金は 2 万 8,000 円であり，諸預り金は 77 万 8,000 円を計上している。

　武総銀行の設立時の取締役頭取は濱口儀兵衛（10 代目，梧洞）であった。彼は濱口儀兵衛（8 代目，梧荘）の子息であり，濱口儀兵衛商店（現・ヤマサ醤油株式会社）の経営に携わる中で，1901 年以降，武総銀行に対する集中的な株式投資をおこない，取締役頭取として同行の経営に携わった。濱口儀兵衛商店は武総銀行の信用力を背景に横浜正金銀行からの借入を実現するなど[15]，武総銀行は濱口儀兵衛商店の経営を支える役割を果たしていた。だが，濱口儀兵衛（10 代目）は海産物営業に伴う函館支店の出店と塩鮭や大豆などの投機的取引により，巨額の損失を発生させてしまう[16]。この負債の整理にあたり，武総銀行からの資金調達能力には限界があったため，縁戚関係にある濱口吉右衛門からの資金援助を受けることになった[17]。これにより，1906 年，西濱口家は醤油醸造業に関する工場や在庫品等の資産を濱口合名会社に譲渡し，濱口儀兵衛（10 代目）は武総銀行の経営からも退くことになる。かわって，1907 年には，同行の取締役頭取に濱口吉兵衛が就任している。また，濱口吉右衛門は監督として同行の経営に関与し，この過程で資本金の大幅な強化を伴う，豊国銀行の設立が構想されていくことになる。こうした醤油醸造業の経営および武総銀行の東濱口家への移管について，谷本［1990］は，「両家の近世以来の関係と共に，吉右衛門家の資産家としての財力に，その根拠をもっていた」[18] ことを指摘している。

　その後，武総銀行の本店所在地は，一時的に日本橋区蠣殻町 1 丁目に移されている[19]。そして，豊国銀行の創立事務所もこの日本橋区蠣殻町 1 丁目に置かれていたことから，武総銀行を母体として，豊国銀行が設立されたことがわかる。ただし，豊国銀行が開業した際の本店所在地は日本橋区小網町 4 丁目であった[20]。なお，武総銀行の正確な解散時期については判然としない。

2　浅草銀行

　浅草銀行は，1896 年 11 月 2 日，浅草区並木町を本店所在地として設立された。資本金は 60 万円であり，1907 年における払込済資本金は 33 万円であった。同年の諸積立金は 23 万円であり，諸預り金は 490 万円を計上している。

　1907 年 4 月 15 日，浅草銀行は突然の取付け騒動に遭遇する。この事件は浅

草銀行側に責任があるものではなく，「株式会社の奸策に出で無根の説を流布
したるに依る」ものとされたように，この事件の原因は一部の相場師が経済界
に恐慌の発生を企図し，株式の崩落を画策し利潤を得ようとしたことにあった
といわれている[21]。渋沢栄一はこの取付け騒動を聞き知ると資金の融通をおこ
なったとされ，第一銀行などの援助により，浅草銀行は支払停止に陥る事態は
免れている。翌日には取付け騒動の発端となった吉野町支店は落ち着いた一方
で，本店には浅草警察署長が出張するなど，大きな混乱が継続していた。この
際の取付け額は150万円規模のものであったという[22]。こうした状況下にあっ
て，同行の経営に携わっていた今井喜八は，資本金増加の必要を感じたと述懐
している[23]。当時の金融機関について，「何等かの間違によりて，一朝悪説を
流布せられて，多少取附けに遭遇せんか，之れに応じ切られる銀行は恐らくは
幾何もあらざる可きにあらずや」[24] と論じられていることからもわかるように，
今井喜八が痛感した資本金の増加は，市中銀行に共通した喫緊の課題であった
といえる。

　そして，この事件と前後する形で，豊国銀行の設立が構想されていた。豊国
銀行の形成に関係した神谷傳兵衛や近藤利兵衛は発起人の立場から，「浅草銀
行と合併の議を主唱し，大に斡旋尽力」した。それゆえに，神谷傳兵衛は，
「浅草銀行の救世主であり，豊国銀行の産婆役たるの働き」をしたと評されて
いる。実際，その功績により，豊国銀行の創立10周年の祝賀会で，寿像と金
屏風が進呈されている[25]。すなわち，神谷傳兵衛らは，今井喜八の必要として
いた資本金の増額という問題を，豊国銀行への合同という形で解決できるよう，
後援したのである。

　豊国銀行との合同に際しては，浅草銀行の資本金60万円を4万8,000株分
の豊国銀行の株式と引き換えること，浅草銀行の取締役中より3人以上を豊国
銀行の取締役に推挙すること，浅草銀行の本支店を継承することなどが条件と
された。そして，1907年10月26日，両行は合併仮契約を締結し[26]，浅草銀
行はこの合併案を，同年11月10日に開かれた臨時株主総会で満場一致で承認
している[27]。これを受けて，1908年1月22日をもって，浅草銀行は「任意解
散」している[28]。

3 三田銀行

　三田銀行は，1900年9月17日，芝区三田同朋町を本店所在地として設立された。資本金は20万円であり，1907年における払込済資本金は5万円であった。同年の諸積立金は1万4,400円であり，諸預り金は52万1,313円を計上している。

　三田銀行の取締役であった山田忠太郎は芝区高輪車町在住の銀行家で，東京商工銀行の頭取として活躍した人物である。豊国銀行設立が企図されていた1907年6月，高輪車町の売地に関する新聞記事に端を発した取付け騒動が発生し，東京商工銀行は支払停止に陥ってしまう。この事件は彼が関わっていた三田銀行にも影響を及ぼし，両行に実際上の関係は存在しないにもかかわらず，同行も取付けを受けることになる。これに対して，三田銀行は有力銀行からの援助をうけてさらなる取付け騒動の発生に対する対策を講じ，結果的に，山田忠太郎は取締役を辞任している[29]。こうした中で，1908年4月1日，三田銀行は，豊国銀行との「合併ノ為メ解散」している[30]。以上のような状況を考えると，東京商工銀行の取付け騒動に端を発する連鎖的な三田銀行の取付け騒動とそれに伴う資金的窮迫が，三田銀行を豊国銀行に合同させる要因となったと考えられる。

4 本郷商業銀行

　本郷商業銀行は，1900年5月3日，本郷区本郷4丁目を本店所在地として設立された。資本金は30万円であり，1907年における払込済資本金は10万5,000円であった。同年の諸積立金は1万450円であり，諸預り金は19万1,119円を計上している。豊国銀行との合同に至るまでの状況は判然としないが，1908年1月28日，他の合同銀行と同様，「任意解散」している[31]。

5 浜松信用銀行

　浜松信用銀行の合併に至る過程は，上記の銀行とは異なっていた。浜松信用銀行は，1897年1月19日，静岡県浜名郡浜松町を本店所在地として設立された。豊国銀行に合同した5銀行の中で，唯一東京府外に拠点を構えていた銀行である。資本金は50万円であり，1907年段階で満額払込済であった。同年の

諸積立金は4万円であり、諸預り金は61万6,273円を計上している。

浜松信用銀行と豊国銀行との合同に関する交渉の中では、西遠銀行と浜松銀行とともに連合して合同することが模索されていた[32]。しかし、浜松銀行は交渉を中止したため、他2行はそれぞれ独立して交渉をおこなうことになる。その結果、浜松信用銀行のみが豊国銀行との合同を実現している。この合同に際し、豊国銀行の創立委員として交渉にあたったのは、濱口吉右衛門、門野幾之進、青地玄三郎、坂田実、岡本貞烋、濱口擔であった[33]。結果的に、浜松信用銀行のみが合同を実現させているが、その背景には、濱口吉右衛門や門野幾之進、坂田実、岡本貞烋、そして、浜松信用銀行頭取の伊東要蔵が慶應義塾出身の企業家であったことが想定できる。同行は、1907年8月25日の臨時株主総会で合併を決議し、1908年3月3日、「合併ノ為メ解散」している[34]。なお、伊東要蔵については、浜松信用銀行を含め、本書第II部で詳述する。

以上のように、豊国銀行に合同した5銀行は資本金20万円から60万円規模の金融機関であり、浜松信用銀行を除くと東京府下に本店を設置していた。本郷商業銀行と浜松信用銀行が豊国銀行との合併を構想した経緯は判然としないが、浅草銀行や三田銀行は、取付け騒動を契機として資本集中の必要性を痛感していた。そのため、社会一般の資金需要を満たせる巨大銀行の設立を構想していた濱口吉右衛門による武総銀行の発展的拡大計画に合流したのであろう。そして、次節で詳述するように、1,000万円という巨額の資本金の調達に関しては、これら5銀行の枠組みにとらわれず、広く株式の募集が試みられた。濱口儀兵衛（10代目）より移管されたことを契機として、武総銀行という単一の枠組みにとらわれることなく、広く日本経済の需要に対応しようとしたことが、濱口吉右衛門が豊国銀行の設立に尽力した理由といえる。

第3節　豊国銀行の展開

1　豊国銀行の営業実態

本節では、豊国銀行の開業以降の展開を検討していく。まずは、豊国銀行の営業実態を分析する。ここで、表2-2として、1910年以降の営業成績を示す。表2-2からわかるように、豊国銀行の預貸率はほとんどの時期において100%

表 2-2　豊国銀行営業

	1910 年下半期 第 7 期	1911 年上半期 第 8 期	1911 年下半期 第 9 期	1912 年上半期 第 10 期	1912 年下半期 第 11 期	1913 年上半期 第 12 期
資本金	10,000,000	10,000,000	10,000,000	10,000,000	10,000,000	10,000,000
払込済資本金 （A）	2,500,000	2,500,000	4,000,000	4,000,000	4,000,000	4,000,000
積立金/準備金	145,000	170,000	195,000	225,000	265,000	305,000
諸預リ金勘定 （B）	10,290,072	11,148,556	11,451,084	11,868,584	11,400,988	10,534,969
借入金勘定 （C）	—	—	—	300,000	1,400,000	0
諸貸出金勘定 （D）	11,272,524	11,557,049	12,598,990	14,767,115	15,103,370	13,188,301
預ケ金勘定	41,976	539,826	472,157	25,764	110,991	5,427
有価証券勘定 （E）	948,861	77,768	842,908	31,005	31,005	31,005
現金勘定	1,075,810	1,051,906	1,064,500	878,449	1,144,153	990,482
純益金	119,920	116,612	168,294	212,431	194,123	188,602
D/B	109.5	103.7	110.0	124.4	132.5	125.2
C/(A＋B)	0.0	0.0	0.0	1.9	8.9	0.0
E/(D＋E)	7.8	0.7	6.3	0.2	0.2	0.2

	1916 年下半期 第 19 期	1917 年上半期 第 20 期	1917 年下半期 第 21 期	1918 年上半期 第 22 期	1918 年下半期 第 23 期	1919 年上半期 第 24 期
資本金	10,000,000	10,000,000	10,000,000	10,000,000	10,000,000	10,000,000
払込済資本金 （A）	4,000,000	4,000,000	4,000,000	4,000,000	4,000,000	5,000,000
積立金/準備金	357,000	372,000	412,000	468,000	510,000	545,000
諸預リ金勘定 （B）	18,901,205	22,774,942	25,314,032	27,979,305	32,832,157	35,462,112
借入金勘定 （C）	1,900,000	100,000	680,000	303,951	1,150,000	450,000
諸貸出金勘定 （D）	25,688,723	21,974,311	24,861,034	28,278,357	33,554,549	36,553,915
預ケ金勘定	279,472	129,363	130,331	69,386	70,029	100,519
有価証券勘定 （E）	2,848,028	1,751,833	2,013,261	2,220,438	2,581,678	2,476,856
現金勘定	2,023,382	1,932,654	2,864,477	2,224,097	3,557,801	3,657,886
純益金	160,249	195,266	228,758	191,361	210,749	304,215
D/B	136.0	96.5	98.2	101.1	102.2	103.1
C/(A＋B)	8.1	0.4	2.3	0.9	3.1	1.1
E/(D＋E)	10.0	7.4	7.5	7.3	7.1	6.3

	1922 年下半期 第 31 期	1923 年上半期 第 32 期	1923 年下半期 第 33 期	1924 年上半期 第 34 期	1924 年下半期 第 35 期	1925 年上半期 第 36 期
資本金	10,000,000	10,000,000	10,000,000	10,000,000	10,000,000	10,000,000
払込済資本金 （A）	10,000,000	10,000,000	10,000,000	10,000,000	10,000,000	10,000,000
積立金/準備金	2,282,692	2,520,959	2,554,146	2,794,896	2,985,766	3,178,026
諸預リ金勘定 （B）	44,194,697	43,326,252	33,621,209	35,226,531	35,465,301	37,204,460
借入金勘定 （C）	2,420,000	950,000	8,624,067	6,200,000	4,530,000	2,750,000
諸貸出金勘定 （D）	49,996,465	48,069,303	46,522,315	46,370,510	43,268,044	43,551,650
預ケ金勘定	350,278	144,998	236,566	152,017	167,705	287,908
有価証券勘定 （E）	4,391,258	4,322,487	4,287,737	4,457,882	4,285,804	4,089,398
現金勘定	4,998,224	4,881,378	4,697,985	3,478,442	5,751,652	5,535,292
純益金	815,846	809,278	741,557	685,944	689,842	636,500
D/B	113.1	110.9	138.4	131.6	122.0	117.1
C/(A＋B)	4.3	1.7	18.7	12.9	9.3	5.5
E/(D＋E)	8.1	8.3	8.8	8.8	9.0	8.6

典拠：豊国銀行第 7-41 期「営業報告書」，1910 年下半期～1927 年下半期。
注 1 ：表中の資本金から純益金までの銭以下の数値は四捨五入した。
　 2 ：表中の項目のうち，「D/B」は預貸率を，「C/(A＋B)」は借入金依存度を，「E/(D＋E)」は運用資金に占める有

状態概況

(単位：円，%)

1913 年下半期 第 13 期	1914 年上半期 第 14 期	1914 年下半期 第 15 期	1915 年上半期 第 16 期	1915 年下半期 第 17 期	1916 年上半期 第 18 期
10,000,000	10,000,000	10,000,000	10,000,000	10,000,000	10,000,000
4,000,000	4,000,000	4,000,000	4,000,000	4,000,000	4,000,000
335,000	352,000	369,000	387,000	404,000	419,000
10,190,312	10,768,349	10,699,162	11,403,285	14,226,173	16,725,285
400,000	0	25,000	0	100,000	0
13,165,147	13,300,008	12,949,872	13,671,489	16,127,606	18,074,042
6,867	48,023	238,033	115,840	114,801	40,380
31,005	316,005	314,627	320,627	524,751	1,311,028
1,234,282	800,564	1,087,407	863,776	1,260,175	1,053,935
178,207	176,313	181,742	176,069	160,297	164,793
129.2	123.5	121.0	119.9	113.4	108.1
2.8	0.0	0.2	0.0	0.5	0.0
0.2	2.3	2.4	2.3	3.2	6.8

1919 年下半期 第 25 期	1920 年上半期 第 26 期	1920 年下半期 第 27 期	1921 年上半期 第 28 期	1921 年下半期 第 29 期	1922 年上半期 第 30 期
10,000,000	10,000,000	10,000,000	10,000,000	10,000,000	10,000,000
5,000,000	7,498,750	7,500,000	7,500,000	7,500,000	10,000,000
645,000	759,449	1,095,325	1,433,002	1,714,585	1,945,893
47,583,588	41,838,537	34,002,627	35,537,270	38,845,053	39,651,790
1,200,000	1,650,000	2,300,000	0	1,000,000	0
48,988,230	48,160,063	42,147,785	38,987,869	42,419,770	45,744,773
140,371	136,548	268,899	274,446	68,945	133,229
2,567,879	2,551,941	2,999,303	3,418,873	3,646,891	4,023,769
5,255,591	3,617,555	3,554,797	3,786,682	4,705,196	3,361,432
394,988	834,246	763,856	681,197	649,696	861,699
103.0	115.1	124.0	109.7	109.0	115.4
2.3	3.3	5.4	0.0	2.0	0.0
5.0	5.0	6.6	8.1	7.9	8.1

1925 年下半期 第 37 期	1926 年上半期 第 38 期	1926 年下半期 第 39 期	1927 年上半期 第 40 期	1927 年下半期 第 41 期
10,000,000	10,000,000	10,000,000	10,000,000	10,000,000
10,000,000	10,000,000	10,000,000	10,000,000	10,000,000
3,367,646	3,513,696	3,662,531	3,810,661	3,910,661
39,716,165	41,898,391	42,872,575	33,161,492	29,712,046
2,217,000	2,450,000	4,500,000	5,600,000	950,000
44,447,551	47,832,150	48,884,859	40,764,191	30,136,035
251,085	262,393	283,861	260,290	178,409
4,560,295	4,567,125	5,235,560	5,006,440	4,363,080
6,773,462	5,496,979	6,692,864	5,555,416	4,629,903
633,211	633,951	612,413	478,667	△4,211,030
112.0	114.2	114.0	122.9	101.4
4.2	4.4	8.0	11.9	2.2
9.3	8.7	9.7	10.9	12.6

価証券率を示す。

を超過しており，慢性的なオーバーローン状態であったことがわかる。それに
もかかわらず，借入金依存度は低水準を示している。これは，1,000万円とい
う巨額の資本金によるものであると考えられる。

　豊国銀行の経営は，巨額の資本金と「営業方針は最も堅実主義」[35] と称され
るほどの資金運用に支えられていた。たとえば，1911年には大蔵省証券の発
行と公債および社債の発行による資金需要の増加に加えて，関税改正を見越し
た輸入超過や緊縮に伴う貸出歩合の低下により，金融市場は「繁閑張弛」状況
であったが，「細心資金ノ運用ニ努メ，鋭意業務ノ発展ヲ計リタル」方針を採
ることで，収益を確保することができた[36]。また，1914年の第1次世界大戦
の開戦により，経済の先行きが不透明となる中でも，「常ニ周到ナル注意ヲ以
テ資金ノ固定ヲ避ケ，其運用ノ敏活ニ努メ」ていたことが強調されている[37]。
この時期，第1次世界大戦に伴う商工業の好況と輸出による在外正貨の増嵩に
より，金融市場は緩慢な状況を呈するとともに，金利の暴落により金融機関は
厳しい状況に置かれていた。豊国銀行も例外ではなく，1915年から翌年にか
けて，純益金は低下傾向を示している[38]。この時期には，大戦初期の潤沢な民
間資金に対して，船舶不足により機械輸入は満足におこなえず，資金需要が停
滞した結果，銀行預金の増加を生じさせていた[39]。こうした中でも，「預金ノ
吸着ト堅実ナル放資」[40] に努めた結果，豊国銀行は着実に収益をあげ，1919年
には100万円の株式の追加払込を実行している。これは商工業の発展と財力の
膨張による，銀行合同と金融基盤の強化を図る風潮に呼応したものであった[41]。

　翌1920年には，払込済資本金を750万円にまで引き上げているが，この時
期は第1次世界大戦後の反動恐慌期にあたり，「総テノ事業カ既ニ整理時代」[42]
であるため，「財界不振ノ間ニ処シテ，細心ノ注意警戒ヲ懈ラス，資金ノ運用
ニ付イテハ特ニ慎重考慮最善ノ努力ヲ尽シ，一面鋭意義務ノ刷新冗費ノ節約ヲ
計ル」[43] ことが肝要であるとされていた。そして，反動恐慌が収束へと向かい，
「警戒的平静」とされた1922年には，再び株式の払込を実行し，ついに資本金
1,000万円の満額払込を実現している[44]。1922年の日本積善銀行の取付け騒動
に端を発した金融界の小恐慌に際しても，「慎重資金ノ運用ヲ計リタル為メ，
財界不安ノ影響ヲ被ルコト無ク」[45]，安定的な業績をあげていた。このような
堅実な経営方針に加えて，第1次世界大戦後期に相次いで実行した株式の払込

50

による資金基盤の強化により，豊国銀行は 1920 年代初頭の反動恐慌を乗り越えることができたといえる。

1923 年の関東大震災に際しては，本店仮営業所と浅草支店，神田支店が全焼し，青山支店が一部損壊した以外の被害を受けることはなく，経営への影響は軽微であった[46]。その後，1927 年の金融恐慌下では，経済界の混乱により，預金の減少と借入金の増加をみたことに加えて，多額の準備金を擁していたため，前期に比して純益は低下することになる[47]。そして，金融恐慌にみまわれた豊国銀行は，1927 年上半期の配当が 2 分減となっているものの[48]，一定の収益はあげていた。同年 7 月 23 日の株主総会で，生田定之頭取は当時の経済状況を分析した上で，「当行は此間に処して，常に資金の運用と業礎の涵養に留意し，両度の災厄も無事経過し得たり」と説明し[49]，今後の経営方針を確認している。従来からの堅実な経営方針と資本金および準備金ゆえに，取付け騒動が生じても動揺することはなかった。後述するように，この後，金融恐慌を契機として，豊国銀行は昭和銀行へと合同していくことになる。なお，表 2-2 が示す 1927 年下半期の大幅な欠損は，昭和銀行との合同の為に，資産評価をおこなった結果を反映したものである。

次に，豊国銀行の保有していた有価証券について検討する。豊国銀行は，有価証券の保有については消極的な姿勢を示していた。このことは，表 2-2 中の運用資金に占める有価証券率がほぼ 10% を下回っていたことからも明らかである。同行の保有していた有価証券は，鉄道公債や国庫公債といった公的な債権が中心であった。また，民間企業のものを保有する際は，ほとんどの場合，株式ではなく償還期限付きの社債であった。投機的な株式市場から一定の距離を置く方針であったといえよう。同行が保有していた代表的な社債は，川崎造船，王子製紙，富士製紙，北海道炭鉱汽船，富士瓦斯紡績，南満洲鉄道のものである。この内，富士瓦斯紡績の社債の引受は，同社が三菱銀行や三井銀行，第一銀行から借り入れていた 300 万円の借り換えをおこなった際のものである。これは，3 行で 250 万円を改めて引受け，残金の 50 万円を取引銀行である豊国銀行と森村銀行で引受けたためであった[50]。なお，1916 年の有価証券の保有額の増加は，「露国大蔵省証券」（149 万円）を購入したことによるものであり，これは 1918 年までに全て売却している。

第 2 章　豊国銀行の設立と展開　　　51

このように，豊国銀行の投機的な株式市場から一定の距離をとる姿勢は，「資産状態中注目すべきは，所有有価証券の意外に尠き事である。〔中略〕市価低落の歩調を辿り来れる中にありては，却て多く持たぬが安全である」[51]と評価されるものであり，同行の堅実な経営を反映するものであった。すなわち，こうした経営方針により，経営上の過失の発生を防ぐと同時に，経済変動による影響を低減することができたといえる。

年	1907	08	09	10	11	12	13	14	15
濱口吉右衛門（9代目）	頭						相		
末延道成							頭		（取）
生田定之									頭
坂田実		専							
近藤利兵衛		取							
岡本貞然		取							
今井喜八		取							
伊東要蔵		取							
渡邊三左衛門		取							
青地玄三郎		取							
小池長次郎		取							
伊藤幸太郎		取							
濱口吉右衛門（10代目）									
永見勇吉					取・総				
遠山市郎兵衛							取・総		
斎藤福之助									
門野幾之進		監							
関戸金三郎		監							
吉田吉右衛門		監							
濱口吉兵衛		監							
石崎政蔵		監		（不明）					
石崎丈太郎					監				
豊川良平							相		

図 2-1　豊国銀

典拠：豊国銀行第 7-41 期「営業報告書」，1910 年下半期～1927 年下半期：商業興信所編［1907-1927］。
注 1：図中の記載は右記のものを示す（頭：取締役頭取，専：専務取締役，取：取締役，監：監査役，総：総
　　2：斎藤福之助は，1927 年上半期より，「取締役」とのみ記載されている。

2　豊国銀行の経営陣と株主

　次に，豊国銀行を支えた企業家に関して，経営陣と株主の双方から検討する[52]。豊国銀行については，当時から「慶應出身の名士彬々として聚れり」[53]，「幹部には三田系の人物を網羅す」[54]などと評されていた。その実態を明らかにするため，同行の経営に携わった人々について，個別具体的に検討していきたい。まずは，図2-1として，豊国銀行の経営陣の在任期間を示す。

　開業時の取締役頭取には，豊国銀行の設立に尽力した濱口吉右衛門（9代目）が就任しているが，詳細は前述の通りである。彼が辞任した後，その後継頭取

16	17	18	19	20	21	22	23	24	25	26	27年

行役員在職期間

支配人，相：相談役）。

には末延道成が就任している。後任頭取の人選は，和田豊治と神谷傳兵衛に一任され決定したものであった。彼の頭取就任とともに，濱口吉右衛門と豊川良平が相談役に推薦されている[55]。末延道成は，三菱本社支配人を経て，日本郵船の副支配人に就任し，荘田平五郎の推挙もあって，明治火災保険や東京海上保険，山陽鉄道などの経営に携わっていた[56]。また，豊川良平は，慶應義塾で学んだ後に三菱に入り，第百十九国立銀行頭取や三菱合資会社銀行部部長などを務めた企業家であった。この第百十九国立銀行は彼の改革により信用を高め，最終的に三菱に合併されている[57]。なお，和田豊治と豊川良平は，濱口合名会社の解散時にともに調停にあたっており[58]，豊国銀行以外でもその関係性をうかがい知ることができる。

　その後，末延道成が当時兼任していた東京海上保険の事業多忙を理由に，豊国銀行の取締役頭取を辞任すると，豊川良平らの推薦を受けて，その後任に就任したのは生田定之であった[59]。生田定之は，慶應義塾卒業後に日本銀行に職を得て，国庫局長などを歴任した銀行家である。この間，複数の民間銀行から招聘されていたが，それらを断り，豊国銀行に転じている[60]。このように，濱口吉右衛門以降の取締役頭取は，豊国銀行の内部からの昇進ではなく，外部からの登用であったが，いずれも，和田豊治や豊川良平らによって推薦された人物であった。特に，こうした人事を含めた「重大事は多く，〔和田〕豊治君の奔走を以て解決」[61]されたとされる。

　豊国銀行の設立段階で取締役に就任した人物の内，坂田実および岡本貞烋，伊東要蔵の３人は，いずれも慶應義塾の出身者であった。坂田実は，山本達雄日本銀行総裁の知遇を得て日本銀行に入行し，名古屋支店長や出納局長などを務めている。豊国銀行の設立が計画されると，濱口吉右衛門の懇請により，日本銀行を辞し豊国銀行に転じることになる[62]。岡本貞烋は，帝国海上保険や台湾製糖，東京市街鉄道などの創立に尽力し，千代田生命保険や鐘淵紡績などの役員を兼務した[63]。

　今井喜八および小池長次郎，伊藤幸太郎の３人は，浅草銀行の取締役出身であり，今井喜八と小池長次郎は浅草銀行の設立発起人でもあった。今井喜八は，質商を営むとともに，内国通運社長や日本製糖監査役を務めていた。東京市会議員や浅草区議会議員（議長）として政治活動もおこなっており，その後，衆

議院議員選挙に立候補するために豊国銀行を辞している[64]。なお，小池長次郎は豊国銀行浅草支店の支配人を，伊藤幸太郎は支店長をそれぞれ務めている[65]。

　これ以外の取締役をみてみると，近藤利兵衛は，酒商として神谷傳兵衛の製造した蜂印葡萄酒を販売していた人物である。こうした関係から，神谷傳兵衛が浅草銀行と豊国銀行の合同を発議するとともにその斡旋に努めたという。神谷傳兵衛自身は，「事業家と銀行業者とは，全然別なるを要す」[66]との信念をもっていたため，豊国銀行の経営に直接関わることはなかった。そのため，彼にかわって近藤利兵衛が取締役に就任したとみることができる。なお，近藤利兵衛が酒販売以外の事業に関与したのは，豊国銀行のみであった[67]。

　渡邊三左衛門は，新潟県の資産家で，県会議員や農会副議長として活躍するとともに，村上銀行や新潟紡績の監査役を務めた人物である。そして，彼は後述する豊国銀行の主要株主である田巻堅太郎の義兄にあたる。また，青地玄三郎は，東京高等商業学校の出身で，富士革布や台湾海陸産業，高砂土地などで取締役を務めていた。

　設立以降に取締役に就任した人物の内，遠山市郎兵衛と濱口吉右衛門（10代目，無悶）は，東濱口家の出身である。遠山市郎兵衛は，東京帝国大学を卒業した後，帝国鉱泉を設立するとともに，同社の取締役社長に就任し，銚子醤油や木村実業などの経営に携わった。豊国銀行では永見勇吉の死後に，支配人（兼任）として業務の監督にあたった。濱口吉右衛門（10代目）は，東京専門学校（現・早稲田大学）で学んだ後，家業である醤油問屋の経営にあたるも，病身のため主だった活動はできなかったが，帝国鉱泉の取締役社長を務め，富士瓦斯紡績や銚子醤油などの取締役を務めている[68]。

　永見勇吉は，慶應義塾で学んだ後，政治活動を経て武総銀行の取締役兼支配人を務めた。彼は日本製絨会社での板紙事業の立て直しにより濱口吉右衛門（9代目）の知遇を得たことで，武総銀行の設立に参画し，豊国銀行の形成にも尽力することになる[69]。斎藤福之助は東京高等商業学校を卒業した後，父である斎藤辨之助とともに，豊国銀行の発起人に加わっている。豊国銀行では，吉野町支店長や営業部長を務め，1919年に取締役に昇格した後も，吉野町支店長を兼任していた。

　監査役に関しては，創立以来大きな変化を確認することはできない。門野幾

之進は，慶應義塾の出身で，千代田生命保険を興し，自らその経営にあたった人物である。その詳細については，次章で詳述する。関戸金三郎は，質商を営んでおり，浅草銀行の設立発起人として同行の設立に尽力し[70]，同行では専務取締役を務めていた。濱口吉兵衛は，濱口吉右衛門（9代目）の実弟である。東京帝国大学を卒業後は，兄とともに醤油問屋の経営を支えていた[71]。吉田吉右衛門は，新潟県の出身で，岩船銀行や村上銀行，村上水電などの取締役を務めた。豊国銀行が昭和銀行と合併した後は，村上銀行が第四銀行（新潟）と合併したことから，第四銀行の専務取締役として活動することになる。村上銀行時代には，豊国銀行の経営方針と同様，貸付先の信用を十分に見極めた上で，堅実な貸出方針をとっていたという[72]。相場師として有名な石崎政蔵は，本郷商業銀行の他に，小山銀行の設立にも関与している。その養子である石崎丈太郎は，小山銀行の頭取を務めたが，同行が足利銀行と合併すると，同行の取締役に就任している。

　ここまで，豊国銀行の経営陣を詳しく検討してきたが，創立以来の役員や合同した5銀行出身の人物が，取締役および監査役に就任していたこと，そして，彼らの多くが濱口吉右衛門（9代目）の関係者や慶應義塾出身の企業家であったことがわかる。彼らは金融事業に精通していた企業家のみではなかったため，2代目以降の取締役頭取には，末延道成や生田定之といった銀行家が外部から登用された。このような慶應義塾出身の企業家による統治体制が確立した背景には，慶應義塾出身の濱口吉右衛門の主導が存在したこと，特に，豊国銀行が濱口家の取引銀行である武総銀行を母体としていたことがあると考えられる。濱口吉右衛門を中心とした和田豊治，森村市左衛門らの関係は，富士瓦斯紡績の設立時にも影響をもっており，先述の富士瓦斯紡績の借り換え時における豊国銀行の関与も，このような文脈で理解することができよう。

　以上みてきたように，豊国銀行は慶應義塾出身の企業家や彼らが関わった企業と密接な関係を有していた。伊牟田 [1980] が指摘したように，豊国銀行のような「三流都市銀行」が中小財閥の機関銀行としての性格を帯びるとするならば，同行は彼らが経営していた企業の機関銀行的な側面を有していたとみることができる。

　次に，豊国銀行の株主に関して検討しておく。同行の株主に関しては，山崎

［2000］が昭和銀行と合併直前の 1927 年時点の分析をおこなっているので，これを踏まえつつ，通時的な検討を試みたい。ここで，表 2-3 として，豊国銀行の主要株主を示す。表 2-3 から，豊国銀行への最大の出資者は，濱口吉右衛門（9 代目）および同（10 代目）であることが確認できる。彼らに次ぐ株主は田巻堅太郎である。田巻堅太郎は，新潟県多額納税者に名を連ねる資産家であり，第四銀行や新潟貯蓄銀行，新潟電力，田沢湖電力の取締役を務めた人物で，1927 年に慶應義塾の特選塾員となっている[73]。そして，1925 年には濱口吉右衛門（10 代目）を上回る 1 万株を保有する，個人では最大の株主となっている。近藤利兵衛や神谷傳兵衛も草創期からの主要な株主であり，彼らの発言力の強さが，浅草銀行との合同を成立させる要因となったといえよう。

　表 2-3 に示す各期の主要株主を比較すると，その顔ぶれに大きな変化がないことがみてとれる。豊国銀行の主要株主は，濱口家や前身銀行の関係者を含む豊国銀行の役員を中心としつつ，田巻堅太郎や下郷傳平といった慶應義塾の関係者がこれに加わるという構造であった。こうした状況は当時から広く認識されており，豊国銀行は「三田系の一団が，由つて以つて之が後援を為すあり」[74]と評されていたのである。つまり，先述の濱口吉右衛門（9 代目）にとっての「最も堅気の同志」とは，この「三田系の一団」を指していると理解できる。

3　豊国銀行の組織と支店網の展開

　次に，ここまでみてきた経営陣および株主の動向を踏まえ，トップマネジャー以下の人事に留意しながら，豊国銀行の組織と支店網の展開を検討する。

　豊国銀行の本店の組織としては，設立された 1908 年段階では営業部，調査部，文書部の 3 部が設置されていた。翌 1909 年には，調査部と文書部は営業部の傘下となり，調査課と文書課に組織変更されている。以降，時期により異同があるものの，営業部の下に，貸付課，預金課，出納課，為替課，文書課，調査課，計算課，総務課，証券係が設置されていた。こうした組織を監督する支配人（1910 年以前は営業部長）は，永見勇吉や斎藤福之助，濱口吉右衛門の実弟で営業部次長であった濱口録之助らであった[75]。

　豊国銀行の組織の中で特筆すべきものは，独立した監査機関の設置である。

表 2-3　豊国

1910 年下半期（第 7 期）		1913 年下半期（第 13 期）		1916 年下半期（第 19 期）	
名義	株数	名義	株数	名義	株数
濱口吉右衛門（9 代目）	10,032	濱口吉右衛門（10 代目）	11,032	濱口吉右衛門（10 代目）	11,077
田巻堅太郎	10,000	田巻堅太郎	10,000	田巻堅太郎	10,000
高林維兵衛（西遠銀行）	4,440	近藤利兵衛	4,000	近藤利兵衛	4,000
近藤利兵衛	4,000	神谷傳兵衛	3,700	神谷傳兵衛	3,700
濱口絲子	3,850	青地玄三郎	3,000	徳川頼倫	2,400
神谷傳兵衛	3,700	高林維兵衛（西遠銀行）	3,000	今井喜八	2,200
青地玄三郎	3,000	徳川頼倫	2,400	濱口吉兵衛	2,200
徳川頼倫頼倫	2,400	今井喜八	2,200	木村平右衛門	2,100
今井喜八	2,200	木村平右衛門	2,100	市川辰雄	2,000
木村平右衛門	2,100	石崎ロク	2,000	石崎ロク	2,000
石崎ロク	2,000	市川辰雄	2,000	遠山市郎兵衛	2,000
市川只次	2,000	遠山市郎兵衛	2,000	吉田吉右衛門	2,000
遠山市郎兵衛	2,000	吉田吉右衛門	2,000	中野徳次郎	2,000
和田豊治	2,000	中野徳次郎	2,000	伊東要蔵	1,986
亀田介治郎	2,000	伊東要蔵	1,986	関戸金三郎	1,624
吉田吉右衛門	2,000	関戸金三郎	1,624	小池長次郎	1,620
中野徳次郎	2,000	小池長次郎	1,620	和田豊治	1,500
伊東要蔵	1,888	稲垣市兵衛	1,540	嵯峨尚子	1,500
関戸金三郎	1,624	和田豊治	1,500	平野又十郎（西遠銀行）	1,500
小池長次郎	1,620	嵯峨尚子	1,500	堀越なを	1,400
稲垣市兵衛	1,540	堀越なを	1,400	佐々木重兵衛（東北実業銀行）	1,330
新藤喜三郎	1,400	秋山藤左衛門	1,220	秋山藤左衛門	1,220
伊藤幸太郎	1,320	濱口吉兵衛	1,200	肥田玄次郎	1,200
秋山藤左衛門	1,220	肥田玄次郎	1,200	石崎丈太郎	1,104
濱口吉兵衛	1,200	鈴木栄三郎	1,007	生田定之	1,050
大塚栄吉	1,140			鈴木栄三郎	1,007

典拠：豊国銀行第 7・13・19・25・30・37 期「営業報告書」1910 年下半期，1913 年下半期，1916 年下半期，1919
注 1：豊国銀行の資本金は 1,000 万円であり，これを 20 万株に分割（1 株 50 円）して株式を発行した。
　　2：本表では，1001 株以上の株式を所有するものを主要株主として掲載した。ただし，個人名義のものと企業名

当時の銀行貸出は，銀行経営者個人の貸出姿勢に左右されるところが極めて大きかった。そのため，社会的な信用を高めるとともに，堅実な経営を実践するためには，独立した監査機関が必要とされた。しかし，戦前期の銀行では，いまだ貸出審査制度への理解は低く，審査部もしくは審査課といった部署が設置されることはほとんどなかったとされている[76]。そうした中でも，豊国銀行では，1910 年に内規を改正した上で，商法の範囲内において監査役による監査

銀行主要株主

(単位：株)

1919 年下半期（第 25 期）		1922 年上半期（第 30 期）		1925 年下半期（第 37 期）	
名義	株数	名義	株数	名義	株数
濱口吉右衛門（10 代目）	11,419	濱口吉右衛門（10 代目）	12,869	田巻堅太郎	10,000
田巻堅太郎	10,000	田巻堅太郎	10,000	濱口吉右衛門（10 代目，東浜植林）	7,369
下郷傳平（仁寿生命保険）	7,980	下郷傳平（寿生命保険）	7,880	濱口吉右衛門（10 代目）	5,000
近藤利兵衛	4,000	近藤利兵衛	4,000		
神谷傳兵衛	2,700	大塚民三郎（東北実業銀行）	3,000	近藤利兵衛	4,000
徳川頼倫	2,500	神谷傳兵衛	2,700	大塚民三郎（東北実業銀行）	3,000
今井喜八	2,200	濱口吉兵衛	2,200	田巻義平太	3,000
濱口吉兵衛	2,200	市川辰雄	2,000	神谷傳兵衛	2,700
木村平右衛門	2,100	石崎ロク	2,000	濱口吉兵衛	2,200
市川辰雄	2,000	伊東要蔵	2,000	石崎ロク	2,000
石崎ロク	2,000	遠山市郎兵衛	2,000	伊東要蔵	2,000
遠山市郎兵衛	2,000	和田豊治	2,000	遠山市郎兵衛	2,000
和田豊治	2,000	中野昇	2,000	和田豊治	2,000
吉田吉右衛門	2,000	木村平右衛門	2,000	中野昇（中野商店）	2,000
中野昇	2,000	諸戸清六（諸戸殖産）	2,000	木村平右衛門（木和合資会社）	2,000
諸戸清六	2,000	関戸金三郎	1,624	関戸金三郎	1,624
伊東要蔵	1,986	小池長次郎	1,620	小池長次郎	1,620
関戸金三郎	1,624	吉田吉右衛門	1,500	永井恭太	1,500
小池長次郎	1,620	中野忠太郎（中野興業）	1,230	齋藤亀之丞	1,500
佐々木重兵衛（東北実業銀行）	1,390	鈴木喜三郎	1,110	大瀧勝三郎	1,380
		石崎丈太郎	1,104	高吉亀代	1,300
石崎丈太郎	1,104	生田定之	1,100	中野忠太郎（中野興業）	1,230
生田定之	1,100	斎藤福之助	1,050	鈴木喜三郎	1,110
鈴木喜三郎	1,100	秋山藤左衛門	1,020	石崎丈太郎	1,104
秋山藤左衛門	1,070			生田定之	1,100
斎藤福之助	1,050			斎藤福之助	1,050

年下半期，1922 年上半期，1925 年下半期。

義のものは，同一個人の名義であっても異なるものと見做し，合算はおこなわない。

役会を組織している。これは欧米でおこなわれていた制度に倣ったもので，営業部から完全に独立した組織であった。門野幾之進をその部長とし，その下に検査課を設置することで，各種勘定から経費に至るまで，内部に立ち入って調査する権限が与えられていた[77]。このような監査制度は，豊国銀行の信用を担保する役割を担っていたといえる。なお，門野幾之進と彼の経営や資産運用の方針については，千代田生命保険などを事例として，次章で詳述する。

次に，豊国銀行の支店網の変遷について，『日本全国諸会社役員録』に基づき検討する。設立当初の支店については，1907年12月26日の臨時株主総会で，本店を東京市内に設置し，支店を浅草区内に2カ所，本郷区内に1カ所，芝区内に1カ所，静岡県浜松町内に1カ所，新潟県長岡市内に1カ所，千葉県銚子町内に1カ所設置することが議決されている。また，あわせて，千葉県本銚子町に出張所を1カ所設置するとされた[78]。そこで，各支店を統括したミドルマネジャーにも留意しつつ，それらの特質を具体的に検討したい。

　東京府下に開設された支店として，浅草支店（浅草区並木町）は浅草銀行本店を，吉野町支店（浅草区吉野町）は浅草銀行吉野町支店を継承したものである。浅草支店の支店長は中島圓吉が務め，吉野町支店の支店長は亀田良吉が務めていたが，1916年より斎藤福之助が両支店の支店長を兼任している。その後は，浅草支店の支店長は斎藤福之助が務めつづけた一方，吉野町支店の支店長は早坂金次郎に交代している。また，本郷支店（本郷区本郷4丁目）は，本郷商業銀行の本店を継承したものである。養父である石崎政蔵との関係から，当初の本郷支店の支店長は石崎丈太郎が務めていた。その後は，濱口録之助や肥田玄次郎などが務めたが，1919年以降は成田誠司が務めている。

　同じく東京府下の三田支店（芝区三田同朋町）は，三田銀行本店を継承したものである。三田支店の支店長には，石田晗造や太田金彌らが交代で就任している。石田晗造は慶應義塾で学び，三井銀行に勤務した後，1897年に濱口儀兵衛商店の東京荷扱所主任に転じている。組織変更に伴い東京荷扱所を辞すと，豊国銀行の設立に際し，同行に入行している[79]。太田金彌も慶應義塾を卒業すると，門野幾之進の紹介により山陽鉄道に就職し，同鉄道が国有化されると，鉄道作業局出張所長や鉄道庁運輸部に勤務したが，豊国銀行の設立に際し，これを辞し，豊国銀行に入行している[80]。豊国銀行が慶應義塾出身者の強い影響下にあったことはすでに指摘した通りであるが，支店長などのミドルクラスのマネジャーにも，同様の経歴を有する人物を確認することができる。

　千葉県下の支店についてみると，銚子支店（海上郡銚子町）は武総銀行銚子支店を，銚子出張所（海上郡本銚子町）は武総銀行銚子出張所を継承したものである。初期の銚子支店の支店長は，武総銀行の支店長を務めていた中島圓吉が務めていたが，1910年以降は志倉直吉が支店長を務め，銚子出張所の出張

所長も兼任していた。彼は永見勇吉と慶應義塾の同窓生であり，三井銀行を経て武総銀行に勤めていた人物である[81]。

　静岡県の浜松支店（浜名郡浜松町）は，浜松信用銀行本店を継承したものであった。他の支店と異なり，浜松支店の支店長は一貫して近藤彌市が務めていた。近藤彌市は浜松信用銀行の支配人であり，同支店の次長を務めた倉田相次も浜松信用銀行の副支配人であった。また，伊東要蔵宛ての遠山市郎兵衛の書簡には，「頭取より申上候浜松支店検査報告，〔中略〕本日近藤支店長上京有之候ニ付，実情詳しく聞取候上，改めて御高見を煩し候事宜布かと存居」[82]と記されており，浜松支店に関する案件は，旧浜松信用銀行頭取の伊東要蔵に照会されていたことが確認できる。このように，浜松支店の運営は，浜松信用銀行出身の人材によって担われており，実質的に，合同以前と同様の体制であったと考えられる。

　以上のように，開業時の豊国銀行は，合同した5銀行の本店及び支店を継承する形で営業を開始した。開業後には支店を順次増設していき，その最初のものが，新潟県下に設置された。この支店は，豊国銀行に合同した5銀行から継承したものではなく，新規に開設されたものであった。この背景として，新潟県の有力資産家であり，特選塾員でもある田巻堅太郎が豊国銀行の主要株主として存在しており，彼の意向があったものと推察される。臨時株主総会で設置が決められた長岡支店（長岡市関東町）は短期間しか存在しなかったが，新潟支店（新潟市本町通9番町）はその後も存続していた。新潟支店は，1908年12月8日に開設されている[83]。当初の新潟支店支店長は吉田琢磨（長岡支店支店長と兼任）であったが，その後は渡邊寧祐を経て，千代庄三郎，三輪勉一が就任している。

　これ以降，1913年6月10日に神田支店（神田区連雀町），1914年10月21日に京橋支店（京橋区南伝馬町），1917年6月1日に青山支店（赤坂区青山南町6丁目），1921年11月1日に通塩町支店（日本橋区通塩町），1923年6月2日に本所支店（本所区相生4丁目），1924年2月9日に四谷支店（四谷区塩町2丁目），1925年2月10日に小石川支店（小石川区駕籠町）が相次いで開業している。その結果，昭和銀行と合同する1928年の豊国銀行の店舗網は，本店と15の支店および営業所が整備されていった。

このように，開業当初の豊国銀行の支店は，東京府下を中心に，従来からの「特殊の関係」を有する千葉県，静岡県，新潟県に展開していた。開業後の新設支店は，新潟支店を除くと，東京府下に限定されることから，同行は全国的な展開を指向したのではなく，「純然たる市内商業銀行として，模範的機能を発揮」[84] することを希求していたといえる。支店を統括するミドルマネジャーの人事については，開業当初は，前身銀行の体制を維持していたが，その後は浜松支店を除き，前身銀行との関係は希薄化していったといえよう。

第4節　豊国銀行の解散と昭和銀行への合同

ここまで豊国銀行の経営動向や支店網の拡充について検討してきたが，本章の最後に，豊国銀行の解散と昭和銀行への合同に関して検討する。豊国銀行が堅実な経営により収益を確保しつづけていたことはすでに指摘した通りである。この点に留意した上で，豊国銀行と昭和銀行の合同過程についてみていく。

まず，昭和銀行設立の背景について確認しておく。1927 年の金融恐慌下によって，同年4月下旬に至るまでに 32 の銀行（この内，30 行が普通銀行）が休業に追い込まれた。当時，貸付資金の回収や保有有価証券等の売却を短期間におこなうことは実質的に困難であり，その結果，借入金の増額が不可避であった。モラトリアム後には休業銀行の整理が開始されるが，大多数の銀行では欠損金額の上昇により，自立営業は困難を極めた一方で，休業銀行の合併を積極的に引き受ける銀行も現れなかった。こうした状況下で，大蔵省は新規に銀行を設立し，日本銀行において休業銀行の内容精査を完了した後，その債権および債務を新銀行に継承させることを計画する。この新銀行に対して，補償法による特別融資をおこない，これにより預金の払い戻しをおこなう方針が採られた。さらに，有力銀行との懇談の中で，単なる整理のための銀行ではなく，現在営業中の銀行からも希望により合同を認めることが決められた。こうして設立された新銀行が昭和銀行である。昭和銀行は資本金を 1,000 万円とし，第一銀行，三井銀行，安田銀行，三菱銀行，住友銀行がそれぞれ 100 万円ずつ出資した。同行は本店を旧中井銀行の本店に置き，1927 年 11 月 9 日に設立された。その後，翌 1928 年 6 月までに中井銀行，中沢銀行，八十四銀行，村井銀

行，近江銀行，久喜銀行（以上，休業中）と尾張屋銀行，豊国銀行，若尾銀行，藤田銀行，泰昌銀行（以上，営業中）の勘定を継承している[85]。

　昭和銀行の設立に向けた動きが進む中で，同行の取締役頭取の選定が問題となった。日本銀行の経営陣のみならず，昭和銀行に出資する各銀行を代表して，池田成彬（三井銀行），佐々木勇之助（第一銀行），串田萬蔵（三菱銀行），結城豊太郎（安田銀行）が会合した際に，豊国銀行頭取の生田定之を強く推す意見が出されたが[86]，彼が設立時に就任することはなかった。かわりに，井上準之助日本銀行総裁が5大銀行の代表者と協議した結果，取締役頭取に田島道治が就任することが決定し[87]，同年10月29日の創立総会で就任が決議された[88]。

　だが，田島道治の取締役頭取就任は暫定的なものであって，その水面下で生田定之の招聘が進展していた。この間，彼が頭取を務める豊国銀行の後任頭取の選定が問題となるが，その解決策として，昭和銀行による同行の買収が構想される[89]。昭和銀行が豊国銀行を買収することは，生田定之の取締役頭取就任の条件であった。また，昭和銀行に資本金1,000万円の同行を合同させることは，昭和銀行の経営上も有利であるとの意見もあり，両行の合同に向けた調整が進められることになった[90]。

　1927年10月3日，昭和銀行との合併を控え，生田定之が豊国銀行の資産内容を日本銀行に報告している[91]。そして，同年12月22日の昭和銀行重役会の決定を受け，12月28日に井上準之助の立会いのもと，生田定之と田島道治が合併契約書に調印している[92]。豊国銀行では，翌1928年1月21日の定時株主総会で定款を改正し，「当銀行は昭和銀行が東京市内に十二箇所，新潟市に一箇所，静岡県浜松市に一箇所，千葉県銚子町に一箇所，本銚子町に一箇所の支店の営業を開始したる日に解散す」との条項を追加している。これは当時の豊国銀行の本店と支店，出張所の全てを昭和銀行が継承することを意味している。同時に，昭和銀行に対する営業譲渡契約書が承認され，精算人に生田定之，遠山市郎兵衛，斎藤福之助が就任している。昭和銀行との合同について生田定之は，「彼の恐慌以来一般信用組織の上に大変革を来たし，中小銀行の独立経営は甚だ容易ならざるものあり，当行に在つても株主各位の倚托に背かざらんが為めには適当の方策を樹つるの必要あることを感ずるの切なるものあるに至れり。茲に於て新設昭和銀行へ営業一切を譲渡するの可なるを信じ，日本銀行の

第2章　豊国銀行の設立と展開　　63

調査を乞ひ，季末昭和銀行との間に之が仮契約を了せり」[93]と説明している。

　両行の合併契約が承認されたことで，昭和銀行の同年1月26日の定時株主総会では，支店増設に関する定款の改正がおこなわれた。同日には取締役1人の選挙がおこなわれ，生田定之が当選している。これを受けて，昭和銀行の重役会は，生田定之を取締役頭取に互選している[94]。

　両行の合同により，昭和銀行に移動した人材は生田定之のみではなかった。豊国銀行のミドルクラスのマネジャーは1人を除きすべてが昭和銀行に移籍している。具体的には，渡邊寧祐（豊国銀行貸付課長）が昭和銀行営業部長に，水野定男（同為替課長）が為替課長に，辻四郎次（同出納課長）が出納係長に，滋野斉（同計算課長）が計算係長に，鈴木佐助（同総務部長）が総務部長兼文書係長兼調査係長に，八塚猶勝（同検査課長）が検査係長に就任している[95]。もちろん，昭和銀行のマネジャーには彼ら以外に他行から登用された人材も確認できるが，営業の中心となる上記部署には，豊国銀行出身の行員が充当された。

　ここまでみてきたように，豊国銀行と昭和銀行の合同は，豊国銀行の巨額な資本金を吸収する目的に加えて，金融恐慌後の金融機関の整理に，生田定之の経営手腕が求められたことが要因であった。また，豊国銀行の主要部門のマネジャーが，昭和銀行の実務の中心的な部署を担当していることからも，金融恐慌を乗り越えた豊国銀行の経験もまた，新銀行に求められたとみることもできよう。この点に，金融恐慌後に豊国銀行の果たした役割を見出すことができる。

　　おわりに

　以上，本章では，豊国銀行の設立から昭和銀行との合同に至るまでの展開を，そこに関わった企業家との関係を中心に検討した。本章での分析により明らかにされた点を，冒頭に記した課題に即してまとめると，次の3点に集約される。

　第1に，豊国銀行は，武総銀行の経営を引き継いだ濱口吉右衛門の主導により，資本金の小規模な都市銀行を合同することで設立された。その際，慶應義塾の出身者を中心に，彼との関係を有する企業家が多く参画した。豊国銀行の1,000万円という巨額の資本金は，経済界に潤沢な資金を供給する役割を果たすとともに，合同した銀行にとっては，不用意な取付け騒動を回避できるとい

う意義があった。第2に，豊国銀行の経営方針は堅実的かつ非投機的なもので
あった。このことは，経済変動の影響を低減させるとともに，経営上の過失を
防ぐ機能を果たしたと考えられる。こうした方針は末延道成や生田定之といっ
た当時の頭取の下で実行されていった。また，門野幾之進による監査制度は，
豊国銀行の堅実主義的経営を徹底させるものであったともいえる。第3に，昭
和銀行との合同は，豊国銀行の巨額の資本金を吸収する目的のみならず，同行
の取締役頭取に生田定之の就任が求められたことも影響していた。そして，豊
国銀行から昭和銀行へと多くの人材が移籍しており，同行での経験が昭和銀行
に継承されたとみることができる。すなわち，昭和銀行による恐慌後の金融機
関の整理には，豊国銀行での経営ノウハウや同行の経営方針が影響したといえ
よう。

　では，以上の検討を踏まえて，豊国銀行が金融恐慌を乗り越えられた要因に
ついて，経営陣の動向および堅実な経営方針の両点から，確認したい。小川功
［2001］は，岩手銀行や盛岡銀行の事例の分析により，取締役会の形骸化や支
配人層の牽制力の脆弱性が，頭取の暴走行為や破綻に直結する意思決定を抑制
しえなかったと論じている。ここでは，トップマネジャーにおける相互のモニ
タリング不全の問題と意思疎通の欠如が問題視されている。こうした問題に対
し，豊国銀行では，豊国銀行内外で共同して事業をおこなっている慶應義塾の
出身企業家を中心としたトップマネジャーによって経営されるとともに，和田
豊治などの外部の企業家の意見を容れることで，健全なコーポレートガバナン
スが担保されていたといえる。

　また，破綻した金融機関の実例として，高橋亀吉［1930］が問題視した，渡
辺一族による不正貸出により休業に追い込まれた東京渡辺銀行や，第1次世界
大戦による好況下における無謀な多額貸出が回収不能となった台湾銀行，不良
銀行との合併により経営を圧迫された十五銀行などの事例を想起すると，豊国
銀行は適正な貸付と株式市場から一定の距離をとる堅実な経営方針に沿ったこ
とにより，金融恐慌を乗り越えることができたといえよう。本章で検討した豊
国銀行の経営姿勢は，上記の破綻した銀行との対比において，より鮮明に認識
できるものである。

第2章　豊国銀行の設立と展開　　　　65

注

1) 伊牟田敏充［1980］「日本金融構造の再編成と地方銀行」，朝倉孝吉編『両大戦間における金融構造——地方銀行を中心として』御茶の水書房，3頁。

2) 「豊国銀行開業」，『銀行通信録』，1908年2月15日，86頁。

3) 遠間平一郎［1915］『事業及人物』中央評論社，294頁。

4) 喜多貞吉編［1926］『和田豊治伝』和田豊治伝編纂所，167頁。

5) 「株式会社 豊国銀行創立総会決議録（謄本）」，『明治四十年 文書類纂 商工』，東京府文書，東京都公文書館所蔵（以下，東京府文書の所蔵先は同様），628-D3-16。

6) 濱口吉右衛門家を東濱口家と称するのに対して，濱口儀兵衛家を西濱口家と称する。初代濱口吉右衛門および初代濱口儀兵衛は兄弟であり，近世期には，東濱口家が江戸にて醤油などを売り捌いた一方で，西濱口家が銚子にて醤油の醸造をおこなっていた。

7) 濱口擔は，濱口儀兵衛（7代目，梧陵）の子息。慶應義塾および東京専門学校にて学ぶ。衆議院議員を務めた後は，武総銀行取締役を経て豊国銀行文書課長を務めた人物である（三田商業研究会編［1909］『慶應義塾出身名流列伝』，実業之世界社，127-128頁）。

8) 「進達願書」，『明治四十年 文書類纂 商工』東京府文書。

9) なお，谷本［1990］は，その注（92）において，豊国銀行の設立時期について，『銀行総覧』に記載された1907年5月もしくは同年12月とする2説を紹介しているが，出願関係史料によると，前者は史料上の誤記であろう。

10) 「豊国銀行臨時総会」，『銀行通信録』，1908年1月15日。

11) 三田商業研究会編［1909］，125-126頁；銚子醤油株式会社編［1972］『社史』銚子醤油株式会社，92頁。

12) 喜多編［1926］，167頁。

13) 井上泰岳［1911］『現代名士の活動振り』東亜堂，192-193頁。

14) 本章で取り上げる各行の基礎的情報は，商業興信所編［各年］によった。

15) 谷本雅之［1990］「銚子醤油醸造業の経営動向——在来産業と地方資産家」，林玲子編『醤油醸造業史の研究』吉川弘文館，291-292，299頁。

16) ヤマサ醤油株式会社編［1977］『ヤマサ醤油店史』ヤマサ醤油株式会社，149-154頁。

17) 長妻廣至［2004］「明治期銚子醤油醸造業をめぐる流通過程——ヤマサ醤油を中心として」，長妻廣至遺稿集刊行会編『農業をめぐる日本近代——千葉・三井物産・ラートゲン』日本経済評論社，152頁。

18) 谷本［1990］，303頁。

19) 大蔵省理財局編［1908］『第十五回 銀行総覧』熊田印刷所，80頁。

20) 「豊国銀行開業」，『銀行通信録』，1908年2月15日。

21) 「浅草銀行取付の真相」，『読売新聞』，1907年4月17日；「浅草警察署の探偵」，同前，1907年4月18日。

22) 「浅草銀行取付」，「緊急広告」，『東京朝日新聞』，1907年4月16日；「昨日の浅

草銀行」，同前，1907 年 4 月 17 日；「浅草銀行の取附に就て」，『読売新聞』，1907
年 4 月 16 日。
23) 朝比奈知泉［1909］『財界名士失敗談』下巻，毎夕新聞社，246 頁
24) 「銀行警戒後の用意」，『東京朝日新聞』，1907 年 5 月 3 日。
25) 坂本箕山［1921］『神谷傳兵衛』，私家本，140-142 頁。
26) 「豊国，浅草両銀行合併」，『銀行通信録』，1907 年 11 月 15 日。
27) 「浅草銀行臨時総会」，『東京朝日新聞』，1907 年 11 月 11 日。
28) 大蔵省理財局編［1909］『第十六回 銀行総覧』濱田活版所，433 頁。
29) 「商工銀行頭取自殺説」，『東京朝日新聞』，1907 年 11 月 22 日；「三田銀行の迷
惑」，同前，1907 年 11 月 25 日；「株式会社三田銀行 第十五期営業報告」；同前，
1908 年 1 月 27 日。
30) 大蔵省理財局編［1909］，433 頁。
31) 同上。
32) ただし，喜多編［1926］によると，当初は西遠銀行との合同が計画されていた。
33) 「四銀行の合併」，『静岡民友新聞』，1907 年 5 月 23 日；「浜松と信用と銀行合併」，
同前，1907 年 8 月 28 日。
34) 大蔵省理財局編［1909］，433 頁。
35) 東都通信社編［1919］『大日本銀行会社沿革史』東都通信社，49 頁。
36) 豊国銀行第 8 期「営業報告書」，1911 年上半期。
37) 同第 15 期「営業報告書」，1914 年下半期。
38) 同第 16・17 期「営業報告書」，1915 年上半期・下半期。
39) 同第 18 期「営業報告書」，1916 年上半期。
40) 同第 21 期「営業報告書」，1917 年下半期。
41) 同第 24 期「営業報告書」，1919 年上半期。
42) 同第 27 期「営業報告書」，1920 年下半期。
43) 同第 28 期「営業報告書」，1921 年上半期。
44) 同第 30 期「営業報告書」，1922 年上半期。
45) 同第 31 期「営業報告書」，1922 年下半期。
46) 同第 33 期「営業報告書」，1923 年下半期。
47) 同第 40 期「営業報告書」，1927 年上半期。
48) 「豊国銀行二分減配」，『銀行通信録』，1927 年 7 月 20 日。
49) 「豊国銀行定時株主総会」，『銀行通信録』，1927 年 8 月 20 日。
50) 「富士紡社債成立」，『東京朝日新聞』，1910 年 3 月 19 日。
51) 鈴木八郎［1915］『株式短評』同好会出版部，23 頁。
52) 本章で取り上げる経営陣および株主の経歴に関しては，特に注記のない限り，
帝国秘密探偵社編［1927-1928］『大衆人事録』，帝国秘密探偵社；人事興信所編
［1908-1928］『人事興信録』，人事興信所；交詢社編［1908-1928］『日本紳士録』交
詢社によった。
53) 三田商業研究会編［1909］，126 頁。
54) 鈴木［1915］，234 頁。

第 2 章 豊国銀行の設立と展開 　　67

55）「豊国銀行頭取新任」，『銀行通信録』，1913 年 6 月 20 日

56）実業之日本社編［1903］『当代の実業家 人物の解剖』実業之日本社，473-482 頁。

57）三田商業研究会編［1909］，126 頁。

58）「濱口合名会社顛末意見書類」，ヤマサ醬油株式会社所蔵史料，特 29/70。

59）「豊国銀行重役更迭」，『銀行通信録』，1915 年 10 月 20 日；野田兵一［1927］『財界暴風に直面して』文明社，267 頁。

60）三田商業研究会編［1909］，101-102 頁；澤翠峰・尾崎吸江［1917］『良い国良い人──東京に於ける土佐人』青山書院，11-15 頁。

61）喜多編［1926］，168 頁。

62）桑村常之助［1911］『財界の実力』金櫻堂，197-198 頁；遠間平一郎［1912］『財界一百人』中央評論社，42-45 頁。

63）三田商業研究会編［1909］，261-262 頁。

64）朝比奈［1909］，244-247 頁；遠間［1915］，262-265 頁。

65）「銀行設立免許願」，「庶甲第五九五六号」，『明治二十九年第一種共三十八冊之四 第三課文書類別農商 銀行二 自六至九』東京府文書，621-C8-02。

66）坂本［1921］，142 頁。

67）日統社編輯部［1933］『神谷傳兵衛と近藤利兵衛』日統社，40-41 頁。

68）銚子醬油株式会社編［1972］『社史』銚子醬油株式会社，93 頁。

69）桑村［1911］，89-90 頁；遠間［1912］，220-223 頁。

70）「銀行設立免許願」，「庶甲第五九五六号」，『明治二十九年第一種共三十八冊之四 第三課文書類別農商 銀行二 自六至九』。

71）銚子醬油株式会社編［1972］，93-96 頁。

72）第四銀行企画部行史編集室編［1974］『第四銀行百年史』第四銀行，675-681 頁。

73）慶應義塾監局編［1929］『塾員名簿』慶應義塾，352 頁。

74）遠間［1915］，293-294 頁。

75）商業興信所編［各年］『日本全国諸会社役員録』商業興信所。

76）齊藤壽彦［2001］「地方銀行の貸出審査体制」，石井寛治・杉山和雄編『金融危機と地方銀行──戦間期の分析』東京大学出版会，84 頁。

77）坂田実［1910］「我豊国銀行が新に実行せる事業監査の新法」，『実業之日本』第 13 巻第 4 号，実業之日本社，22-24 頁；遠間［1915］，294-295 頁；「豊国銀行監査役会の新組織」，『銀行通信録』，1910 年 2 月 15 日。

78）「豊国銀行臨時総会」，『銀行通信録』，1908 年 1 月 15 日。

79）三田商業研究会編［1909］，61-62 頁。

80）三田商業研究会編［1909］，215-216 頁。

81）大橋敏郎［1915］『実業界の巨腕』玄洋書院，190 頁。

82）「伊東要蔵宛遠山市郎兵衛書簡」，1920 年 12 月 22 日，伊東家文書，慶應義塾福澤研究センター寄託，未整理（史料番号なし）。

83）「御届」，『明治四一年 文書類纂 商工』，東京府文書，628-B4-24。

84）大橋［1915］，190 頁。

85）大蔵省銀行局編［1928］『第三十四回 銀行総覧』東京製本合資会社，119 頁；富

士銀行調査部百年史編さん室編［1982］『富士銀行百年史』株式会社富士銀行，
311-316 頁。

86）「一段落の新銀行　発起人会は九月　頭取は生田定之氏か」，『大阪朝日新聞』，
1927 年 8 月 17 日；「新銀行設立の発起人会は九月に開会　頭取は生田氏に決定か」，
『東京朝日新聞』，1927 年 8 月 17 日

87）「昭和銀行常務　田島氏受諾」，『東京朝日新聞』，1927 年 10 月 20 日

88）　昭和銀行第 1 期「営業報告書」，1927 年下半期。

89）「昭和銀行の豊国買収問題――近く決定をみる模様」，『ダイヤモンド』，1927 年
11 月 21 日。

90）「新銀頭取　生田氏有力」，『読売新聞』，1927 年 9 月 16 日；「豊国買収価格は八百
万円程度　実現後生田氏頭取に就任」，『東京朝日新聞』，1927 年 10 月 30 日。

91）「豊国頭取が資産内容報告」，『東京朝日新聞』，1927 年 10 月 4 日

92）「昭和銀行の豊国銀行買収決定」，『銀行通信録』，1928 年 1 月 20 日。

93）「豊国銀行定時株主総会」，『銀行通信録』，1928 年 2 月 20 日。

94）「昭和銀行定時株主総会」，『銀行通信録』，1928 年 2 月 20 日。

95）　商業興信所編［1928］『第三十六回　日本全国諸会社役員録』商業興信所，上 19-
上 21 頁；山崎廣明［2000］『昭和金融恐慌』東洋経新報社，215-218 頁。

第 2 章　豊国銀行の設立と展開

第3章　千代田生命保険の創業と "堅実主義的" 経営
門野幾之進による後発保険事業の経営

はじめに

　前章での豊国銀行の分析を踏まえ，次に，門野幾之進による保険事業の展開を検討する。本章では，千代田生命相互保険（以下，本章では「千代田生命保険」と称す，現・ジブラルタ生命保険）を設立し，その経営に携わった門野幾之進を中心に，戦前期日本の保険事業の設立と経営における，企業家とそれを支えた学閥ネットワークの役割を明らかにしていく。

　近代日本における保険事業は，1879年に設立された東京海上保険を嚆矢として，東京火災保険や明治火災保険など，損害保険事業を中心に設立された。生命保険事業については，1888年に福澤諭吉の門下生を中心に設立された明治生命保険をはじめとして，帝国生命保険や日本生命保険などが相次いで設立された。多くの保険会社が乱立する中で，1899年には保険業法が制定され，1902年には，矢野恒太によって相互会社形態に基づく第一生命保険が設立される。そして，1904年に本章で検討対象とする千代田生命保険が設立される。そのため，上記の先行企業に対して，千代田生命保険は後発企業とみることができる。その後，本章で詳述するように，明治生命保険，日本生命保険，帝国生命保険，第一生命保険とともに，戦前期日本を代表する "五大生命" の1つに成長していく。

　本章で取り上げる千代田生命保険を創業した門野幾之進は，同社を設立する以前は企業経営に関する経験が皆無であり，他の企業家からの支援を受けることなしには事業の成業は困難であった。そこで，本書全体の課題を踏まえ，門野幾之進を後援した企業家ネットワークの役割に留意し，戦前期日本における

後発型保険事業の発展要因を明らかにしたい。

　この課題を検証するため，本章の論点として，以下の2点を設定する。第1に，門野幾之進による千代田生命保険の設立とその経営について，同社の設立を支援した企業家の役割に留意しつつ，分析する。第2に，千代田生命保険の傍系企業もしくは関連企業の設立過程について，彼の多角的経営の実態について検討する。また，ここでは，麻島昭一［1985］が指摘するように，保険会社にとって，資金を「集めることと運用することは，車の車輪ほど重要」[1]なものであることから，資金調達および運用に対する彼の経営方針についても検討したい。これらの課題について，具体的には，共同火災保険および千代田火災保険，千歳海上火災再保険，第一機関汽缶保険，日本徴兵保険の5社を検討対象として取り上げる[2]。

第1節　門野幾之進について

　はじめに，本章で検討対象とする門野幾之進（写真3-1）についてまとめておく。ここで，表3-1として，門野幾之進の略歴を示し，次に，図3-1として，彼が経営に関与した企業について，就任役職とその時期を示す。門野幾之進は，1856年，鳥羽藩で家老を務めた門野豊右衛門の長男として生まれる。幼少期より蘭学を学んだ後，同郷の木村一歩の仲介で，鳥羽藩の貢進生として慶應義塾に入塾する。入塾当初は，福澤諭吉のもとで，『理学初歩』や文典，心理学などを学ぶとともに，童子寮監督であった小泉信吉や阿部泰蔵，小幡甚三郎などから教えを受けた。

　入塾2年後には慶應義塾の教員となり，以降1902年まで，約30年間にわたり母校での教育活動に従事した。1890年に大学部が発足して以降は，論理学や心理学，倫理学，英作文といった科目を担当した。後年に実業界で活躍す

写真3-1　門野幾之進
（慶應義塾福沢研究センター所蔵）

表 3-1　門野幾之進履歴

年	年齢	摘要
1856 （幼時）	1	門野豊右衛門親賢の長男として，三重県志摩郡鳥羽に生まれる（3月14日） 本籍地において漢学および蘭学を学ぶ
1869	14	鳥羽藩貢進生として，芝新銀座慶應義塾に入塾（4月17日）
1871	16	三田移転とともに，教員に就任（3月）
1876 〜81		土佐立志社など，塾外で教鞭をとる
1881	26	慶應義塾仮憲法により仮理事委員に推薦
1883	28	慶應義塾教頭に就任，東京府士族渡邊望息女駿と結婚（9月）
1889	34	慶應義塾第1期評議員に当選，大学部編成委員に推薦（10月）
1891	36	慶應義塾第2期評議員に再選（10月，1901年まで毎回再選重任）
1894	39	第3回総選挙に郷里より立候補（3月）
1898	43	欧米諸国教育視察のため外遊（4月）
1899	44	外遊より帰国（6月）
1901	46	慶應義塾副社頭に推薦（10月）
1902	47	慶應義塾教頭および評議員を辞す（11月15日）
1904	49	千代田生命保険相互株式会社を創立し，社長に就任（4月），北海道方面を巡遊
1908	53	第一機関汽缶保険株式会社を創立し，社長に就任（10月）
1909	54	規約改正により，再度慶應義塾評議員に選ばれ，理事に挙げられる（10月，以降毎回 再選重任）
1911	56	日本徴兵保険株式会社を創立し，社長に就任（9月）
1913	58	千代田火災保険株式会社を創立し，社長に就任（7月）
1916	61	北海道視察旅行（9月）
1917	62	朝鮮・中国方面視察旅行（10月）
1920	65	千歳火災海上保険株式会社を創立し，社長に就任（9月）
1922	67	慶應義塾長兼大学総長事務嘱託に就任（7月），理事を退任し主査委員となる（12月）
1928	73	時事新報社取締役会長に就任（5月）
1929	74	慶應義塾理事に再度就任（11月，以降毎回重任）
1930	75	国民工芸学院評議員に就任し，幹事／理事に推薦（10月）
1932	77	貴族院議員に勅選（3月15日）
1934	79	ローマ字ひろめ会会頭に就任（2月），台湾視察（4月），朝鮮視察（10月）
1936	81	慶應義塾大学総長小泉信三渡米不在中，総長代理（9月）
1938	82	日満共同経済委員に就任（6月），狭心症により逝去（11月18日）

典拠：「理事門野幾之進先生葬儀次第 年譜」，『昭和十三年十一月 理事門野幾之進先生葬儀関係書類』，慶應義塾
福沢研究センター所蔵，K92027-21。

る上で必要とされる経済学に関する科目を担当したわけではなかったが，諸種
の洋書を渉猟して，西洋の政治経済に関する広範な知見を習得していた。また，
学務主任や教頭などを務めるとともに，慶應義塾を辞した後も，理事や評議員
として，その運営に携わっていた[3]。

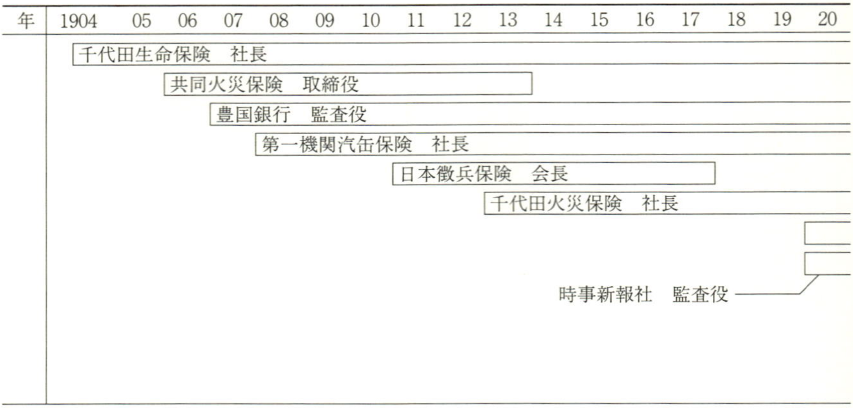

年	1904	05	06	07	08	09	10	11	12	13	14	15	16	17	18	19	20

千代田生命保険　社長

共同火災保険　取締役

豊国銀行　監査役

第一機関汽缶保険　社長

日本徴兵保険　会長

千代田火災保険　社長

時事新報社　監査役

図 3-1　門野幾

典拠：村田 [1939]；三商業研究会編 [1909]；商業興信所編「1904-1938」。

　このように，前半生を慶應義塾の教員として過ごした後，1902 年の規約改正を契機として教頭を辞任し，実業界に活躍の場を移すことになる。この間の状況は次節で詳述するが，ここでは，彼の実業界での活動のうち，各社における兼任重役についてみていく。ここで，表 3-2 として，門野幾之進が役員を務めた企業のうち，2 社以上で重役をともに兼任した者を示す。彼が経営に携わった企業 12 社について，同時期に役員を務めていた人物を網羅的に取り上げると，のべ 216 人となり，2 社以上で役員を務めた兼任重役は 22 人であった。表 3-2 をみると，門野幾之進と同窓関係にあたる慶應義塾の出身者が，そのうち 18 人いることがわかる。こうしたことから，門野幾之進は慶應義塾出身の企業家らとの関係を活用して，実業界で活動していたといえる。なお，このうち，東邦電力や矢作水力は，福澤桃介や福澤駒吉が関係していた企業であることから，門野幾之進も経営に関わったものと考えられる。

　また，上記の関係から，彼は福澤諭吉が創刊した時事新報の経営を引き受けることにもなる。1920 年に時事新報社が株式会社化した際には，彼は監査役に就任する。その後，一時的に経営から離れるが，1928 年には取締役会長として復帰している（図 3-1）。この時期の時事新報社は，販売不振や増資問題により経営難に陥っていたが，「福澤先生に対する義務と観じて犠牲に甘んじ，

21	22	23	24	25	26	27	28	29	30	31	32	33	34	35	36	37	38年

千歳火災海上再保険　社長

時事新報社　取締役（7月より取締役会長）

三井信託　取締役

玉川電気鉄道　相談役

東邦電力　監査役

矢作水力　相談役

之進の就任役職

義俠を尽す」[4] ために，経営を引き受けたとされている。

　実業界で活躍したのち，門野幾之進は 1938 年に亡くなる。戦後，1983 年には，これまでの保険事業に対する貢献が国際的に評価され，門野幾之進は保険名誉賞を授与され，保険殿堂（IHF）[5] 入りを果たしている[6]。

第2節　千代田生命保険と門野幾之進

1　千代田生命保険の設立

　本節では，門野幾之進の実業界での企業家活動について分析する。まずは，千代田生命保険相互会社五十年史編纂委員会編［1955］による経営分析を踏まえつつ，彼の中心的な事業となった千代田生命保険について検討していく。

　千代田生命保険の設立計画は，門野幾之進や北川禮弼が慶應義塾を辞した後，その処遇が考慮されたことが発端であった。関係者の一部からは，慶應義塾女学校の設立構想や，明治生命保険などの慶應義塾の出身者によって経営されていた企業への斡旋も議論されたが，結果として，波多野承五郎や朝吹英二，早川千吉郎らの助力により，最終的に新規に生命保険会社を設立することに決まる。門野幾之進自身も，「生命保険事業が経営の一切に亘つて殆ど科学的」で

第3章　千代田生命保険の創業と"堅実主義的"経営　　　75

表 3-2　門野幾之進関係企業における兼任重役一覧

人名	兼任数	企業名						
		千代田生命保険	共同火災保険	豊国銀行	第一機関汽缶保険	日本徴兵保険	千代田火災保険	千歳火災海上再保険
北川禮弼	5	専・副・取	監			監	取・監	取
池田成彬	3	取						
伊藤欽亮	3	取			監			
名取和作	3	取						
松原重栄	3	取・監					取	取
麻生義一郎	2	取				取		
井上角五郎	2	取						
植松良三	2						支	取
岡本貞烋	2	取		取				
倉知誠夫	2		取			取		
坂田実	2			専・頭			監	
成瀬正行	2							取
福澤駒吉	2							
福澤桃介	2							
松永安左エ門	2							
村瀬末一	2							
矢田績	2							
山名次郎	2						監	監
樺山愛輔	3						取	取
赤星鉄馬	2						監	監
小坂順造	2							
櫻木亮三	2							

典拠：表 3-1 と同じ。
注1：表中の実線上部が慶應義塾の出身者を示し，下部が非出身者を示す。
　2：表中の記載は右記のものを示す（代…代表，社…社長，副…副社長，専…専務，常…常務，取…取締役，監…

あり，「商売といつてもこれは学問的の商売」であると考えていたことから，この計画に賛同する。そこで，北川禮弼らを中心とした慶應義塾出身の企業家や三井財閥の関係者らと謀り，千代田生命保険の設立に向けた具体的な計画が進められていく[7]。

　千代田生命保険は，慶應義塾出身者の発案によって設立された企業であることから，当時から，「従来設立上試みられた宗教団体や地方団体と異つて，学閥なる新しき団体を基礎として設立せらるゝ会社」であると認識されていた。そのため，「三田学閥を背景とする以上は，内地会社との競争は全然眼中に置かず，専ら外国会社を対象として設計すべき」であるとして，「新しき行き方

(2社以上)

時事新報社	三井信託	玉川電気鉄道	東邦電力	矢作水力
取	代			
取・社		取	取	
				顧
			取 常 相 副・社	社 顧
取		取		取
	監		監	
	監			
		取 取		取 取

監…監査役，支…支配人，相…相談役，顧…顧問）。

をもつて」経営することが目指されることになった[8]。ここで着目された制度が，相互会社制度である。相互会社とは，保険事業にのみ認められた企業形態で，その構成員たる社員相互で保険を提供することを存立の目的とした企業のことである[9]。相互会社制度を採用した理由は，当時，慶應義塾の出身者が多数加入していたニューヨーク生命保険が同様の形態をとっていたことによるものであった[10]。

　そして，1903年10月9日，千代田生命保険の設立認可申請書が農商務省に提出される。北川禮弼を設立発起人総代とし，門野幾之進を中心に，慶應義塾の出身者である井上角五郎や松原重栄に加え，長与称吉や原富太郎，左右田金作，濱口儀兵衛（10代目），千葉松兵衛といった財界の有力者が名前を連ねた。この申請は，翌1904年2月23日付で認可されている。

　設立認可指令書が届いた翌日の2月25日，株式会社の資本金にあたる基金の拠出者に対して第1回払込通知が発送される。設立時の千代田生命保険の基金は36万円であり，これを1口100円として，3,600口に分割された。この内，まずは1口に対し25円の払込を実施し，9万円の資金を集める。ここで，表3-3として，千代田生命保険の基金拠出者を示す。表3-3が示すように，基金拠出者の総数は208人であり，主な拠出者は，門野幾之進（115口）を筆頭に，波多野承五郎，朝吹英二，牧口義矩（いずれも100口），益田孝，高橋義雄，井

表 3-3　千代田生命保険基金拠出者

口数	引受人
115 口	門野幾之進　　　　　　　　　　　　　　　　　　　　　　　　　　　　（計 1 人）
100 口	波多野承五郎，朝吹英二，牧口義矩　　　　　　　　　　　　　　　　（計 3 人）
50 口	益田孝，市川好廉，藤山雷太，平沼延次郎，濱口儀兵衛（10代目），原富太郎，高橋義雄，北川禮弼，門野重九郎，千葉松兵衛，木村利右衛門，村井貞之助，井上角五郎，伊藤欽亮，和田豊治，早川千吉郎，左右田金作，浜崎健吉，稲垣長敬，福澤一太郎，山口吉郎兵衛，園田孝吉，中山豊吉，福澤捨次郎，松原重栄，高橋正信，山本文，大谷嘉兵衛　　（計 28 人）
30 口	池田清助，馬越恭平，中井三郎兵衛，大和田荘七，岡村竹四郎　　　　（計 5 人）
25 口	小幡篤次郎，木村清四郎，岩永省一，岡本貞烋，志賀直温，長与稱吉，森下岩楠，高島小金治，武藤山治，森村開作　　　　　　　　　　　　　　　　　　　（計 10 人）
20 口	三島徳蔵，矢田績，伊東要蔵，坂田実，中橋徳五郎，田辺貞吉，吉川三次郎，米井源治郎，藤原銀次郎，織田昇次郎，田中市太郎，近藤廉平，牧田義雄，牛場卓蔵，渡部介，宮本吉右衛門　　　　　　　　　　　　　　　　　　　　　　　　　　　（計 16 人）
15 口	杉山喬，酒井静雄，津田興二，小山完吾，井原市次郎，栩澤敬之助，岩崎清七，甲斐織衛，秋山源兵衛，秋山一裕，新田定五郎　　　　　　　　　　　　　　　　（計 11 人）
10 口	後藤倍吉，野崎広太，小野友次郎，密田孝吉，大矢馬太郎，豊島徳太郎，杉原泰雄，岩本述太郎，林和太郎，神津邦太郎，岡崎恒三，平田初熊，吉村寅太郎，麻生武平，村上定，井坂直幹，加納与四郎，福井菊三郎，鎌田栄吉，鈴木梅四郎，平賀敏，伊沢良立，河村良平，増田信一，安富衆輔，安藤達二，片桐正雄，神津藤平，久保田宗三郎，本山貞雄，高津汝盛，福井準造，西野恵之助，阿部四之助，熊谷直一，加藤正義，永井好信，小塚正一郎，柳荘太郎，雨宮文一，榊茂夫，藤本清兵衛，荒川新十郎，池田寅治郎，岸田正，井上富久蔵，塩川幸太，森本合名会社，福原栄太郎，谷井保，阿部房次郎，植村澄三郎，清水栄太郎　　　　　　　　　　　　　　　　　　　　　　　　　（計 52 人，1 社）
5 口	安藤正胤，石川信，渋谷善作，稲井初司，菅谷善司，山口善兵衛，高橋達，小金井権三郎，田中正右衛門，今西林三郎，杉浦周作，山本已之助，中村太郎，永見勇吉，甲賀菊太郎，内田録雄，鈴木易三，横山六左衛門，紅林寛作，加藤木重教，穂積寅九郎，沖実之助，鈴木治郎，吉川米次郎，牧野鈔人，山口仙之助，川上熊吉，奥田定太郎，高橋長七郎，米谷秀司，松尾清次郎，小林林之助，神津義太郎，木内宗三郎，高山永三郎，伊藤義二，大八木義雄，後川文蔵，久保市三郎，北村義太郎，高山慶一，久保彦助，石河幹明，藤井市三郎，寺井純司，久保三八郎，武富平作，戸張志智之助，鈴木重臣，明石敬治，久保田正英，坪井藍輔，麻生義一郎，田中鶴松，芦田順三郎，坂忻次郎，西原沢吉，安藤源五郎，白石房次郎，石川新之助，笹野栄吉，藤山萬吉，渡邊修，矢部善蔵，伊藤喜十郎，塩田幸助，森泉三代太　　　　　　　　　　　　　　　　　　　　　　　　　　　（計 67 人）
3 口	井田清三，本多市太郎，横武，永田隼之助，若松忠次郎，堀程一郎，平出喜三郎，日向豊作，浅井佐一郎　　　　　　　　　　　　　　　　　　　　　　　　（計 9 人）
2 口	熊谷直行，茂木吉治，泉孝三，後藤陽太郎，杉山岩三郎　　　　　　（計 5 人）

典拠：村田［1939］，373-379 頁。
注：千代田生命保険の基金は 3,600 口（90,000 円）であるが，典拠資料上の誤記載により，本表中の総計は3,602 口である。

表 3-4　千代田生命保険評議委員

	氏名	所在	氏名	所在	氏名	所在
評議委員	秋山源兵衛	山梨県	久保三八郎	栃木県	服部小十郎	愛知県
	朝吹英二	東京府	神津邦太郎	長野県	濱口儀兵衛	千葉県
	阿部末之助	福島県	左右田金作	神奈川県	（10代目）	
	池田成章	山形県	澤山精八郎	長崎県	早川千吉郎	東京府
	井坂直幹	秋田県	下郷傳平	滋賀県	平出喜三郎	函館区
	伊東要蔵	静岡県	瀬尾等	香川県	藤田雄三郎	広島県
	井上公二	東京府	高島小金治	東京府	藤山雷太	東京府
	井原市次郎	広島県	高橋義雄	東京府	本田政由	石川県
	牛場卓蔵	兵庫県	瀧口吉良	山口県	牧口義矩	新潟県
	遠藤庸治	宮城県	竹内勝蔵	群馬県	益田孝	東京府
	大島六郎	札幌区	田辺貞吉	大阪府	松山陽太郎	東京府
	貝島太助	福岡県	千葉松兵衛	東京府	三島佐治右衛門	島根県
	香川真一	岡山県	中井三郎兵衛	京都府	密田孝吉	富山県
	鎌田栄吉	東京府	中橋徳五郎	大阪府	宮本吉右衛門	和歌山県
	木村一是	岩手県	長与称吉	東京府	村井貞之助	京都府
	九鬼紋十郎	三重県	野崎広太	東京府	和田豊治	静岡県
	工藤卓爾	青森県	波多野承五郎	東京府	渡邊甚吉	岐阜県
予備評議委員	秋山一裕，新井由三郎，池田成彬，磯村豊太郎，市川好廉，笠原恵，加藤木重教，倉知誠夫，小金井権三郎，志賀直温，高橋正信，高見亀，永井好信，中山豊吉，福原栄太郎，堀井卯之助，松尾清次郎，安富衆輔，矢田積，渡邊修					

典拠：村田 [1939]，380-383 頁。
注：1904 年 3 月 26 日現在のもの。

上角五郎，福澤捨次郎，北川禮弼，和田豊治，稲垣長敬（いずれも 50 口）など
であった。当初の基金拠出者のうち，115 人（55.3％）が慶應義塾の出身者であ
り，その引き受け口数は 2,094 口（5 万 2,350 円，58.1％）であった[11]。このよう
に，資金調達の際にも，慶應義塾の出身者が多数協力していたことがわかる。
そのため，日露戦争の勃発により，株価が下落している中にあっても，順調に
資金調達をおこなうことができたとされる[12]。

　次に，設立認可指令書の下付から創立総会までの，門野幾之進らの行動を具
体的にみていく。設立認可が下りると，上記のように基金に対する払込通知を
おこなう。そして，2 月 26 日には事務所を三井銀行跡に設置すること，同月
27 日には創立総会を交詢社で開くことを決める。同日，波多野承五郎が来社
し，保険料の価格設定に関し議論を交わすとともに，北川禮弼の提案に基づき，
創立社員の名義を確定し，保険の募集を開始する。29 日からは，北川禮弼は

第 3 章　千代田生命保険の創業と“堅実主義的”経営　　79

日本銀行や三井銀行，三井物産に対して保険加入の運動を開始し，波多野承五郎が社員申込証を提出している。翌3月1日には職員の採用面接や電話購入の相談を進め，同月2日には門野幾之進が横浜方面での保険の募集を実施している。同月4日には北浜銀行の岩下清周が来社し，社屋の件に関して北川禮弼と面談し，台湾での募集に関して原十目次と対談している。

そして，4月15日に春奈高義が東京区裁判所に出頭し，創立社員定款に関する意向を照会するとともに，北川禮弼が農商務省に清浦奎吾大臣を訪ね，会談している。同月18日には門野幾之進と北川禮弼により，重役の選定がおこなわれた。そして，同月22日には北川禮弼が再度農商務省を訪ね，社員名簿への保険料記入の件に関し相談している。翌23日には門野幾之進が益田孝と高橋義雄を訪ね，社員申込を受ける。同月24日には創立総会の出席もしくは委任状の送付願いを通知し，創立総会に向けた準備を整えている[13]。

このように設立認可から創立総会に至る1カ月あまりの間，門野幾之進は北川禮弼らとともに，保険の募集や官庁との折衝，役員や社員の選定，社屋の整備など，必要な準備を進めていった。

そして，1904年3月26日，交詢社において創立総会が開催される。そこで，千代田生命保険の役員として，取締役に門野幾之進や北川禮弼，井上角五郎，岡本貞然が，監査役に松原重栄が就任している。彼らはいずれも慶應義塾の出身者であった。千代田生命保険の経営陣には，これ以降も多くの慶應義塾の出身者が登用されていることから，千代田生命保険は，「重役は門野幾之進以下一人の異学閥を交へないオール・ケイオウ」[14]であると評価されていた。

ここで，表3-4として，創立総会で選任された評議委員の一覧を示す。この評議員によって構成される評議委員会とは，定款第18条・同第19条の規定により，「社員総会ニ代ル可キ機関」であって，その構成員は社員中の互選により選出されるものであった。表3-4が示すように，創立総会で選任された評議委員は50人であった。この50人には，東京在住者が12人おり，これに加えて各地方を代表する評議委員によって構成された。また，この50人には，和田豊治や波多野承五郎，益田孝，高橋義雄，朝吹英二，藤山雷太，伊東要蔵らといった慶應義塾の出身者が20人おり，これに濱口儀兵衛や九鬼紋十郎，貝島太助などの地方政財界の有力者や地方資産家などが加わっている。後者の中

には，福澤諭吉の後任として適塾の教頭を務めた長与専斎の長男である長与称吉や，池田成彬の実父である池田成章など，間接的に慶應義塾と関係するものも少なくなかった。また，予備評議委員 20 人のうち，15 人が慶應義塾の出身者であった[15]。後年千代田生命保険の評議委員は，100 人に増えるが，一部の「顔触を一瞥したるものは，残る地方の評議委員八十二名を識らざるも，直に千代田と慶應との関係を理解することを得べし」[16] と評されるほどであった。このように，千代田生命保険には評議委員として慶應義塾の出身者およびその関係者が多数関わっており，こうした傾向はこの後も継続されていく。

　ここまでみてきたように，門野幾之進による千代田生命保険の設立に関して，設立事務や資金調達から評議委員の選定まで，諸種の側面から慶應義塾の関係者による後援があったことがわかる。すなわち，門野幾之進は，こうした学閥ネットワークを活用することで，千代田生命保険の創業を実現できたといえよう。そうしたこともあり，同社は「三田学園を地盤として起ちたる」[17] 企業であると考えられていたのである。この後，1904 年 3 月 29 日，千代田生命保険は農商務省に対し事業認可を申請し，4 月 11 日付で事業免許を下付されている。

2　千代田生命保険の経営

　事業免許の下付を受けて，1904 年 4 月 15 日，千代田生命保険は営業を開始する。営業開始と同時に，門野幾之進や北川禮弼らが全国を回り，地方における保険者の勧誘を重点的におこなうとともに，各地に代理店を設置している。名古屋方面では，門野幾之進が自ら同地の有力者と面会し，営業の道筋をつけており，この地域担当の営業職員は，「相互会社といふこと，門野社長が人徳の人である，偉い人だといふことが十分世間に認識され，又認識さして得た契約」を多く獲得することができた。また，大阪での営業活動では，慶應義塾の出身で三井銀行から引き抜いた小出収を支店長として配し，豊田譲らを営業員として派遣している。そして，『大阪時事新報』や『大阪毎日新聞』，『神戸又新日報』などで，相互会社制度や千代田生命保険について積極的な宣伝活動をおこなった。そして，豊田譲は波多野承五郎から与えられた大阪実業界の関係者宛の紹介状を活用して，営業活動にあたった。その際，三井物産や三井銀行

が全面的に後援し，三井銀行大阪支店長であった平賀敏は，豊田讓の営業活動に同行の職員を帯同させている。このように，大阪では，慶應義塾の出身者や三井の後援を得たことにより，契約者数を増加させることができた[18]。こうした同窓関係を基盤としたマーケティング活動は，千代田生命保険の躍進を支えた大きな要因であった。

　次に，千代田生命保険の業績をみていく。ここで，表3-5として，千代田生命保険の業績概況を示す。この表3-5をみると，上述の営業活動の成果もあり，同社の契約件数および契約金額は徐々に増加していることがわかる。株式会社の利益金にあたる余剰金[19]についてみると，1911年から1914年の4年間の平均金額は，30万8,750円であった。これは，明治生命保険の27万8,000円や帝国生命保険の13万9,000円を上回るものであった。この要因として，千代田生命保険では，一般的な生命保険会社に比して，収入保険料に対する営業費の割合が低いことが注目される。同期間の平均割合をみると，明治生命保険は28%，帝国生命保険は25%であったのに対し，千代田生命保険は16%であった[20]。このような営業費の低廉性が，同社の初期の発展を牽引していったといえる。

　また，生命保険の契約高についても開業直後から好成績を収めており，1911年には安田生命保険や大同生命保険を抜き，業界第4位の成績を収めている。1910年代前半までの成長により，同社の財政的基礎が固まった結果，1917年には基金の完全償却を実現する。そして，第1次世界大戦後も順調に業績を伸ばし，1925年には契約高で帝国生命保険を抜き，日本生命保険や明治生命保険に次ぐ，業界第3位へと躍進している。1928年には明治生命保険を抜き，日本生命保険に肉薄するも，直後に明治生命保険に抜き返されている[21]。このような好成績に加え，責任準備金の拡充や，以下で詳述する門野幾之進の堅実な経営方針とあいまって，同社は「理想的保険会社として実質を有せり」[22]と評価される企業へと成長していったのである。

　千代田生命保険の発展について，平沼亮三は，「千代田生命があれだけになつたのは，手腕のある重役が多かつたからだとは思ひますが，一つは門野先生に対する慶應義塾の大勢の感謝の念が籠つた大きな現はれだと思ひます」[23]と述べている。平沼亮三によるリップサービスを割引いて考えたとしても，こう

表 3-5　千代田生命保険業績概況

(単位：千件，千円，%)

年	契約件数		契約金額		保険料 (A)	保険金 (b)	損害率 (B/A)	責任準備金	基金	余剰金
	新規	年末現在	新規	年末現在						
1904	3	3	2,644	2,611	114	2	1.8	51	360	12
1905	5	8	4,190	6,590	326	24	7.4	239	360	29
1906	6	12	5,329	11,343	613	57	9.3	645	360	51
1907	7	18	6,227	16,669	874	116	13.3	1,186	360	71
1908	8	24	7,380	22,450	1,123	152	13.5	1,914	360	92
1909	8	29	8,417	28,528	1,436	185	12.9	2,783	360	148
1910	8	35	8,807	34,828	1,742	289	16.6	3,861	324	288
1911	9	40	10,750	42,729	2,105	354	16.8	5,105	324	287
1912	9	47	12,609	52,334	2,397	461	19.2	6,552	288	315
1913	9	52	12,540	60,584	2,714	589	21.7	8,131	252	332
1914	7	55	9,458	64,260	2,872	567	19.7	9,781	216	301
1915	6	55	7,493	64,579	2,981	825	27.7	11,226	180	742
1916	7	58	11,231	70,596	3,196	1,020	31.9	12,589	108	1,048
1917	13	68	18,734	85,941	3,732	933	25.0	14,480	(償却)	1,002
1918	21	86	28,021	110,018	4,518	1,463	32.4	16,770		746
1919	25	105	36,479	138,670	5,588	2,180	39.0	19,240		987
1920	23	122	35,819	165,645	6,483	2,735	42.2	22,039		747
1921	22	136	38,108	192,855	7,610	2,592	34.1	25,653		1,626
1922	25	153	49,029	230,305	9,117	2,965	32.5	30,093		2,180
1923	24	167	49,326	264,719	9,347	3,796	40.6	34,419		1,782
1924	26	182	57,993	304,119	12,157	4,249	35.0	39,723		3,325
1925	36	208	88,201	372,269	14,286	4,206	29.4	46,379		4,176
1926	42	238	105,459	452,464	16,744	4,804	28.7	53,300		5,246
1927	42	264	111,322	534,007	19,784	5,551	28.1	61,851		6,014
1928	54	301	145,952	642,906	23,518	6,148	26.1	72,678		7,013
1929	60	343	155,759	755,008	27,049	7,580	28.0	84,907		6,035
1930	54	377	132,822	835,222	30,148	8,904	29.5	98,734		5,049
1931	77	422	196,318	951,195	33,801	9,542	28.2	112,685		6,888
1932	85	466	194,109	1,035,980	37,654	10,370	27.5	128,645		10,386
1933	102	526	214,675	1,144,390	42,082	11,810	28.1	146,924		12,254
1934	122	613	251,658	1,314,890	48,098	13,140	27.3	170,684		11,036
1935	147	715	311,632	1,526,547	55,368	13,602	24.6	198,155		12,491
1936	150	810	301,298	1,709,245	63,038	15,801	25.1	229,130		16,613
1937	140	900	276,076	1,884,241	70,556	19,558	27.7	263,816		17,100
1938	151	1,004	295,880	2,085,108	79,078	25,115	31.8	300,303		16,874

典拠：村田［1939］，522-524 頁；千代田生命保険相互会社五十年史編纂委員会編［1955］，554-561 頁。
注：事業年度は，1 月 1 日から 12 月 31 日である。

した発言が示すように，慶應義塾の出身者が，千代田生命保険に対して，広範囲での支援を惜しまなかったことが，同社が強固な営業基盤を確立する上で重要であった。

また，千代田生命保険と慶應義塾との関わりは，新規職員採用の際にもみることができる。堀井卯之助専務によると，同社の採用方針は，大卒程度のものを毎年 8 人から 10 人ほど採用するとした上で，人物を重視するとしつつも，「ここは慶應義塾のものを多くとる習慣になつてゐる」と述べている。実際，たとえば 1931 年の採用実績は，慶應義塾の出身者が 5 人，帝国大学の出身者が 2 人，大倉高等商業学校とその他の出身者が 1 人ずつであった[24]。

3　門野幾之進の経営方針

千代田生命保険を経営するにあたって，門野幾之進が最も重視した点が資金運用であった。彼は，自身の企業経営に対する姿勢として，「別に商売人ぢやないし，さう沢山金がほしいといふ訳ぢやない」とした上で，「成るだけ金を使はないやうに客に商売をした」，「不養生なことをしなかつた，悪いことや馬鹿なことをしなかつた」と述懐している[25]。このことからもわかるように，堅実第一の方針を重視していた。そのため，厳格な資金運用や経費の節減は，千代田生命保険の伝統的方針とされ，門野幾之進は次節以降で検討する他の企業においても，一貫して同様の方針をとった。

それでは，門野幾之進の堅実的とされる経営方針に関して，千代田生命保険の資金運用の実態を検討する。ここで，図 3-2 として，千代田生命保険の資金運用内訳を示す。この図 3-2 からわかるように，その初期には有価証券投資が中心であったが，徐々に現金預金および貸付金の比重を増加させていく。その後，金融恐慌を契機として，1927 年以降は，貸付金が恒常的に有価証券投資を上回っている中で，1935 年以降，現金預金は減少する。当時の生命保険会社の資金運用の中心は有価証券投資であることを考えると[26]，これは千代田生命保険に特有な「保守的と呼んでいゝ位ゐの堅実第一主義」[27]の投資方針を反映したものといえる。具体的にみると，現金預金については，三井銀行や豊国銀行，三菱銀行，森村銀行，十五銀行などといった都市部の大銀行を中心におこない，中小銀行や地方銀行は極力避けていた。貸付金のうち，一般への貸付

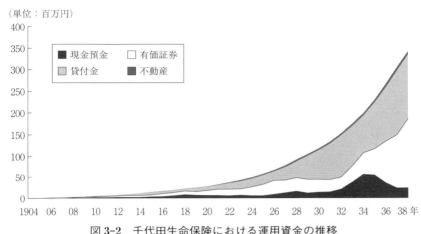

図 3-2　千代田生命保険における運用資金の推移
典拠：千代田生命保険相互会社五十年史編纂委員会編［1955］，516-517 頁。

金については，必ず担保能力が十分ある土地や有価証券などを抵当としていたが，一部には公共団体などへの無担保貸付もおこなっていた。また，有価証券投資についても，「堅実堅実という方針」[28]を第一としており，会計処理の際には，原則として，評価益は計上しなかった。

ここで，表 3-6 として，千代田生命保険保有株式の産業別割合を示す。表 3-6 をみると，同社の有価証券投資のうち，信託有価証券を含めた国債や公債，社債を除いた主な株式投資先は，電力事業を中心とした公益事業に関連する産業であった。設立初期には鉱業関係への投資がみられたものの，1920 年代までの保有株式の 80％程度は，鉄道や海運，ガス，電力などが中心であった。しかし，1930 年代に入るとこうした公益事業への投資比率が低下し，1933 年以降はおおよそ 50％前後を推移している。また，この時期には，三越百貨店や東武鉄道に対して，他社と共同した社債引受もおこなっていた[29]。

図 3-2 からもわかるように，1930 年代半ば以降，有価証券投資による資金運用の規模が拡大しており，この過程で金融関連事業や工業への投資が増大している。具体的には，1930 年から 1932 年にかけては金融事業への投資が全体の 2 割ほどを占めており，日本銀行や三井信託といった都市部の大銀行を中心としたものや生保証券会社[30]などに対するものがその中心であった。その後，

表 3-6　千代田生命保険保有株式の産業別割合

年度	公益事業					重工業			軽工業		
	鉄道海運	電信電話	ガス	電力		鉱業	その他		紡績	その他	
1904	54.6	—	—	—	54.6	45.4	—	45.4	—	—	—
1905	55.0	—	—	—	55.0	45.0	—	45.0	—	—	—
1906	47.5	—	—	—	47.5	52.5	—	52.5	—	—	—
1907	32.9	—	22.9	3.3	59.1	35.1	—	35.1	—	—	—
1908	56.2	—	19.6	2.7	78.5	18.0	—	18.0	—	—	—
1909	41.0	—	33.1	4.6	78.7	11.7	—	11.7	—	—	—
1910	19.6	—	26.3	41.4	87.3	3.1	—	3.1	—	—	—
1911	7.7	—	28.0	54.5	90.2	—	—	—	—	—	—
1912	—	—	16.0	75.4	91.4	—	—	—	—	5.9	5.9
1913	—	—	9.4	66.5	75.9	—	—	—	—	3.5	3.5
1914	2.3	—	6.0	69.5	77.8	—	3.9	3.9	—	3.0	3.0
1915	4.6	—	5.9	72.7	83.2	—	—	—	—	2.8	2.8
1916	4.6	—	5.0	74.5	84.1	—	—	—	—	2.6	2.6
1917	4.5	—	4.9	75.6	85.0	—	—	—	—	2.5	2.5
1918	4.4	—	4.4	73.3	82.1	—	3.6	3.6	—	2.2	2.2
1919	4.9	—	4.8	73.4	83.1	—	0.4	0.4	—	0.1	0.1
1920	3.6	—	3.0	68.9	75.5	—	0.3	0.3	—	0.0	0.0
1921	3.6	—	2.7	71.4	77.7	—	0.2	0.2	—	0.0	0.0
1922	4.3	—	2.1	74.1	80.5	—	—	—	—	0.0	0.0
1923	3.8	—	2.0	80.6	86.4	—	—	—	—	—	—
1924	14.0	—	1.4	70.1	85.5	—	—	—	—	—	—
1925	34.0	0.6	1.4	49.2	85.2	—	—	—	—	0.7	0.7
1926	26.3	0.2	1.4	55.8	83.7	—	5.6	5.6	—	0.5	0.5
1927	19.1	0.2	10.0	52.7	82.0	—	6.5	6.5	—	0.5	0.5
1928	13.3	0.1	11.9	63.5	88.8	—	4.2	4.2	—	0.3	0.3
1929	12.5	0.1	11.8	59.5	83.9	—	7.3	7.3	1.3	0.7	2.0
1930	12.2	0.3	11.8	47.7	72.0	—	6.6	6.6	1.1	0.9	2.0
1931	12.1	0.3	13.5	41.4	67.3	—	8.9	8.9	1.2	0.9	2.1
1932	11.4	0.5	13.6	42.0	67.5	—	8.5	8.5	1.2	0.9	2.1
1933	9.0	0.7	10.1	29.2	49.0	—	11.8	11.8	10.8	22.2	33.0
1934	6.8	0.6	6.0	20.4	33.8	4.6	15.5	20.1	19.6	21.0	40.6
1935	4.9	0.5	2.4	34.0	41.8	2.7	10.9	13.6	22.3	17.9	40.2
1936	4.2	0.7	3.4	42.7	51.0	5.9	7.7	13.6	14.6	18.0	32.6
1937	6.4	0.8	5.4	43.6	56.2	4.3	10.2	14.5	8.7	17.8	26.5
1938	4.6	0.8	7.5	37.5	50.4	8.2	13.8	22.0	8.5	15.0	23.5

典拠：千代田生命保険相互会社五十年史編纂委員会編［1955］，504-505 頁。
注 1：数値は小数点第二位を四捨五入の上，表記した。
　 2：表中の「─」は，（n/a）を示す。

（単位：%）

金融商業その他		合計
金融	その他	
—	—	100.0
—	—	100.0
—	—	100.0
5.8	—	5.8	100.0
3.5	—	3.5	100.0
9.6	—	9.6	100.0
9.6	—	9.6	100.0
9.8	—	9.8	100.0
2.7	—	2.7	100.0
20.6	—	20.6	100.0
15.3	—	15.3	100.0
14.0	—	14.0	100.0
13.3	—	13.3	100.0
12.5	—	12.5	100.0
11.2	0.9	12.1	100.0
15.5	0.9	16.4	100.0
20.6	3.6	24.2	100.0
18.4	3.7	22.1	100.0
15.4	4.1	19.5	100.0
10.8	2.8	13.6	100.0
12.5	2.0	14.5	100.0
12.1	2.0	14.1	100.0
9.1	1.1	10.2	100.0
9.9	1.1	11.0	100.0
6.0	0.7	6.7	100.0
6.1	0.7	6.8	100.0
18.5	0.9	19.4	100.0
21.2	0.5	21.7	100.0
21.5	0.4	21.9	100.0
6.0	0.2	6.2	100.0
4.7	0.8	5.5	100.0
3.9	0.5	4.4	100.0
2.4	0.4	2.8	100.0
2.4	0.4	2.8	100.0
2.0	2.1	4.1	100.0

1934 年に入ると，全有価証券投資に占める工業部門への投資額が，全体の6割を占めるに至る。また，これ以降，工業部門への投資が安定的に4割から5割程度を占めるなど，1930 年代以前とは異なる投資構造を示している。工業部門の中でも，重工業への投資は少なく，明治製糖や台湾製糖といった製糖事業や，鐘淵紡績や東洋紡績といった紡績事業などの軽工業への投資が中心であった。以上のような投資構造の変化は，満洲事変ブーム期の経済状況の影響をうけたものである。そして，1930 年代後半には，株式投資を中心としつつも，国債への投資が増加しているが[31]，これは時局に応じた国策協力としての性格が強いものであったと理解できる。

　門野幾之進による堅実な経営方針は，経費の節減からも実現された。彼は，浜田長策に宛てた書簡の中で，社屋の新設に関し，「支部の仮家ハ多少の修繕を要シ候事ならんが，是も可成粗末に甘んじて費用の掛らさる様極メテシミッタレニ致度候」[32]との見解を示している。すなわち，不要な経費を削減することにより，極端に支出の抑制を企図しているのである。こうした点にも，彼の一貫した堅実主義的な経営方針を読み取ることができる[33]。彼の経営姿勢は，前章で検討した豊国銀行における審査体制の確立とも通底するものであろう。

　ここまでみてきたように，慶應義塾を辞した門野幾之進は，同じく慶應義塾の出身者や三井財閥に関わる企業家らと諮り，千代田生命保険を設立した。同社の経営にあたっては，堅実第一の経営方針を堅持し，千代田生命保険を〝5大生命保険〟の1つへと成長させたといえる。

第3節　生命保険以外の保険事業への参入

1　共同火災保険

　前節までの検討を踏まえ，本節では，門野幾之進が千代田生命保険の系列企業として設立した火災保険会社や再保険会社，徴兵保険会社などについて検討していく。はじめに，千代田火災保険を設立する契機ともなった共同火災保険との関わりから検討したい[34]。

　共同火災保険の設立は，1905年初頭頃より計画された。当時，東京の三井系の企業家や慶應義塾出身の企業家らを中心に，日露戦争後の経済状況を見据えて，損害保険会社の新設が企図されていた。実際の計画の中心は，両者と密接な関わりを持っていた千代田生命保険の関係者であった。そうした中で，大阪を中心とした関西財界の中においても，同様の目的をもった損害保険会社設立の運動が活発化する。そこで，朝吹英二の仲介により，損害保険会社の設立を進めていた東西の有力企業家が合同して，新企業を設立することが計画される。この結果，設立された企業が共同火災保険であった。門野幾之進は，北川禮弼らとともに，関東側の企業家の一員として設立総会に出席し，そこで，門野幾之進は取締役に，北川禮弼は監査役に選任される。また，三井系の資本を代表する形で，慶應義塾出身の企業家で，千代田生命保険にも関係していた波多野承五郎や鈴木梅四郎，倉知誠夫なども役員に就任している。

　上記の設立経緯のため，設立当初は，東京を中心とした三井系の資本と大阪を拠点とした住友系の資本の並立状態が続いていた。しかし，その後，漸次的に同社の株主に占める大阪財界の比重が上昇したことにより，両資本の対立が顕在化するようになる。その結果，門野幾之進は北川禮弼とともに同社の役員を辞し，千代田生命保険の系列企業として，独自の火災保険会社の設立を模索することになる。この間の事情に関して，門野幾之進は，「共同火災といふものを大阪の連中と一緒にやつてゐた。ところが，三井と住友間のそりがうまく行かないので喧嘩をした。〔千代田火災保険は〕つまりその尻なんですね」[35]と述懐している。なお，共同火災保険の側でも，「已に両氏にして千代田火災に関係せらるゝ以上，依然共同火災の重役たるは商略上多少不利の点もあるを以

つて，双方好意的に交渉の結果，共同火災の重役を辞し貰ふ」[36] として，門野幾之進らが新たに千代田火災保険を興す際には，退任を求めることとしていた。

2　千代田火災保険

次に，門野幾之進が共同火災保険を辞した後に設立した千代田火災保険について検討する[37]。千代田火災保険の設立は，共同火災保険における対立のみから展開されたものではなかった。日露戦争後，火災保険料金が高騰しつつあることから，特に全国の旅館料理業者の中から，独自の火災保険会社設立を求める声が高まっていた。そして，この火災保険事業の設立計画は，同盟火災保険と仮称され，千代田生命保険の取締役を務めていた麻生義一郎のもとに持ち込まれた。

この時期，三井の事業とも関係していた池田成彬や坂田実らが中心となって，新井由三郎に畢生の事業を斡旋しようとする動きがあった。新井由三郎は，慶應義塾で学んだ後，東京新報や日々新聞を経て時事新報に入社し，北川禮弼の後任として編集長を務めた人物であった[38]。そこで，上記の同盟火災保険を買収して，新井由三郎にその経営を任せることが構想される。この場合，同盟火災保険の開業後は，三井系の資本が入っていた共同火災保険に支援を要請するとされたが，交渉が難航し，ついにこの計画そのものが立ち消えとなってしまう。しかし，この間，火災保険事業に関心をもった新井由三郎は，かねてから昵懇の間柄であった三井の山本条太郎に相談を持ち込む。そこで，共同火災保険内部の対立に苦慮していた門野幾之進を交え，新規の火災保険事業の設立が計画されることになった。

1912 年 9 月 20 日，千代田生命保険の門野幾之進や北川禮弼，松原重栄に加え，慶應義塾の出身者である福澤捨次郎や坂田実，新井由三郎，そして，十五銀行を代表した樺山愛輔と成瀬正恭により，新会社の発起人会が開催される。この席上で，新会社の設立事務所は千代田生命保険の本社の一室に置くこと，千代田生命保険より小泉省吾を引き抜き，設立事務にあたらせることが決められた。それに伴い，新会社の名称は「千代田火災保険」とすることに決定する。このように，千代田火災保険は設立段階から門野幾之進および千代田生命保険の全面的な支援を受けていた。

第 3 章　千代田生命保険の創業と “堅実主義的” 経営　　　89

翌 1913 年 7 月 8 日，千代田火災保険の設立総会が商工会議所で開かれ，資本金 500 万円で設立される。設立時の役員は，取締役に門野幾之進や北川禮弼，成瀬正恭，樺山愛輔，松方幸次郎，松原重栄，益田太郎，新井由三郎が就任し，監査役に岡本貞烋や坂田実，赤星鉄馬，福澤大四郎が就任している。1914 年 6 月 30 日現在の主要株主についてみると，総株数 10 万株のうち，1 万 4,900 株を千代田生命保険が保有しており，成瀬正恭や村田吉兵衛（ともに 8,000 株）がこれに続いていた。また，樺山愛輔（3,000 株）や松方巌（1,000 株）などの十五銀行の関係者や，益田太郎や坂田実，森村市左衛門（いずれも 1,000 株）などの慶應義塾出身の企業家が出資していた。門野幾之進自身も，個人の名義で 1,000 株を保有していた[39]。こうした出資構造は，千代田生命保険の拠金出資者のそれと同様のものであり，学閥ネットワークが有効に機能したものと考えられる。

　ここまでみてきたように，設立時の役員や株主の状況をみてみると，千代田火災保険は門野幾之進をはじめとした千代田生命保険や三井の関係者によって経営されており，資金面では十五銀行などの支援を受けていたことがわかる。そのため，千代田火災保険は，「三田学園の財界に於ける勢力を背景とし，所謂財閥を母体とせず，学閥をバックにスタートした」企業で，「独歩の安定さを持つ，手堅い中堅会社」であるとともに[40]，「千代田生命を母胎として，従つて又門野先生の人格と信用を中心として成立」[41] した企業であると認識されていた。

　千代田火災保険は，開業後，千代田生命保険の契約者や慶應義塾の関係者，さらには彼らの縁故者を中心に契約者数を拡大していった。特に，千代田生命保険の代理店を活用できたことは，地方での営業費を抑制するとともに，その契約者を取り込む上で，重要な役割を果たしたといえる。その一方で，最初期に火災保険設立に関心を寄せていた旅館料理業者の加入は，ほとんどみられなかった。

　千代田火災保険の経営は，実質的に新井由三郎が統括していたが，資金運用についてのみ，門野幾之進が直接監督していた。同社の資金運用における門野幾之進の方針は，千代田生命保険のそれを踏襲するものであった。このことは，「資産運用の方面は大体千代田生命と同じ方針で，その方面は元来門野先生は

表 3-7　千代田火災保険会社業績概況

(単位：千円，％)

年	年末契約金額	保険料(A)	保険金(B)	損害率(B/A)	諸積立金	資本金	利益金
1914	52,529	213	37	17.3	105	5,000	△24
1915	119,648	490	204	41.7	223	5,000	2
1916	180,750	696	279	40.2	284	5,000	64
1917	242,540	910	509	56.0	369	5,000	85
1918	281,000	1,710	868	50.7	593	5,000	204
1919	371,660	2,735	1,426	52.1	898	5,000	281
1920	557,440	3,817	1,363	35.7	2,224	10,000	355
1921	548,050	4,087	2,125	52.0	2,540	10,000	474
1922	644,689	4,316	2,379	55.1	2,807	10,000	425
1923	695,426	4,175	2,180	52.2	2,843	10,000	540
1924	651,948	3,596	1,484	41.3	2,703	10,000	328
1925	696,251	4,057	2,272	56.0	2,762	10,000	565
1926	750,103	4,396	2,139	48.7	2,859	10,000	551
1927	796,009	4,583	2,289	49.9	3,089	10,000	449
1928	804,373	4,580	1,750	38.2	3,026	10,000	502
1929	868,270	4,995	2,508	50.2	3,175	10,000	511
1930	876,530	4,859	2,272	46.8	3,256	10,000	511
1931	850,420	4,459	1,734	38.9	3,291	10,000	531
1932	819,130	4,435	1,988	44.8	3,389	10,000	443
1933	834,600	4,672	2,261	48.4	3,482	10,000	493
1934	881,000	5,182	3,547	68.4	3,565	10,000	408
1935	990,000	5,632	2,768	49.1	3,673	10,000	398
1936	1,039,000	5,658	2,730	48.2	3,815	10,000	0
1937	1,098,000	5,857	2,140	36.5	3,756	10,000	250

典拠：村田［1939］，560-561 頁。
注：事業年度は，7 月 1 日から翌年 6 月 30 日である。

厳格な人でしたから，それで社の基礎は早く固まりました」[42]とする，近権内の回想に端的に示されている。

　ここで，表3-7 として，千代田火災保険の業績概況を示す。ここからもわかるように，同社の業績は安定的に成長していることが確認できる。また，同社の損害率は，平均して 50％ をやや下回るものであった。また，1917 年に海上運送保険事業に参入したことで，翌 1918 年の保険料が倍額近くに増加している。こうした事業拡大への対応や，後述する千歳火災海上再保険への出資を主な目的として，1920 年には，資本金を 1,000 万円に倍額増資している。この千

歳火災海上再保険の設立は，後述するように，千代田火災保険のリスクを分散させるためのものであった。

3　千歳火災海上再保険

　次に，千代田火災保険の再保険会社[43]として設立された千歳火災海上再保険について検討する[44]。同社は，1920年8月25日，資本金500万円にて設立され，その本社は，千代田火災保険の社屋内におかれた。設立時の役員は，門野幾之進を筆頭に，北川禮弼や樺山愛輔，松原重栄，成瀬正行，山本直良，新井由三郎が取締役に就き，赤星鉄馬と小川貞一が監査役に就任している。前項でも指摘したように，千歳火災海上再保険は千代田火災保険の直系会社として設立されたため，同社の経営陣は，千代田火災保険の役員が兼任していた。また，役員に就任することはなかったが，千代田火災保険の成瀬正恭なども，発起人として設立活動に関わっていた。

　前項でもみたように，千代田火災保険の業績は好調であったため，同社の再保険は，同業他社との競合関係上，敬遠される傾向にあった。そのため，リスク分散の必要から，再保険契約先の安定的な確保を目的として，千歳火災海上再保険が設立された。開業当初の千代田火災保険は外国の再保険会社と契約を結んでいたが，契約内容を検討したところ，収益の確保が確実視されたこともその一因であった。こうした経緯から，設立計画の最初期の段階では，「千代田火災海上再保険」の名称で出願されていた[45]。

　千歳火災海上再保険が営業対象とした再保険は，火災保険，海上保険，運送保険の3分野であったが，その実態は火災保険に集中しており，実際，海上保険の取り扱いは若干確認できるが，運送保険は皆無であった。また，同社が取り扱う再保険の内のほとんどは千代田火災保険から出された保険が占めていた。その結果として，「千歳火災は千代田火災の子会社」であることから「その業績も亦親会社の盛衰が直ちに当社の上に反映する」ものであった[46]。千歳火災海上再保険の業績をみると，千代田火災保険が安定的な発展を遂げていたことから，それに伴い，一時期を除き好調を維持していた。ただし，1927年の金融恐慌期には業績が低迷している。この時期，銀行預金の損失に対し全額を償却したため，対前年比でマイナス成長を示している。また，1934年の函館大

92

火の際には，千代田火災保険が保険金の支払いに追われたため，その再保険を引受けていた同社も打撃を受け，結果として損害率は75％にのぼっている。こうした点にも，両者の経営上の密接な関係性が読み取れる。

その後，1942年3月，千歳火災海上再保険は，政府の損保会社に対する整備統合政策により，親会社である千代田火災保険と合併している。

4　第一機関汽缶保険

ここまで，千代田生命保険を中心とした傍系企業についてみてきたが，次に，門野幾之進が関わった他の保険事業についてみていく。まずは，第一機関汽缶保険について検討する[47]。

第一機関汽缶保険は，1908年10月，資本金50万円にて設立される。設立時の役員は，門野幾之進をはじめとして，芳賀惣治郎や稲延利兵衛，T. ケルショウ（Kershaw, Thomas），野上由貞，H. E. メトカルフ（Metcalf, Henry Ernest）[48]の6人であった。このうち，芳賀惣治郎は同社の技師長を兼任している。

第一機関汽缶保険は，工場などのボイラーおよびその付属物を対象とした保険会社である。具体的には，「汽缶内ニ発生シタル圧力ニ依リ汽缶ノ破裂即チ缶胴又ハ水管ノ破裂及焔筒又ハ火管ノ圧潰等ヨリ起ル損害ノ補填」に関する保険を販売していた。また，公的な官庁検査の省略および検査上の便益を被保険者に提供するために，所属技術者によるボイラーおよび付属機関の管理点検もおこなっている[49]。

設立後間もない1911年段階における同社保険の主要な契約者は，東京市内では，鐘淵紡績や富士瓦斯紡績，東京紡績，日清紡績などの紡績工場を中心に200社余りであり，契約保険料の合計は約300万円であった。特に，機業地として有名な八王子などで，生糸工場のほとんど全部と保険契約を締結できたとしている。また，大阪においては東京よりも好況を呈しており，尼崎紡績や摂津紡績，合同紡績，福島紡績，日本紡績に加え，中小の紡績工場や個人経営の諸種の工場を顧客としていた。このように，大工場を有する巨大紡績企業を主な被保険者としたことにより，同社の業績は，「工業の隆盛に伴ひ，其業務漸次順調に進みつゝある」[50]と評価されていた。

第3章　千代田生命保険の創業と"堅実主義的"経営　　93

門野幾之進は，第一機関汽缶保険の設立から1938年の死去まで，同社の社長を務めており，千代田生命保険に次いで，経営に長期間携わった企業であった。

5　日本徴兵保険

　本節の最後に，日本徴兵保険について検討する[51]。日本徴兵保険は，1911年9月20日，資本金50万円にて設立される。設立時の本社は，千代田生命保険に隣接していた。同社の設立時の役員は，門野幾之進を筆頭に，足立荘，岩崎一，倉知誠夫，麻生義一郎，北川禮弼，武智直道，綾井忠彦であった。また，大株主として，波多野承五郎や早川千吉郎，池田成彬，飯田義一，和田豊治，福澤桃介などが名前を連ねていることから，同社も，慶應義塾の出身者を中心に，三井系や村井系の企業家によって後援されていたことがわかる。

　この日本徴兵保険が販売した保険は，0歳から15歳の男子を被保険者とし，満20歳に達して徴兵検査に合格，入営したものに保険金を支払うものである。その後，結婚保険や教育保険も販売対象としたこともあり，社名を，「日本徴兵生存保険」に改称している。

　同社は，足立荘を中心として設立された保険会社である。彼は慶應義塾を卒業後，時事新報の記者として日露戦争を取材した経験から，徴兵保険の必要を痛感し，そのことを前山久吉らに相談する[52]。そこで，新会社の社長を門野幾之進に依頼することを考え，北川禮弼や麻生義一郎が同社の発起人として設立に関わっていた関係から，彼の社長就任が実現する。足立荘としては，「千代田で成功した先生の名前を藉りてやつた方が大変楽に行く」[53]と考えたための社長就任依頼であった。その結果，足立荘は専務の立場で経営を主導していくことになる。

　同社の初期の営業状況は，足立荘を中心として，「同社第一の保険通として知られ真宗信徒，千代田を経て就任したる和才氏以下社員一統早朝より夜間に渉つて事務に奮闘し」た結果，「何等募集員の勧誘なきにも拘らず，単に同社開業の広告のみを見て契約を申込む者さへありて，之のみにても著しきは一日二三百円より五百円に上るの盛況を呈」するほどの状況であった[54]。また，地方で営業活動をおこなう際には，「代理店は，凡て地方に於て信用あり且つ基

礎の堅実なる千代田生命の代理店を踏襲利用し得」ることができたため，営業費を抑制することができた[55]。このように，慶應義塾出身の門野幾之進らの支援を受けたことにより，同社は順調に営業を開始することができた。そのため，日本徴兵保険は，「千代田生命との姉妹的関係に起り，同社の勢力と三田学系の根強き地盤を背景となしたる」[56] 企業であると認識されていた。

　門野幾之進の経営姿勢は，先述の通り，堅実第一主義であった。彼の影響もあって，日本徴兵保険は，「我国実業界知名の士が集つて設立されたもので，其基礎鞏固に営業方針亦堅実」[57] なものであることを自認していた。試みに，1924 年を事例として，資金運用状況をみておこう。同年の資産勘定 1,696 万円のうち，運用方法の内訳は，銀行預金が 182 万円，貸付金が 706 万円，有価証券投資が 432 万円であって，その中心は貸付金であった。貸付金については，「都会地の不動産又は確実なる有価証券を担保とし，担保物は厳密に調査の上貸出しを行ふ」こととしていた。また，銀行預金については，「三井，三菱，住友，十五等の諸銀行が主なるもので，猥に信用不確実なる多数の銀行と取引する様なことは断じてな」く，有価証券についても，「確実なるもののみを選んで居」るため，「其利廻りの如きも非常に良好」なものであった。同社の運用方針は，「確実有利なる方面」を選ぶことを重視したもので，その結果，不良貸付や損害を発生させたことはなかったとされる[58]。

　このように貸付金を中心とした資金運用方針は，先述の千代田生命保険などと同様のものである。1917 年，門野幾之進は社長を退任し，室田義文が後任の社長に就任する。室田義文の下で，資本金の倍額増資や支店網の拡大がおこなわれるも[59]，上記のような門野幾之進が重視した堅実な経営姿勢は，その後も踏襲されていった。

　　おわりに

　以上，本章では，門野幾之進による保険企業の経営活動について，共同して事業にあたった企業家との関係に留意しつつ，検討した。本章での分析により明らかにされた点を，冒頭に記した課題に即してまとめると，次の 2 点に集約される。

第1に，門野幾之進は，北川禮弼らとともに千代田生命保険を設立し，その際，慶應義塾出身の企業家や三井財閥の関係者らによる後援を受けた。彼らは同社の基金の拠出に応じるとともに，評議委員に就任している。また，門野幾之進は堅実第一の経営姿勢を堅守し，特に厳格な資金運用を重視していた。第2に，千代田生命保険の傍系企業として千代田火災保険や千歳火災海上再保険を設立するとともに，請われて第一機関汽缶保険や日本徴兵保険の設立にも関与した。これらの企業においても，千代田生命保険で培った経営方針を採用していた。

　本章での分析結果を踏まえると，門野幾之進が企業家として一貫していたことは，他の企業の場合と同様に，保険事業においても，堅実主義的経営を堅守していたことである。このことは，千代田生命保険の資金運用は貸付金が中心であったとする麻島［1991］の指摘について，彼の経営方針の影響があったことを示している。

　また，戦前期日本の生命保険事業において，本章で取り上げた千代田生命保険の設立は，明治生命保険や帝国生命保険などに比して，後発的なものであり，非財閥系の企業として，財閥系企業との競合を余儀なくされたことであろう。加えて，実業界での経験や信用がほとんどない門野幾之進が，単独で事業にあたることは不可能であった。そうした環境下にあって，後発型の千代田生命保険が，"5大生命保険"の1社に数えられるまでに成長するためには，事業を後援する企業家らの存在が不可欠であった。

　そして，門野幾之進は教育者から実業家に転じたこともあり，相互会社制度を採用し，利潤の追求を第一目的としない，堅実第一の経営姿勢を貫いていた。このことは，前章で検討した豊国銀行においても同様であった。事業の拡大を保険事業のみに限定することで，千代田生命保険の経営資源を活用しつつ，範囲の経済性を発揮させたといえる。慶應義塾出身者による同窓の学閥ネットワークの理解と後援のもとで，彼はこうした経営姿勢を堅守していたのである。そして，彼自身もこうした学閥ネットワークの構成員として，後続の企業家に対する支援を惜しまなかった。日本徴兵保険への関与は，その証左といえよう。

注

1) 麻島昭一［1985］「生命保険会社史の一考察」,『経営史学』第 20 巻第 2 号, 60 頁。

2) 本章で取り上げる保険会社の内, 2022 年現在, 合併や改称を経た上で, 千代田生命保険と日本徴兵保険はプルデンシャル・ジブラルタ・ファイナンシャル生命に, 千代田火災保険と千歳火災海上再保険, 共同火災保険はあいおいニッセイ同和損保に, 第一機関汽缶保険は損保ジャパン日本興亜に経営が継承されている。

3) 慶応義塾 150 年史資料集編集委員会編［2016］『慶応義塾 150 年史資料集 2──基礎資料編：教職員・教育体制資料集成』慶応義塾, 359 頁。

4) 村田昇司［1939］『門野幾之進先生 事蹟文集』, 門野幾之進先生懐旧録及論集刊行会, 609 頁。

5) 保険殿堂（IHF: Insurance Hall of Fame）ないし保険名誉賞とは, アメリカの保険教育普及のために設けられた制度で, 創造的思考あるいは行動によって保険界に著しい革新をもたらした貢献者を顕彰することを目的に設立された表彰制度である。その受賞者は, オハイオ州立大学構内に設けられている"保険殿堂"に肖像画が掲額される。

6) 「門野幾之進氏が保険殿堂入り」,『インシュアランス』第 3079 号, 1983 年。

7) 村田［1939］, 344 頁。

8) 岩間六郎［1937］「保険秘話（28）──所謂供託金問題の全貌」,『保険銀行時報』第 1835 号, 7 頁。

9) 相互会社では会社と社員の間に, 法人組織上の社員関係の他に, 保険契約上の保険関係が同時に存在する。すなわち, 社員は全体として保険者の立場に立つが, 個々の存在としては被保険者である。株式会社との主な相違点として, ①設立時の出資金は, 会社の債権者たる基金拠出者により拠出された資金（他人資本）による点, ②被保険者を会社の構成員とする点, ③最高意思決定機関が社員総会である点, ④事業上の損益は社員に帰属する点, などが挙げられる。

10) 村田［1939］, 345-347 頁。

11) 千代田生命保険の実際の基金は 3,600 口（36 万円）であるが, 典拠資料に誤記があるため, ここでの総計は 3,602 口となる。誤記箇所については, 他の資料からも特定不能なため, 本章ではこの数値について, 注記を付した上で採用する。

12) 村田［1939］, 372-373 頁。

13) 「千代田生命創業日誌」, 門野幾之進記念館所蔵。

14) 三木田十五［1933］『財界学閥展望』不動書房, 90 頁。

15) 村田［1939］, 373-379 頁。

16) 滴々樓主人［1919］「千代田生命の新評議委員（上）」,『保険銀行時報』第 929 号, 5 頁。

17) 栗原水酉編［1928］『生命保険会社興信録──どの会社が安全か』二六興信所, 93 頁。

18) 村田［1939］, 414-416 頁。

19) 株式会社の場合は, 業績に応じて利益金から株主配当が支払われるが, 相互会

社の形態をとった千代田生命保険の場合は，余剰金から賞与や法定準備金，基金償却準備金などを除いた上で，基金拠出者配当金や満期社員配当準備金に充当した。定款第 36 条によると，両者の比率は，10 対 90 から 8 対 92 の間で規定されていた。

20）「千代田生命保険会社――理想的に発達した相互会社―― ――営業費の少なき事無類なり」，『ダイヤモンド』第 3 巻第 11 号，1915 年。

21）高垣五一［1938］『生保コンツェルン読本』春秋社，199-207 頁。

22）近藤泥牛［1915］「営業報告書の解剖（其一）」，『工業之大日本』第 12 巻第 9 号，42 頁。

23）村田［1939］，423 頁。

24）「就職戦線偵察記 第四報 大会社・大銀行の新卒社員採用期を前にして」，『実業之日本』第 35 巻第 5 号，1932 年。

25）村田［1939］，339，407 頁。

26）戦前期の生命保険会社の資金運用に占める有価証券投資の割合は，1910 年が 37.7%，1920 年が 44.7%，1930 年が 50.7% であった（印南博吉編［1966］『現代日本産業発達史 XXVII ――保険』現代日本産業発達史研究会，36-39 頁）。

27）高垣［1938］，213 頁。

28）村田［1939］，425 頁。

29）高橋亀吉［1931］『日本金融論』東洋経済出版部，264-265 頁。

30）生保証券会社とは，1930 年 10 月，千代田生命保険を含めた保険会社 32 社の共同出資により設立された企業である。設立の目的は「巨大なる運用資産を有する保険会社が其株式投資々金の一部を醵出して協同の団体を作り，其団体を通じて堅実にして安全なる株式を買入れ，之を保有せんとする」ことであったが，1933 年 2 月に解散している（小野清造［1936］『生命保険会社の金融的発展』粟田書店，198 頁）。

31）高垣［1938］，215 頁；村田［1939］，504-505 頁。

32）「浜田長策宛門野幾之進書簡」，〔年不明〕6 月 24 日，門野幾之進記念館所蔵。

33）千代田生命保険の堅実経営については，資金運用面のみならず，本業である保険営業についても，同様の姿勢が現れていることが想定されるが，資料的制約により，保険引受時のリスク選択については，判然としない。なお，2019 年現在，史料の存在の有無を含め，プルデンシャル・ジブラルタ・ファイナンシャル生命による千代田生命保険に関する情報公開はおこなわれていない。

34）中外産業調査会編［1939］『人的事業体系・保険篇』中外産業調査会，損・118-120 頁；同和火災海上保険株式会社社史編纂委員会編［1995］『同和火災 50 年史通史』同和火災海上保険株式会社，30-34，41 頁。

35）村田［1939］，532 頁。

36）「千代田火災の由来」，『保険銀行時報』第 622 号，1913 年。

37）中外産業調査会編［1939］，損・178-185頁；千代田火災海上保険株式会社社史編纂委員会編［1978］『千代田火災八十年史』千代田火災海上保険株式会社，59-71 頁；千代田火災海上保険株式会社 100 周年社史編纂委員会編［1998］『千代田火災百年史』千代田火災保険株式会社，32-39 頁。

38) 三田商業研究会編［1909］『慶應義塾出身名流列伝』実業之世界社，747-748 頁。

39) 村田［1939］，544 頁。

40) 中外産業調査会編［1939］，損・178-179 頁。

41) 村田［1939］，545 頁。

42) 村田［1939］，554 頁。

43) 再保険とは，保険会社が引受けた保険契約上の責任の一部または全部を，他の保険会社に転嫁する制度。この制度は，一般に，元受保険会社がリスク分散や計画的な資金運用をおこなう際などに活用される。

44) 千代田火災海上保険株式会社社史編纂委員会編［1978］，72-74 頁。

45) 村田［1939］，570 頁。

46) 中外産業調査会編［1939］，損・268 頁。

47) 村田［1939］，577-578 頁。

48) 当該人物について，村田［1939］は，「エーチ エー メトカルフ」（577 頁）と表記しているが正しくは，「ヘンリー・アーネスト・メトカルフ」（東京興信所編［1909］，103 頁）であり，「H・E・メトカルフ」となる。

49) 芳賀惣治郎編［1914］『技術部彙報』第一機関汽缶保険株式会社，〔15 頁〕。

50) 「機関汽缶保険の盛況」，『保険銀行時報』第 499 号，1911 年。

51) 村田［1939］，579-852 頁。

52) 大森謙司［1936］「時事新報記者から日本徴兵保険の社長となつた足立荘君の躍進譜」，『実業之世界』第 33 巻第 10 号，22-25 頁。

53) 村田［1939］，581 頁。

54) 「日本徴兵保険会社の近況」，『保険銀行時報』第 499 号，1911 年。

55) 「規模の大よりも実質を向上せんとする日本徴兵保険の穏健なる発展振り」，『実業之日本』第 22 巻第 10 号，1925 年。

56) 栗原［1928］，148 頁。

57) 日本徴兵保険株式会社「生存保険案内」，日本不動産株式会社所蔵資料〔作成年不詳〕。

58) 「規模の大よりも実質を向上せんとする日本徴兵保険の穏健なる発展振り」，『実業之日本』第 22 巻第 10 号，1925 年。

59) 中外産業調査会編［1939］，生・160 頁。

第4章　玉川電気鉄道の開業と事業展開
津田興二の鉄道経営

はじめに

　第Ⅰ部の最後に，前章で取り上げた千代田生命保険とも密接な関わりをもった玉川電気鉄道[1]（現・東急電鉄田園都市線）について，慶應義塾出身者による学閥ネットワークとの関係を踏まえ，その経営を分析する。本章では，この玉川電気鉄道の設立から合併までの展開を，発起人や経営者の活動を中心に検討する。

　はじめに，図4-1として，玉川電気鉄道の路線図を示しておく。玉川電気鉄道は1907年の開業以来，図4-1が示すように，渋谷―溝ノ口間の路線を幹線として，三軒茶屋―下高井戸（現・東急電鉄世田谷線），玉川―砧，渋谷―天現寺橋，渋谷橋―中目黒の各区間にわたる支線をもっていた。また，兼営事業として，乗合自動車事業や電灯電力の供給事業をおこなっていた。その後は東京横浜電鉄（現・東急電鉄）の傘下に入り，1938年に同社に合併されている。なお，同社の鉄道は電気軌道であり，法律上は道路交通の補助的機

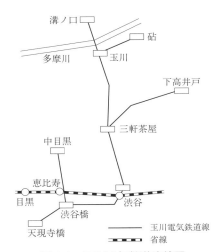

図 4-1　玉川電気鉄道路線図
典拠：「玉川電気鉄道沿線案内図」，東急電鉄株式会社所蔵資料。

関と位置づけられるものであった[2]。

玉川電気鉄道に関する先行研究として，鈴木勇一郎［1996；2004］がある。鈴木［1996］は，玉川電気鉄道の沿線地域である世田谷村の動向を検討し，開業以前における鉄道建設計画の展開過程を明らかにしている。本章では，こうした研究成果を踏まえつつ，同鉄道の建設段階から合併に至る過程を検討していきたい。実際，東京における電気軌道の個別実証的研究は少ないため，本章での検討は，東京における都市交通の形成とそれに貢献した企業家の役割を明らかにする上でも，貴重な検討事例となろう。

この課題を検証するため，本章の論点として，以下の3点を設定する。第1に，玉川電気鉄道の幹線建設計画の展開について，沿線地域住民の動向に留意しつつ検討し，開業に至るまでの企業家の活動を明らかにする。第2に，開業後の鉄道事業の展開を，旅客輸送事業と砂利関連事業との関係から検討する。そして，第3に，同社の経営を主導した経営陣とそれを支えた株主に関して，特に，津田興二と慶應義塾出身の企業家との関係を中心に分析していく。

第1節　玉川電気鉄道建設計画の展開

1　建設計画の始動

本節では，玉川電気鉄道の設立過程を詳細に検討し，開業に至るまでの動向を明らかにする。

玉川電気鉄道の設立計画は，1896年11月18日付で，「玉川砂利電気鉄道」の名称で，玉川―三宅坂間の鉄道建設の申請が提出されたことに端を発する[3]。ここで，表4-1として，玉川砂利電気鉄道の設立発起人を示す。この表4-1からわかるように，この建設計画は，田中筑闥ら14人によって出願されており，この内11人は荏原郡在住の人物である。なお，この時期には，田中榮之助が発起人総代を務めていた[4]。

「玉川砂利電気鉄道株式会社軌道布設請願書」[5]によると，この計画は物流の促進を目的として，「東京府荏原郡世田ヶ谷村武相中央鉄道世田ヶ谷駅停車場ヲ起点トシ，県道黒駒街道ニヨリ砧村岡本大蔵喜多見狛江村岩戸間」に鉄道を建設するものであった。そして，当時計画中であった武相中央鉄道への接続を

計画していた。ここでは，「多摩川ヨリ産出スル砂利ノ東京市ニ供給スル年々ノ需要ハ，実ニ其幾百万噸タルヲ算スルニ芳シム次第ニ有之，且年々炎熱ノ候，東京市ニ供給スル長尾製氷ニ於モ又其数量莫大ノ者ニ有之候ガ，従来之レ等ノ運輸ハ，一ニ馬力人力ニヨルノミニシテ，交通機関完備ノ今日不便啻ニ当業者ノ慨嘆ノミニ無之，随テ興業上百事ノ渋滞ヲ来シ，其影響実ニ少ナカラザル次第ニ有之候」として，砂利や氷などの貨物輸送を中心とした陸上交通の整備を目的としている。そして，

表4-1 玉川砂利電気鉄道設立発起人

氏名	住所
鈴木直人	東京市芝区桜川町
逸見才三	東京市芝区愛宕下町
渡邊熊之進	東京市麹町区有楽町
大場信愛	荏原郡世田谷村世田谷
坂本清蔵	荏原郡世田谷村世田谷
高橋良之助	荏原郡世田谷村世田谷
橋本作左ェ門	荏原郡世田谷村世田谷
猪又雄造	荏原郡世田谷村世田谷
田中榮之助	荏原郡世田谷村世田谷
糞口定次郎	荏原郡世田谷村世田谷
松本鋭太郎	荏原郡世田谷村世田谷
田中筑闊	荏原郡玉川村上野毛
高木正年	荏原郡品川町大字品川南品川宿
栗山久次郎	荏原郡碑衾村

典拠：「玉川砂利電気鉄道株式会社軌道布設請願書」，
『明治三十年 文書類纂 土木』，東京府文書。

「電気鉄道布設ノ上ハ，遠来交通上ノ利便ヲ得ルコト不尠候」として，交通機関拡充の必要性を訴えている。この出願は，1897年9月14日付で許可されているが[6]，実際に路線の建設工事が行われた形跡は確認できていない。

　その後，発起人総代の田中榮之助が死亡すると[7]，発起人総代は置かれることなく，かわって，渡邊熊之進が中心となって建設計画が進められていく。この間，沿線地域の有力者である大場家を中心とした世田谷村の人々は，鉄道建設に積極的な姿勢を示していたが，実質的に，渡邊熊之進が主導する計画へと，その性質を変えていく[8]。実際，玉川砂利電気鉄道株式会社の創立事務所は，1887年3月11日より「麹町区有楽町三丁目一番地渡辺方」[9] に変更されており，会社設立時点での本店所在地も，「東京市麹町区内幸町一丁目五番地」[10] である渡邊熊之進の居住地[11] となっている。また，鉄道建設に関する出願書類は，その継目印や訂正印から考えて，渡邊熊之進によって作成されていた。さらに，当時から，玉川砂利電気鉄道の建設計画は，「府下の渡邊熊之進氏及び沿道地主有志発起に係る」[12] ものであると評されていたことからも，彼を中心とした設立計画の進展がうかがわれる。

　1900年6月4日，玉川砂利電気鉄道は，大規模な路線拡張計画を出願して

いる[13]。これは，東京府豊多摩郡渋谷村元青山北7丁目市郡境界地から，大山街道を通り，荏原郡世田谷村や駒沢村，玉川村などを経由して玉川二子渡船場に至る路線を中心に，東京市芝区赤羽橋より一ノ橋を通り，渋谷川南岸に沿って，豊多摩郡渋谷村広尾を経て，目黒村上目黒，大坂下に至る路線，同じく，荏原郡駒沢村三軒茶屋より世田谷村下町上町を経由して，駒沢村弦巻に至る路線，そして，北多摩郡玉川登戸渡船場より調布町元国領鍋屋横町甲州街道に至る路線であった。ここで示された路線網は，郡部会の「御許可不相成様致度」[14]とする反対もあり，以前に一度不認可となったものであったが，再度の出願をおこなったものである[15]。

　この出願に対して，東京府は，「本願ハ其要部ハ玉川電気鉄道ノ先願アリ。其余ハ敢而必要ノ線路ニアラサル」とした上で，「去ル三十一年三月八日付二丙第三七一〇号ヲ以テ，本願許可相成ラサル様致度旨，副申置候次第ニ有之候間，書類其侭及進達候」[16]として，前回同様，不認可にするよう意見している。この時期には，同時期に出願されていた本章での検討対象とは異なる同名の「玉川電気鉄道」の建設計画が存在しており，その建設計画が優勢であったためであろう[17]。

　だが，この「玉川電気鉄道」の建設計画が立ち消えとなると，状況は一変する。1902年2月8日付で，渡邊熊之進，田中筑闇，横溝清太郎の3人に対して，渋谷―玉川間の路線について，内務省より特許が交付されることになる。ただし，この路線は，延長線として出願された路線を主体とするものであって，草創期に構想された計画路線とは大きく異なるものであった。それでも，これにより，鉄道開業に向けた建設計画が進展していく。特許の交付を受けて，同年3月20日，社名を玉川電気鉄道に改称し，以降，鉄道建設を進めていくこととなる[18]。

2　建設工事の難航

　1903年10月4日，玉川電気鉄道は会社の創立総会をおこない，資本金40万円にて，玉川電気鉄道株式会社が設立される。専務取締役に渡邊熊之進が就任し，取締役に伯爵坊城俊章や早川政廣らを選任するとともに，相談役に根津嘉一郎や旧郡上藩主の子爵青山幸宜などを加えている。これらの人々によって，

初期の玉川電気鉄道の建設工事は進められていく。

　同社は鉄道建設工事の資金を募るため，発行済み株式に対する払込通知を出し，資金の調達をおこなう。1903年7月10日を第1回の株式払込の期限に設定すると[19]，1904年12月25日に第2回株式払込通告を，翌1905年6月28日に第3回株式払込通告をおこない，その後，第4回払込通告を経て，1906年2月23日に資本金40万円の全額払込を完了している[20]。この間も，鉄道建設の工事が進められているが，これは必ずしも順調に進んでいなかった。特に，日露戦争期に東京府による街道の幅員拡張工事のための用地買収が進められたことが，玉川電気鉄道の建設工事に大幅な遅延の原因となった[21]。

　こうした状況下にあって，難航する用地確保のため，玉川電気鉄道は土地収用法による用地買収を企図する。同社は，すでに，1904年8月3日付で，「土地収用事業認定ノ儀ニ付申請」[22] を提出している。この中では，「当会社電気鉄道敷設ニ関シ，道路拡築新設，発電所，車庫新設等ノ用ニ供スル為メ土地買収ノ必要有之候処，到底協議ニ依リ買収ヲ了シ難」きことが記されている。そして，単独での用地買収に困難が生じていたため，土地収用法の趣旨に鑑み，これを適用することを希望していることがわかる。1905年2月4日の内閣閣議において，玉川電気鉄道の事業は，「公共ノ利益トナルヘキ事業ニシテ，土地収用法第二条第四号ニ該当スルモノナルヲ以テ，同法ニ依リ土地ヲ収用スルコトヲ得」[23] として，内務大臣の申請通りに承認される。

　一方で，実際の建設工事は，遅々として進んでいなかった。玉川電気鉄道が警視庁および東京府に対して「電気鉄道工事施工認可申請」を提出したのは1904年2月29日のことであった。これに対してなかなか認可が下りなかったため，同年7月27日付で「工事認可願ノ儀ニ付追願」を提出し，「作業上ノ都合モ有之候条，豊多摩郡渋谷村道玄坂上ヨリ荏原郡世田谷村里俗三軒茶屋（御庁予定改修道）ヲ除キ，其他ノ部分ニ対シ至急工事施工ノ儀御認可被成下度」として，この時点では，すべての建設用地を確保できていなかったこともあり，一部区間を優先しての建設工事の認可を求めている[24]。内務省による認可を経て[25]，東京府は1905年1月21日付でこの旨を玉川電気鉄道に伝え，ここに，三軒茶屋―玉川間の軌道建設工事が正式に認可されることとなった。

　これを受けて玉川電気鉄道は，1905年1月23日付で提出した「御届」で，

工事の着手期日を 1905 年 1 月 25 日とし，その竣工期限を 1905 年 4 月 30 日と設定した。しかし，建設工事は順調に進まず，竣工期限直前の同年 4 月 27 日付で「工事竣工期限変更届」を提出し，期限内での完成は困難であるとして，1905 年 8 月 31 日までの竣工期限の延期を申請している。しかしながら，工事は期限として設定した 8 月 31 日にも間に合うことはなかった。そのため，同年 8 月 9 日付で再度「工事竣工期限変更届」[26] を提出し，「当春以来雨天連続，工事出来難ガ為メ」として，竣工期限を同年 12 月 20 日まで延長することを申請している。こうした一連の工事の遅延の理由として，天候不順が挙げられているが，実際にはそれ以上の問題が起きていた。

　建設工事の遅延をもたらすことになった最大の原因は，玉川電気鉄道の建設工事を請け負った業者にあった。同社は，三軒茶屋以西および発電所の建設を，長田政次郎の周旋により，千住中組の土木業者，石井榮次郎，石井久兵衛の親子に，6 万 3,000 円にて請け負わせた。この際，決して下請けには発注しないことが条件であった。それにもかかわらず，石井親子は，この工事を 4 万 5,000 円で鈴木秀次郎にさらに請け負わせたのである。その結果，鈴木秀次郎は，請負金が低廉であるとして，工事を粗略化する傾向にあった。これを問題視した玉川電気鉄道は，契約違反ではあるが鉄道建設を優先するため，石井親子との契約変更を複数回おこない，あわせて 9,500 円を追加で渡している。しかし，鈴木秀次郎のもとには 1,000 円しか払われず，結果的に，工事は中止される事態に至る。この間，鈴木秀次郎が工事の継続と建設費支払のため，大量の人夫を動員するという強硬的な事態も生じており，建設工事は当初の計画通りには進展しなかった。さらに，石井親子が前金の請求や工事資金の増額を求めるなど，玉川電気鉄道と鈴木秀次郎との間に介在していたことで，同社と現場との交渉は難航した。最終的に，玉川電気鉄道は，法廷闘争も辞さない構えで強硬に契約の解除を通告し，事態の打開を図っている[27]。

　石井親子の契約違反が明らかになる前に書かれた『東京朝日新聞』の「玉川電鉄工事の紛擾」は，「心あるものをして前途如何を疑はしめつつ，ある由にて，其株主名簿によるも専務取締役たる渡邊熊三氏〔渡邊熊之進氏〕が妻子名義の分を併せて九百株を有し，其他坊城俊章氏の如き同じく九百余株を有する等，聞くもの皆悚然たらざるはなかりし」ものであるとして，渡邊熊之進らによる

企業統治の在り方を批判していた。ここでの問題は，下請け工事を発注した石井親子によって引き起こされたものであるが，ただし，一部からは，同社の経営姿勢が疑問視されていた。

　玉川電気鉄道は，こうした工事遅延の騒動を受けて，発電所および道路の工事を自社の直轄としておこなうことを決定している[28]。先述の通り，その後も，天候不順などを理由として建設工事は遅滞している。その間，1905 年 10 月 25日に道玄坂－三軒茶屋間の建設工事が，1906 年 9 月 1 日に渋谷－道玄坂間の建設工事が認可されている[29]。

3　渡邊熊之進の退任

　上述のような鉄道建設工事の遅滞や，それに伴う資金不足などにより，設立後の玉川電気鉄道は早くも厳しい状況に立たされていた。この結果，渡邊熊之進は，1905 年 8 月 15 日の臨時株主総会で，その責任をとる形で取締役に降格し，かわって子爵青山幸宜が専務取締役に就任している[30]。

　こうした状況下にあって，1905 年 12 月 26 日の株主総会では，渡邊熊之進への批判が噴出した。この株主総会の席上，開会宣言の直後に，玉川電気鉄道の元技師長であった三浦吉勝が，渡邊熊之進に向かって，「前数回の報告書に於て，我会社は資本金四十万円を以て優に本年十月迄に全工事竣成すべき旨を吹聴しながら，現今殆ど資本金の全額を費消して，尚工事は三分一内外の落成を見ざるは如何」と詰問した。渡邊熊之進は，物価の高騰などを理由として答弁するも，三浦吉勝はさらに質問を継ぎ，取締役の権限に関することから，さらには，玉川電気鉄道の借入金高を問うに至る。こうした質問に対して，渡邊熊之進は満足な答弁をすることができなかった。結果，「専務取締役たる青木氏〔青山氏〕は只表面上のことにして，其実渡邊取締役が細工し居ることなれば，彼を退任せしむるに如かず」とする意見が出されたように，渡邊熊之進に対する非難がやむことはなかった。株主総会に出席していた株主からは，「斯の如き人に会社の業務執行を委任するは頗る気遣はし」として，会社の財産調査のための特別委員会を設置しなければ，議案を承認できないとする動議まで提出される。最終的には，持株数の関係もあり，会社側提案の報告書は承認することができた一方で，定款改正および監査役増加に関する議案については，

次回の株主総会に提出するということで妥協がはかられた。そして，この後，玉川電気鉄道重役と株主との間で特別委員会設置に関する懇談会が開かれている[31]。

この株主総会で，三浦吉勝が渡邊熊之進に対して質問を繰り返し，その間，青山幸宜は一切の発言をしなかったことから考えても，この時期の玉川電気鉄道は，依然として渡邊熊之進の影響下にあったことがうかがえる。渡邊熊之進は，一切の責任を取る形で，翌1906年1月3日付で取締役を退任し[32]，以降，玉川電気鉄道との関係は確認できない[33]。

1906年4月17日の臨時株主総会では，建設資金の調達問題が最大の争点となり，砂利販売資金の不足分にあたる20万円の借入が可決される。同時に，定款第12条中の「取締役ノ互選ヲ以テ専務取締役一名ヲ置クモノトス」という規定が削除され，第16条として「取締役ハ互選ヲ以テ社長及専務取締役一名ヲ置クモノトス」という規定に変更されている。これまでの経営上の混乱を念頭におくと，取締役社長を設置することで，経営に対する責任を明確化することが企図されたのであろう。ここで議決された資金の借入案は，同日付で東京府に提出された「請願書」によると，「道路ニ敷設セル工作物其他営業上必要ナル物件ヲ義務履行ノ担保」とするものであった。その理由として，本来ならば，株式増資をおこなうことで資金を集めるべきところも，「会社ノ信用極メテ薄キ」現状に鑑み，現在の株主や一般の資産家も増資に応じないであろうこと，また「信用薄弱抵当皆無」の状況のため，借入もままならないという状況を説明している[34]。この資金調達案については，同年5月11日付で内務省より認可を受けている[35]。このような方法を採用せざるをえなかった玉川電気鉄道に対する「信用薄弱」といった評価は，これまでの経営姿勢，とりわけ，渡邊熊之進の経営によるものであったといえる。

しかし，こうした方法による資金調達は，株主には容認し難いものであった。そのため，事前に「多分本日の総会は無事終了せざるべし」と予期されたように，1906年6月30日の株主総会は紛糾する。実際，営業に関わる不動産を担保とした資金調達は容認し難いこと，そして，このような事態に至った責任を経営陣がとるべき旨の発言が飛び出した。最終的に投票に持ち込まれ，会社側の提案通りに借入案は可決されたが，その際に委任状の不正があったとして，

同日の総会は全ての議案の審議を完了できず，総会自体が散会している。この問題は訴訟にまで発展する様相を示し，事業報告や重役改選，会社譲渡付借入金などの資金調達に関する議案は，もはや結論をみることは不可能な状況に陥る[36]。

　ここまでみてきたように，当時の玉川電気鉄道は相次ぐ資金不足と，度重なる工事期限の延期などにより強い批判にさらされていた。こうした問題は，「前重役〔渡邊熊之進〕が設計を誤りたる結果」[37] であると認識されていたが，株主が納得する打開策を示しえなかった経営陣に対する風当たりは，依然として厳しいものであった。このような状況下にあった玉川電気鉄道に対して，不足していた資金を提供したのは，世田谷新町に住宅建築を計画していた東京信託会社であった。このことを契機として，玉川電気鉄道の経営陣は刷新され，かわって，東京信託より迎え入れた永松達吾のもと，同社は開業をむかえることになる[38]。そして，ここに，永松達吾や津田興二などの慶應義塾出身の企業家が玉川電気鉄道に関わることになる。同社の経営を立て直し，その後の経営を主導した経営陣については，第3節で詳述する。

第2節　玉川電気鉄道の開業と鉄道事業の展開

1　玉川電気鉄道の開業

　本節では，開業後の玉川電気鉄道の経営戦略について，鉄道以外の兼営事業を含め，検討していく。

　1907年3月6日，玉川電気鉄道は道玄坂－三軒茶屋間を開通させ，同年4月1日に三軒茶屋－玉川間を，同年8月11日に渋谷－道玄坂間を開通させる。ここに全線の開通をみることとなった。開業当日は，沿線地域に存在していた陸軍の半休日と重なったため，軍部の関係者を中心に満員状況であったと伝えられている[39]。その後，1920年代に入ると再び路線網を拡大させ，1924年には砧および天現寺橋までの支線を開通し，翌1925年には三軒茶屋より分岐して下高井戸に至る路線を開通させている。さらに，1927年には中目黒に至る支線を開通させるとともに，幹線の溝ノ口までの延長を実現している[40]。

　ここで，図4-2として，玉川電気鉄道の主要事業の業績を示す。図4-2から

第4章　玉川電気鉄道の開業と事業展開　　　109

わかるように，1910年代は電灯電力事業がやや鉄道事業の収益を上回っていたが，1920年代に入ると，鉄道事業の業績が伸長する。その一方で，1930年代には，再び電灯電力事業の収益が鉄道事業のそれを上回っている。好調な電灯電力事業に支えられた収益構造は，鉄道事業に対する消極性の要因ともされている[41]。

玉川電気鉄道の電灯電力供給事業を支えていたのは，富士瓦斯紡績からの受電であった。富士瓦斯紡績は自ら総延長73キロメートル，電圧6万6,000ボルトの規模の東京幹線送電線路を建設し，その両端に6,000キロボルトアンペアの峯変電所と5,400キロボルトアンペアの駒沢発電所を配し，1913年12月から送電を開始した[42]。富士瓦斯紡績からの受電は，玉川電気鉄道にとっては，開業初期からの業績不振を挽回するために，経費節減を企図したものであった[43]。一方の富士瓦斯紡績にとっては，水力発電を利用した東京への電力供給

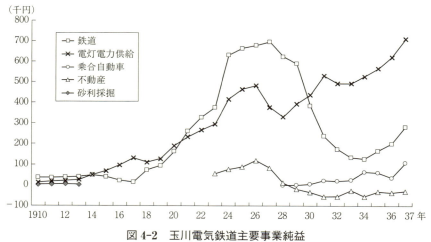

図4-2　玉川電気鉄道主要事業純益

典拠：玉川電気鉄道第15・16・18-20・23・25-69期「営業報告書」(「事業報告書」)1910年下半期・1911年上半期・1912年上半期〜1913年上半期・1914年下半期・1915年下半期〜1937年下半期。
注1：「営業報告書」の欠号分は，前後の期間の平均値を基に補正した。
　2：1927年上半期分までは，支出に計上されるべき税金が一括記載されており，各事業ごとの割合が不明なため，本図では計算対象外とした。
　3：1928年上半期以降の軌道事業には，遊園地関連事業が含まれる。
　4：1923年から1927年における不動産事業に関しては，支出が記載されていないため，収益金のみに基づき表記した。
　5：砂利事業の外部化にともない，当該事業については，1914年以降の記載はない。

110

の足場を確保することが重要であった。そのため，これ以降，東京幹線送電線路から多数の分岐線を建設することで，玉川電気鉄道の沿線地域を自らの電力供給圏に組み込むことを計画していたとされる[44]。

2　砂利採掘販売事業および貨物輸送事業

次に，以上の点を踏まえつつ，玉川電気鉄道の鉄道事業についてみていく。まずは，建設計画の初期から重要視されていた砂利をはじめとした貨物輸送について検討する。

玉川電気鉄道は，当初から，砂利の運搬のみならず自ら採掘販売をおこなうことを計画していた。このことは，1903年3月に発行された「玉川電気鉄道株式会社設計ノ説明概要」[45] の中で，「本鉄道ニ於ケル貨物ノ内ニテ，最モ重量ニシテ且ツ夥多ナルハ砂利ノ運搬ナリ」とした上で，「採掘販売ナルモノハ，唯夕運搬ニ供フ方便ノ如クナルヲ以テ，之レヲ別紙目的欄ヘ記載セシハ，聊カ文字上穏カナラザルコト、考ヘ，特ニ省キ置キタルモ，実際ニ於テハ之レヲ取扱フモノナリ」として，採掘販売事業との兼営化を企図していた。その後，1905年12月26日の株主総会にて，定款中に「砂利採掘販売」の文言を加えることが議案として提起されている[46]。その上で，1906年10月9日改正の「定款」[47] には，「当会社ハ東京府豊多摩郡荏原郡内ニ鉄道ヲ敷設シ，一般運輸ノ業ヲ営ミ，併セテ電灯［並ニ電力］ノ供給ヲ為［シ及砂利ノ採掘販売ヲ為］スヲ以テ目的トス」と記載し，砂利の採掘販売事業を正式な事業の1つとして規定している。

だが，実際には，砂利の採掘販売と輸送は，1907年の開業には間に合わなかった。これは，開業当初は起点とされた渋谷駅が建設工事中であったことに加えて，玉川の運搬設備が未整備であったためである[48]。砂利の輸送には，貨車より高所に積み込み場所を設置して，上部から下部に積み込むための設備が必要とされており[49]，こうした設備がなければ，砂利の輸送は困難であった。その後，玉川電気鉄道の砂利輸送は稼働するも，販売事業に関しては予定していた収益をあげることができなかったため[50]，1911年2月1日に責任販売協定を結んだ上で，「一切大丸組ノ一手ニ委託シ，会社ハ直接取引ヲ為サ、ルコト」[51] として，事業方針を転換している。その後の「営業報告書」の記載によ

ると，委託特約中は天候の変動による影響を受けることもなく，収益は安定的であった。こうした中で，砂利は輸送対象としての一貨物となり，鉄道事業は旅客輸送を中心としたものへと転換される。

　ここで，図4-3として，貨物輸送事業単体での業績を示す。上述の通り，玉川電気鉄道の貨物輸送の中では，砂利が重要な輸送対象であった。砂利販売を大丸組に委託したことにより，輸送需要を取り込むことで，「貨車収入ハ砂利営業ノ改変ニ伴ヒテ，非常ノ激増」[52] をみることになった。貨物輸送事業の収益は当初，旅客輸送事業と比べて少なかったが，1923年の関東大震災を契機として，飛躍的に増加している。これは，関東大震災後の都市復興における建設需要の発生により，大量の砂利が必要とされたためである。この時期には，採掘地である玉川から，砧線を経由して幹線へと輸送し，東京市電気局線へと連絡輸送することで，輸送需要の拡大に対応していた。実際，1924年上半期の貸切扱貨車数3,546車のうち，2,844車が大丸組鈴木辰五郎よりの砂利輸送の依託，642車が東京市電気局線行きの砂利輸送であった[53]。その後は，1926年を頂点に減少傾向をたどっていくが，復興建設工事における砂利の需要は健在であったとみえて，1920年代は関東大震災発生以前に比して，概して高水準を維持している。だが，貨物輸送の対象が砂利に大きく依存していたこともあり，復興建設工事の収束に加え，経済状況の低迷により，1930年代の貨物輸送は低調であった。

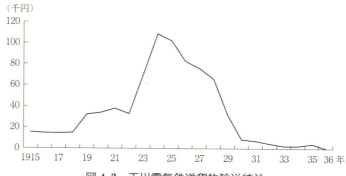

図4-3　玉川電気鉄道貨物輸送純益

典拠：図4-2と同じ。

3　旅客輸送事業および沿線開発事業

　砂利の販売事業からの撤退や貨物輸送事業の停滞に比して，順調に業績を伸ばしていたのが旅客輸送事業である。そもそも，当初の玉川電気鉄道は，「砂利運搬賃ノミヲ以テ予算ヲ取リ，敢テ旅客貨物ニ重キヲ置カサリシ」方針であったが，「両三年来渋谷停車場昇降人員ノ統計及ヒ普通ノ旅客ヲ調ブルニ，頓ニ全ク数層倍トナ」る状況であるとして[54]，旅客輸送を積極的に展開する方針へと転じている。

　玉川電気鉄道の鉄道事業の中心は，旅客輸送事業になっていくため，前掲図4-2 に示した鉄道事業の業績は，旅客輸送事業によって支えられていたといえる。旅客輸送事業は，1920 年代は路線網の拡張に伴い好成績を収めていたが，1930 年代に入ると業績の不振が顕在化してくる。だが，1930 年代後半には漸次的な回復傾向を示している。

　開業当初の鉄道事業の業績には，天候が大きく影響していた[55]。これは，郊外への遊覧客による利用が多かったためであり，玉川電気鉄道も，行楽地としての玉川の存在を強く意識していた。「玉川電気鉄道の終点は鮎と蛍の名勝地」とする新聞広告を掲載するとともに[56]，幹線の全線開通を記念して，各新聞記者を玉川に招待し，鮎漁の宣伝をおこなうなど[57]，玉川への行楽客の誘因を積極的に推進していた。そして，1912 年までに，旅客の誘因を目的とした菖蒲園や，玉川遊園内に「小鳥猿鹿等ヲ飼育シ，又玉川河原ノ兵庫島ニ千坪ヲ借入レ新ニ遊歩場」を開設するなど[58]，行楽施設の拡充に努めている。なお，明治天皇の崩御が玉川の鮎漁の時期と重なった際には，遊覧鮎漁などの旅客が見込まれなかったため，乗客数が減少した[59]。この玉川遊園は，1913 年に「浅草花屋敷持主大瀧氏ニ使用ヲ一任」する形で経営を委託しているが，1916 年には再び直営事業化している[60]。さらに，「納涼客誘引ノ為メ，遊園地，兵庫島及玉川沿岸等ニ高燭力ノ「イルミネーション」ヲ点火」することなども計画していた[61]。加えて，1922 年には第二遊園地を開園しているが[62]，行楽地事業単体で見た場合には，恒常的な赤字事業であった。

　玉川電気鉄道の旅客輸送事業にとって，関東大震災が与えた影響は大きかった。1923 年 9 月 1 日に発生した関東大震災により，富士瓦斯紡績の発電設備が故障した結果，発生後 20 日間は営業ができなかったが，1923 年 10 月以降

は「多数ノ遭難者ガ沿線ニ来往セル」状況が発生したため，乗客数の増加をみたという。そして，「斯ル形成ハ永続スベキ性質ヲ有シ，激震ニ堪ヘタル沿線ハ，住宅地トシテ最モ好適ナル事ヲ立証セル次第ナルヲ以テ，帝都ノ復興ニ伴ヒ沿線ノ発展ハ一層著シキモノアルベク，当会社ハ此ノ趨勢ニ応ジ，遺漏ナキ施設ヲナシ，震災ヲ転ジテ福タラシメン事ヲ期ス」[63]とする経営方針を打ち出す。すなわち，郊外住宅地の拡充とそれに伴う潜在的な輸送需要の獲得を企図しているのである。これ以降，「沿線居住者ノ激増」や「沿線ノ発展ニ伴フ乗客ノ自然的増加」により[64]，鉄道や乗合自動車などの旅客輸送事業の業績が拡大していった（前掲図4-2）。また，当該時期には，玉川プールやテニスコートを建設するなど[65]，さらなる旅客誘引のための事業を展開している。

　だが，1930年代に入ると，「一般財界ノ不況ト緊縮ニ伴フ結果」[66]を理由として，旅客輸送事業の業績は下降の一途をたどる。こうした状況に対して，玉川電気鉄道は，定期券や各種回数券の導入を図り，「各々其割引歩合ヲ増シ，一時的減収ヲ忍ンデ他日ノ増収ヲ期」[67]す方針を打ち出し，固定客の確保に注力した。その結果，1934年上半期に入ると，前年同期に比して，まずは乗客数の増加を達成し，翌1935年上半期には収入の増加を達成している[68]。こうした方針は沿線地域の住宅地化を前提としたものであった。なお，玉川電気鉄道は，住宅や商店向けの家屋を建設しているが[69]，その実績は少なく，積極的な宅地開発はおこなわれなかった。

　ここまでみてきたように，玉川電気鉄道の鉄道事業は，当初は砂利輸送とその販売を目的としながらも，結果的に旅客輸送を中心としたものへと転換していった。そして，これに伴い玉川の行楽地化を展開していったことがわかる。また，関東大震災は一時的な好成績を生みだしたが，1930年代前半には収益は低下し，同社の経営は厳しい状況となった。その後は，漸次的な景気の回復と企業努力に伴い，徐々に業績を回復させていった[70]。

第3節　玉川電気鉄道の経営陣と株主

1　玉川電気鉄道の経営陣

本節では，玉川電気鉄道の経営陣と彼らを支えた株主について検討していく。

はじめに，次頁に，表 4-2 として，玉川電気鉄道のすべての経営陣を示す。
　第 1 節で検討したように，建設資金の窮乏に悩まされていた玉川電気鉄道に対し資金を提供したのは，沿線地域である世田谷新町の宅地開発を進めていた東京信託であった。同社は，玉川電気鉄道に対して，優先株を発行することを条件に，20 万円の融資を申し出ている。この東京信託とは，1906 年 4 月 28 日に岩崎一によって興された会社で，不動産の信託業を中心に，売買の斡旋や土木建築工事の監督などを主な業務としていた。その中でも，彼が三井家に出入りしていた関係から，東京市内の三井家所有の土地家屋の管理を任されていた。また，東京信託の特質として，同社には慶應義塾の出身者が多数集まっていたことが指摘できる。
　東京信託からの資金提供が，1906 年 10 月 9 日の玉川電気鉄道の臨時株主総会で承認されると，それに伴い経営陣の大幅な交代が実施された。その結果，東京信託より永松達吾が専務取締役に，北川禮弼や岩崎一らが取締役に就任している。永松達吾は慶應義塾を卒業後，横浜で生糸の貿易業に従事し，時事新報経済部主任や交詢社評議員などを務めた人物である[71]。彼は玉川電気鉄道の開業に尽力した一方で，その後の業績不振により専務取締役を退任し，1909 年 3 月 11 日の臨時株主総会で，後任として，津田興二が専務取締役に就任している[72]。

写真 4-1　津田興二
（慶應義塾福沢研究センター所蔵）

　これ以降の玉川電気鉄道の経営は，津田興二（写真 4-1）が主導していくことになる。津田興二は，豊前国中津藩（現・大分県中津市）の剣術指南役の家に生まれ，開成学校に学んだ後に，県立中学校の校長などを務めていた。その後，同郷の福澤諭吉が主宰する慶應義塾に学び，卒業後は福岡師範学校の教師や，新潟新聞や静岡大務新聞の記者を経て，時事新報の政治経済記者として活躍した。この間に実業界との交流を深めていき，1892 年に三井家に入る。三井家時代には三井高保の代理として，富岡製糸場の払い下げ入札に参加し[73]，同工場長や三井物産

表 4-2　玉川電気

氏名	役職	就任時期	辞任時期	備考
渡邊熊之進	専務取締役/取締役	03/10/4	06/1/3	発起人
坊城俊章	取締役	03/10/4	06/5/25	陸軍中佐
力石八十綱	取締役	03/10/4	06/7/26	旧大洲藩士
早川政廣	取締役/監査役	03/10/4	27/12/21	徳川達孝家家令
本田親雄	相談役	03/10/4	—	
青山幸宜	相談役/取締役/専務取締役	03/10/4	26/6/21	旧郡上藩主，十五銀行
柳澤保恵	相談役	03/10/4	—	学習院
根津嘉一郎	相談役	03/10/4	06/—	
谷岡慶治	相談役	03/10/4	—	
田中筑闇	相談役	03/10/4	—	
江川良純	監査役	05/6/25	06/9/26	
石川吉兵衛	取締役	06/7/16	06/9/26	
井上敬次郎	取締役	06/7/16	06/9/26	東京市街鉄道，東京市電気局，鬼怒川水力電気
鹽田奥造	取締役	06/7/16	24/12/20	大阪市電気電話，明治石油，衆議院議員
井出繁三郎	監査役	06/7/16	08/12/28	東京帝大，司法省，逓信省，鉄道省
鈴木安次郎	監査役	06/7/16	09/3/1	
永松達吾	専務取締役/取締役	06/10/9	09/7/23	慶應義塾，時事新報，東京信託
岩崎一	取締役/監査役	06/10/9	15/11/26	慶應義塾，三井銀行，東京信託
北川禮弼	専務取締役/取締役	06/10/9	30/12/8	慶應義塾，千代田生命，日本徴兵保険，東京信託
村上定	監査役	06/10/9	29/12/31	慶應義塾，改新新聞，山陽鉄道，三十三銀行，共同火災保険，東京信託
津田興二	専務取締役/取締役	09/3/11	28/11/30	慶應義塾，富岡製糸場，三井物産，東京信託
井上篤太郎	取締役	13/3/17	36/10/22	明治大学，富士瓦斯紡績，京王電気軌道
上野山重太夫	監査役	13/3/17	15/6/23	東京帝大，木村実業，遠山商店，日華紡績，富士瓦斯紡績
林和太郎	取締役/支配人	15/6/23	17/11/—	慶應義塾，山陽鉄道会社，帝国鉄道庁
横溝萬吉	監査役	15/6/23	16/12/23	鐘淵紡績，富士瓦斯紡績
藤井諸照	監査役	16/12/23	24/12/20	富士瓦斯紡績

典拠：玉川電気鉄道第 8・15・16・18-20・23・25-69 期「営業報告書」（「事業報告書」），1907 年上半期・1910 年下監局編［1903-1938］；帝国秘密探偵社編［1927-1938］；三田商業研究会編［1906］；三木田［1933］；東京急行編［2010］；筒井正夫［2016］。
注 1 ：役職名に複数の記載のあるものは，原則として，就任順に記載した。
　 2 ：就任・辞任時期欄では西暦は下 2 ケタで表記した。たとえば，「03/10/14」は，1903 年 10 月 4 日を示す。

鉄道役員

氏名	役職	就任時期	辞任時期	備考
和田豊治	相談役	17/12/19	25/3/14	慶應義塾，三井銀行，富士瓦斯紡績，九州水力電気
棟居喜九馬	取締役	18/6/21	28/6/21	東京帝大，逓信省，東京電灯，洗足幼稚園
永井菅治	支配人	18（下半期）	21（上半期）	
湯川萬壽夫	支配人	21（上半期）	24/1/―	富士瓦斯紡績
金光庸夫	取締役/監査役	23/12/23	36/10/22	衆議院議員，大正生命
波多野承五郎	取締役	24/12/20	29/9/16	慶應義塾，時事新報，外務省，三井銀行，東京信託
鵜飼重雄	支配人/取締役/常務取締役	24/12/―	36/10/22	慶應義塾，千代田生命
門野幾之進	相談役	24（下半期）	36（下半期）	慶應義塾，千代田生命
森村開作	相談役	24（下半期）	28（下半期）	慶應義塾，九州水力電気，富士瓦斯紡績，明治製糖，森村組
伊藤欣亮	取締役	27/12/21	28/4/28	慶應義塾，時事新報，日本新聞
村瀬末一	取締役	29/12/21	36/10/22	慶應義塾，東京電灯，名古屋電灯，大同電力
平沼亮三	監査役/取締役社長	29/12/21	36/10/22	慶應義塾，貴族院議員，横浜市会議長
金澤冬三郎	監査役	30/6/23	36/10/22	慶應義塾，大日本製糖
後藤圀彦	監査役	30/12/22	36/10/22	法政大学，京成電気軌道，王子電気軌道，東洋製鉄
五島慶太	取締役社長	36/10/22	38/4/1	東京帝大，鉄道省，目黒蒲田電鉄
篠原三千郎	常務取締役	36/10/22	38/4/1	東京帝大，服部時計店，目黒蒲田電鉄
緒明圭造	取締役	36/10/22	38/4/1	目黒蒲田電鉄
中川正左	取締役	36/10/22	38/4/1	東京帝大，鉄道省，目黒蒲田電鉄，東京地下鉄道
丹羽武朝	取締役	36/10/22	38/4/1	東京帝大，鉄道省，目黒蒲田電鉄
松浦由太郎	取締役	36/10/22	38/4/1	鉄道省
渋沢秀雄	監査役	36/10/22	38/4/1	東京帝大，東京宝塚劇場，後楽園スタヂアム
小宮次郎	監査役/取締役	36/10/22	38/4/1	東京帝大，鉄道省，目黒蒲田電鉄
山本知太郎	監査役	36/10/22	37/12/24	東京横浜電鉄，日米自動車
竹内壽平	取締役	37/6/25	38/4/1	
渡辺利二郎	監査役	37/12/24	38/4/1	東京帝大，渡辺銀行，東京横浜電鉄
守隨眞一郎	監査役	37/12/24	38/4/1	

半期・1911 年上半期・1912 年上半期〜1913 年上半期・1914 年下半期・1915 年下半期〜1937 年下半期；慶應義塾塾
電鉄株式会社編［1943］；橘川武郎［1995］；富士紡績株式会社社史編纂委員会編［1997］；福沢諭吉事典編集委員会

横浜支店支店長などを務めている。また，製糸業の調査のための欧米視察後には，再び富岡製糸場の工場長に就任している。富岡製糸場が原合名会社に売却されると，原富太郎の委嘱により，彼も総監督として富岡製糸場に残ったが，1906 年にこれを辞し，東京信託をはじめ，東京リボンや泰東同文局，購買組合共栄社の経営に関係した。こうした経歴について，「氏〔津田興二〕が経来りし事業の跡を顧みれば，悉く創業に非ずんば改革なり，而も皆盛運に赴かざるなく，氏亦此両者を以て得意となす」[74] と評されていた。こうした点を考慮すると，津田興二は玉川電気鉄道の再建のために抜擢されたものと考えられる。そして，彼の主導のもとで，前節で検討したような玉川の行楽地化などを中心とした沿線開発が進められていったのである。後年，尾川武夫（玉川電気鉄道電灯課長，後に東京急行電鉄副社長）が，「津田専務が玉川電気鉄道を形にしたんです」[75] と述懐しているように，玉川電気鉄道の発展は，津田興二の尽力によるところが少なくなかったのである。

　また，津田興二は，同郷かつ慶應義塾の同窓生でもある和田豊治に対して，富士瓦斯紡績からの 40 万円の投資と，電力の受電契約を取り付けている。これを契機として，表4-2 にもあるように，1917 年 12 年，和田豊治は玉川電気鉄道の相談役に就任している[76]。こうしたこともあり，同社の経営陣には，慶應義塾の出身者が多数おり，当時から，玉川電気鉄道は「三田出の元老として嘖々の名声ある津田氏を専務取締役とし，其他和田氏，北川氏以下，何れも同窓で且つ実業界に聞こえた人々」[77] によって経営されていると評されていた。

　その後，津田興二の跡を継いで玉川電気鉄道の経営を主導したのは，開業時から同社に関わっていた北川禮弼であった。彼は福井県敦賀郡の出身で，慶應義塾在学時代には自由民権運動に熱を入れるも，前章でもみたように，門野幾之進らとともに千代田生命保険の創立に尽力し，同社の専務取締役を務めた人物である[78]。東京信託から参入した古参の取締役であることに加えて，後述するように，当時の玉川電気鉄道の資本基盤であった千代田生命を代表する立場としての就任であったといえよう。北川禮弼の死後は，社長・常務体制へと移行し，1930 年 12 月 22 日に平沼亮三と鵜飼重雄がそれぞれ就任している[79]。なお，両名とも慶應義塾の出身である[80]。

　先述の通り，1930 年代に入ると玉川電気鉄道の業績は低迷していき，1936

年 10 月 22 日，同社は東京横浜電鉄の傘下に入ることになる。そして，五島慶太が社長に就任するのに伴い，表 4-2 に示すように，彼が経営する東京横浜電鉄や目黒蒲田電鉄より多数の経営陣が派遣される。その多くが，東京帝国大学から鉄道省の官僚を経て，五島慶太のもとで実業界に転じた人物であった[81]。

2　玉川電気鉄道の株主

　本章の最後に，玉川電気鉄道の主要株主の変遷について検討する。先述のように，草創期の玉川電気鉄道に資金を提供したのは東京信託であったが，その後，津田興二の希望により富士瓦斯紡績からの融資を受けることになった。だが，関東大震災による打撃とその翌年の和田豊治の死去により，同社は玉川電気鉄道から資金を引き揚げることになる。そこで，津田興二は，同じく慶應義塾の出身者であり，千代田生命の創業者でもある門野幾之進に対し，富士瓦斯紡績にかわる出資を依頼し，これを成功させる。これに伴い，経営陣の入れ替えがおきる。富士瓦斯紡績を代表して派遣されていた湯川萬壽夫にかわり，千代田生命を代表する形で，鵜飼重雄が支配人に就任している[82]。前章でも指摘した通り，千代田生命は慶應義塾の出身者によって経営されていた「慶應閥」企業の 1 つであったことからも，「三田出の元老」とも称された津田興二が，学閥ネットワークを駆使して資金を調達したといえる。

　次頁に，表 4-3 として，同社の主要株主について示す。1919 年以降，千代田生命をはじめとした多くの保険会社が玉川電気鉄道に投資をおこなっている。これは，生命保険などの保険会社にとって，電気鉄道事業は，恰好の投融資対象と考えられていたことによる[83]。その中では，日本教育生命保険や大正生命保険の金光庸夫が積極的な投資をおこなっていることが注目される。彼は，京王電気鉄道や王子電気軌道にも積極的な出資をおこない，複数の鉄道企業の経営に参画していた人物であった[84]。

　1930 年代に入り，玉川電気鉄道の業績が低下していくと，渋谷に百貨店および地下鉄の建設を計画していた東京横浜電鉄の五島慶太が，玉川電気鉄道の買収を企図する。五島慶太はまず，東京高速鉄道による地下鉄建設計画を共同して進めた門野重九郎を介して，友好的な買収を鵜飼重雄らに申し入れる。しかし，これを拒否されたため，門野重九郎の同意を得た上で，敵対的テーク・

表 4-3　玉川

1907 年上半期		1913 年上半期		1914 年下半期	
株主	株数	株主	株数	株主	株数
青山幸宜	810	和田豊治	7,300	和田豊治	2,000
徳川達孝	568	青山幸宜	1,104	森村開作	2,000
岩崎一（東京信託）	410	徳川達孝	568	川崎栄助	2,000
石川津奈	324	加藤泰秋	408	青山幸宜	1,104
吉家捨蔵	312	井上篤太郎	400	鈴木辰五郎	574
力石八十綱	284	石川津奈	324	徳川達孝	568
山本正和	250	吉家敬造	312	持田巽	500
桜井平兵衛	240	鈴木辰五郎	289	高橋茂澄	500
坊城俊徳	220	山本正和	250	稲延利兵衛	500
大塚竹次郎	200	坊城俊良	220	加藤泰秋	408
総株数	12,000	総株数	20,000	総株数	20,000

1921 年上半期		1923 年上半期		1925 年上半期	
株主	株数	株主	株数	株主	株数
和田豊治（富士瓦斯紡績）	9,500	和田豊治（富士瓦斯紡績）	17,100	金光庸夫（日本教育生命保険）	10,550
金光庸夫（日本教育生命保険）	6,000	金光庸夫（日本教育生命保険）	11,100	門野幾之進（千代田生命保険）	9,000
森村開作（森村同族会社）	3,000	金光庸夫（大正生命保険）	5,196	矢野恒太（第一生命保険）	5,000
小出収（内国貯蓄銀行）	2,863	足立荘（日本徴兵保険）	3,783	足立荘（日本徴兵保険）	3,787
石田友吉	1,457	鈴木威（内国貯金銀行）	3,783	鈴木威（内国貯金銀行）	3,783
青山幸宜	1,391	石田友吉	3,633	石田友吉	3,507
北川禮弼	1,145	田村周蔵（新日本火災海上保険）	3,627	田村周蔵（新日本火災海上保険）	3,027
津田興二	808	北川禮弼	2,500	北川禮弼	2,500
松尾鶴太（日之出商会）	804	津田興二	2,215	金光庸夫（大正生命保険）	2,486
加藤泰秋	773	森村開作（森村同族会社）	2,000	津田興二	2,115
総株数	50,000	総株数	110,000	総株数	110,000

典拠：玉川電気鉄道第 8・20・23・25・32・33・36・40・44・45・56・68 期「営業報告書」（「事業報告書」），1907
　　　年上半期・1925 年上半期・1925 年下半期・1931 年上半期・1937 年上半期。
注 1：本表作成に関しては，特に増資の時期に留意し，各期毎に上位 10 名を記載した。
　　2：玉川電気鉄道の資本金の変遷は以下の通り。1903 年 40 万円，1906 年 60 万円，1913 年 100 万円，1915 年 80

電気鉄道主要株主

1915 年下半期		1919 年上半期		1919 年下半期	
株主	株数	株主	株数	株主	株数
和田豊治	2,000	金光庸夫（日本教育生命保険）	2,000	金光庸夫（日本教育生命保険）	6,000
森村開作	2,000	和田豊治	1,500	和田豊治	4,500
川崎栄助	2,000	小出収（内国貯蓄銀行）	1,111	森村開作（森村同族会社）	3,255
青山幸宜	661	森村開作（森村同族会社）	1,085	森村開作	3,000
持田巽	500	森村開作	1,000	川崎栄助	3,000
稲延利兵衛	500	川崎栄助	1,000	小出収（内国貯蓄銀行）	2,763
高橋茂澄	400	青山幸宜	791	青山幸宜	1,391
植松好仁（内国貯蓄銀行）	387	徳川達孝	341	津田興二	1,208
徳川達孝	341	持田巽	300	北川禮弼	1,145
鈴木辰五郎	312	北川禮弼	275	持田巽	900
総株数	16,000	総株数	16,000	総株数	50,000

1925 年下半期		1931 年上半期		1937 年上半期	
株主	株数	株主	株数	株主	株数
門野幾之進（千代田生命保険）	18,000	鈴木威（内国貯金銀行）	28,284	松浦由太郎（日本興業）	147,532
金光庸夫（日本教育生命保険）	17,300	足立荘（日本徴兵保険）	22,299	矢野恒太（第一生命保険）	7,840
矢野恒太（第一生命保険）	10,000	門野幾之進（千代田生命保険）	20,500	朝吹常吉（帝国生命保険）	5,000
鈴木威（内国貯金銀行）	7,566	村瀬末一（大同土地興業）	13,466	津村重紀	3,540
足立荘（日本徴兵保険）	7,566	金光庸夫（日本教育生命保険）	11,050	北川日出二郎	3,410
石田友吉	7,014	金光庸夫（大正生命保険）	9,176	太田新吉（第一徴兵保険）	1,500
田村周蔵（新日本火災海上保険）	6,990	田村周蔵（新日本火災海上保険）	7,040	伊東武	1,000
金光庸夫（大正生命保険）	6,586	北川日出二郎	4,910	徳川家孝	1,000
津田興二	5,230	五島慶太（目黒蒲田電鉄）	4,500	湯山保寿	800
北川禮弼	4,850	朝吹常吉（帝国生命保険）	4,000	稲垣丹次郎	800
総株数	250,000	総株数	250,000	総株数	250,000

年上半期・1913 年上半期・1914 年下半期・1915 年下半期・1919 年上半期・1919 年下半期・1921 年上半期・1923

万円，1918 年 250 万円，1922 年 550 万円，1925 年 1,250 万円。

オーバーに踏み切ることになる[85]。彼は，内国貯蓄銀行や日本教育生命保険，大正生命保険，千代田生命保険等の大株主を説得して，その持株を相次いで買収している。

ここで五島慶太に協力した門野重九郎は，第3章で取り上げた門野幾之進の実弟である[86]。彼は，慶應義塾を経て東京帝国大学を卒業した後，アメリカのペンシルヴァニア鉄道に勤務し，帰国後に大倉組のロンドン支店長や副頭取を歴任した人物である[87]。五島慶太によるこの買収行動は，鉄道経営においてパフォーマンスを低下させた経営陣を刷新する上で，有効なものと評価されるが[88]，この際にも慶應義塾出身の企業家に一定の配慮を示したことは，本章で検討したように，同社の経営陣や主要株主に見られる学閥ネットワークの存在の大きさを示すものであろう。

ここまでみてきたように，玉川電気鉄道のトップマネジャーと株主の中心は，東京信託会社から資金提供を受けて以降，慶應義塾の出身者であった。特に，津田興二が慶應義塾出身者による学閥ネットワークを駆使して，富士瓦斯紡績や千代田生命保険からの出資を応諾させたことが，玉川電気鉄道の経営を安定させる上で重要であった。

おわりに

以上，本章では，玉川電気鉄道の設立段階から開業後の経営展開について，特に発起人や経営者の活動に着目しつつ検討した。本章での分析により明らかにされた点を冒頭に記した課題に即してまとめると，次の3点に集約される。

第1に，玉川電気鉄道の設立初期には，世田谷村の居住者のみならず，渡邊熊之進が率先して計画を推進していた。しかし，取引関係における不正や，それに伴う工事の遅滞の責任を負う形で，この鉄道建設計画から身を引くことになり，かわって，慶應義塾の出身者を中心とした東京信託の関係者が事業を引き継ぐことになった。第2に，当初の玉川電気鉄道は，採掘販売を伴う砂利事業を重視していたが，設備の不備などにより，鉄道事業の中心を旅客輸送へと転換していく。特に，1923年の関東大震災後には，都市の郊外への拡張に伴い，旅客輸送事業を一層拡大させていく。そして，第3に，東京信託からの資

金提供を契機として，経営陣が刷新された。ここで登場した慶應義塾出身の企業家は，彼ら自身がもつ個人的な学閥ネットワークを駆使することで，金融市場に依存することなく，関係する企業からの資金調達を実現していった。

　そもそも，鉄道建設には巨額の資金が必要である。そのため，資金的な裏付けが充分ではない沿線地域住民を中心とした計画が成業するためには，外部の企業家の介入や支援が不可欠であった。本章で明らかにしたように，学閥ネットワークに基づく人的関係は，こうした際に，有効に機能しうるものであった。実際，序章でも触れた王子電気軌道（現・東京さくらトラム（都電荒川線））のケースを念頭におくと，このことはより理解できよう。

　　　注

1)　「玉川電気鉄道」は，1902 年に「玉川砂利電気鉄道」より改称されたものであるが，同名の他の鉄道建設計画と区別するため，改称以前においては，当時の名称で表記する。

2)　渡邉恵一［1990］「軽便鉄道法の成立——国有後における鉄道政策の一側面」，『立教経済学論叢』第 37 号，101 頁。

3)　東京急行電鉄株式会社社史編纂事務局編［1973］『東京急行電鉄 50 年史』東京急行電鉄株式会社社史編纂委員会，183 頁。

4)　「御届」，『明治三十年　文書類纂　土木』，東京府文書，東京都公文書館所蔵（以下，東京府文書の所蔵先は同様），622-B4-02。なお，一部の出願関係書類は，高木正年の単独もしくは田中榮之助との両名による連名で提出されていることから，高木正年は特に補佐的な立場にいたと推察される。

5)　『明治三十年　文書類纂　土木』，東京府文書。

6)　「東乙第六七号ノ内」，『明治三十三年　文書類纂　土木　第一〇巻』，東京府文書，624-D5-13。

7)　「玉川砂利電気鉄道発起人死亡届」，『明治三十年　文書類纂　土木』，東京府文書。

8)　鈴木勇一郎［1996］「玉川電気鉄道の生成と地域社会の動向」『史友』第 28 号，80 頁。

9)　「御届」『明治三十年　文書類纂　土木』，東京府文書。

10)　東京急行電鉄株式会社編［1943］『東京横浜電鉄沿革史』東京急行電鉄株式会社，231 頁。

11)　「印鑑証明」，『大正六年　土木課　鉄道軌道　冊ノ二一』，東京府文書，302-D8-12。

12)　「玉川砂利電気鉄道」，『東京朝日新聞』，1901 年 11 月 13 日。

13)　「玉川砂利電気鉄道延長線路変更ノ件ニ付追願」，『明治三十三年　文書類纂　土木　第一〇巻』，東京府文書。

14)　「決議上申」『明治三十一年　文書類纂　第一種　地方行政　府会第一』，東京府文書，

622-A2-07。

15) 「玉川砂利電気鉄道延長線路変更ノ件ニ付追願」,『明治三十三年 文書類纂 土木 第一〇巻』,東京府文書。

16) 「玉川砂利電気鉄道布設延長線路変更願申達案」,『明治三十三年 文書類纂 土木 第一〇巻』,東京府文書。

17) 両計画の関係については,鈴木［1996］に詳しい。

18) 東京急行電鉄株式会社社史編纂事務局編［1973］,183頁。

19) 「玉川電鉄第一回払込」,『東京朝日新聞』,1903年6月14日。

20) 東京急行電鉄株式会社編［1943］,232-233頁。

21) 渋谷駅編［1985］『渋谷駅100年史——渋谷駅開業100周年記念』日本国有鉄道 渋谷駅,49頁。

22) 『明治三十八年 文書類纂 土木 鉄道 第一巻』,東京府文書,626-A3-17。

23) 「土地収用法ニ依ル玉川電気鉄道株式会社軌道敷設事業認定ノ件」,『公文雑纂 明治三十八年 第十三巻 内務省 一』,国立公文書館所蔵,纂00872100。

24) 『明治三十八年 文書類纂 土木 鉄道 第一巻』,東京府文書。

25) 「玉川電気鉄道軌道工事一部施工認可之義ニ付稟申」,「内務省指令東甲第一〇七 六号」,『明治三十八年 文書類纂 土木 鉄道 第一巻』,東京府文書。

26) 『明治三十八年 文書類纂 土木 鉄道 第一巻』,東京府文書。

27) 「玉川電鉄工事の紛擾」,『東京朝日新聞』,1905年4月9日;「玉川電鉄工事紛擾 の真相」,同前,1905年4月11日。

28) 「玉川電鉄工事の直営」,『東京朝日新聞』,1905年4月14日。

29) 東京急行電鉄株式会社社史編纂事務局編［1973］,184頁。

30) 東京急行電鉄株式会社編［1943］,233頁。

31) 「玉川電気鉄道総会」,『東京朝日新聞』,1905年12月28日。

32) 渡邊熊之進は,この後,日本電気鉄道(後に,武蔵電気軌道へと改称,京王電 気軌道の前身)の設立に関係し,利光丈平に発起人の権限を継承するまで,同計画 のために奔走した(京王帝都電鉄株式会社総務部編［1978］『京王帝都電鉄30年 史』京王帝都電鉄株式会社総務部,7頁)。また,乗合自動車業への進出や四輪車 の開発など,一貫して交通事業に関心を寄せていた(「東京乗合自動車出願」,『東 京朝日新聞』,1906年11月25日;「新発明の四輪車」,『読売新聞』,1909年3月28 日)。

33) 東京急行電鉄株式会社編［1943］,233-234頁。

34) 「決議録」,『明治三十九年 文書類纂 土木』,東京府文書,627-B3-12。

35) 「玉川電気鉄道株式会社請願許可」,『明治三十九年 文書類纂 土木』,東京府文 書。

36) 「玉川電気紛擾」,『東京朝日新聞』,1906年6月30日;「玉川電鉄総会の紛擾」, 同前,1906年7月1日;「玉川電鉄訴訟となる」,同前,1906年7月2日。

37) 「玉川電気紛擾」,『東京朝日新聞』,1906年6月30日。

38) 東京急行電鉄株式会社編［1943］,234-235頁。

39) 「玉川電鉄開通初日の景況」,『東京朝日新聞』,1907年3月8日。

40）東京急行電鉄株式会社社史編纂事務局編［1973］，177 頁。

41）同上。

42）富士紡績株式会社社史編纂委員会編［1997］『富士紡績百年史』上，富士紡績株式会社，155 頁。

43）井上篤太郎翁伝記刊行会編［1953］『井上篤太郎翁』井上篤太郎翁伝記刊行会，70 頁。

44）中村尚史［2010］『地方からの産業革命――日本における企業勃興の原動力』名古屋大学出版会，305 頁。

45）東京急行電鉄株式会社所蔵史料。

46）「玉川電気鉄道総会」，『東京朝日新聞』，1905 年 12 月 28 日。

47）『明治四十三年 文書類纂 土木 第二巻』東京府文書，629-C3-16。引用中 ［　］内の記載は，史料上に，手書きで加筆された箇所を示す。

48）玉川電気鉄道第 8 期「事業報告書」，1907 年上半期。本章で使用する「営業報告書」（「事業報告書」）のうち，第 19 期（1912 年下半期）および第 23 期（1914 年下半期）については，東京大学経済学図書館・経済学部資料室所蔵のものを利用した。

49）東京鉄道局運輸課編［1925］『砂利に関する調査』東京鉄道局運輸課，15 頁。

50）東京市の膨張と郊外の電鉄事業」，『中外商業新報』，1912 年 6 月 15 日。

51）玉川電気鉄道第 16 期「事業報告書」，1911 年上半期。

52）同上。

53）玉川電気鉄道第 42 期「営業報告書」，1924 年上半期。

54）「玉川電気鉄道株式社会設計ノ説明概要」，東京急行電鉄株式会社所蔵史料。

55）玉川電気鉄道第 16 期「事業報告書」，1911 年上半期；同第 18 期「事業報告書」，1912 年上半期。

56）「玉川の鮎漁（六月一日より）と蛍狩」，『東京朝日新聞』，1907 年 6 月 2 日。

57）「玉川電鉄全通」，『東京朝日新聞』，1907 年 8 月 3 日。

58）同第 16 期「事業報告書」，1911 年上半期；同第 19 期「事業報告書」，1912 年下半期。

59）同第 19 期「事業報告書」，1912 年下半期。

60）同第 20 期「事業報告書」，1913 年上半期；同第 27 期「事業報告書」，1916 年下半期。

61）同道第 36 期「事業報告書」，1921 年上半期。

62）東京急行電鉄株式会社社史編纂事務局編［1973］，187 頁。

63）同第 41 期「営業報告書」，1923 年下半期。

64）同第 43 期「営業報告書」，1924 年下半期；同第 44 期「営業報告書」，1925 年上半期。

65）同第 45 期「営業報告書」，1925 年下半期；同 48 第「営業報告書」，1927 年上半期。

66）同第 55 期「営業報告書」，1930 年下半期。

67）同第 61 期「営業報告書」，1933 年下半期。

68）同第 62 期「営業報告書」，1934 年上半期；同第 64 期「営業報告書」，1935 年上

半期。

69) 同第 63 期「営業報告書」，1934 年下半期；同第 46 期「営業報告書」，1926 年上半期。
70) 同各期「営業報告書」（「事業報告書」）。
71) 三田商業研究会編 [1909]『慶應義塾出身名流列伝』実業之世界社，441-442 頁。
72) 東京急行電鉄株式会社編 [1943]，236 頁。
73) 「富岡製糸場公売開札」，『東京朝日新聞』，1893 年 9 月 12 日。
74) 三田商業研究会編 [1909]，399-400 頁。
75) 東京急行電鉄株式会社社史編纂事務局編 [1973]，188 頁。
76) 東京急行電鉄株式会社編 [1943]，237 頁。
77) 鈴木八郎 [1915]『株式短評』同好会出版部，90 頁。
78) 三田商業研究会編 [1909]，799-800 頁。
79) 東京急行電鉄株式会社編 [1943]，245-246 頁。
80) 三木田十五 [1933]『財界学閥展望』不動書房，65-66 頁。
81) 東京急行電鉄株式会社編 [1943]，247 頁。
82) 同上，243-245 頁。
83) 小川功 [1980]「明治末期，大正初期における生保の財務活動——電灯，電鉄事業への関与を中心として」，『生命保険経営』第 48 巻第 5 号，88 頁。
84) 三科仁伸 [2018a]「戦前期東京における電気鉄道の設立と展開——城東電気軌道・王子電気軌道を事例として」，『史学』第 87 巻第 3 号，53 頁。
85) 三鬼陽之助 [1954]『五島慶太伝』東洋書館，67 頁。
86) 門野重九郎については，三科 [2025] に詳しい。
87) 門野重九郎 [1956]『平々凡々九十年』実業之日本社。
88) 岡崎哲二 [1994]「日本におけるコーポレート・ガバナンスの発展——歴史的パースペクティブ」，『金融研究』第 13 巻第 3 号，67 頁。

第Ⅱ部　地方資産家の企業家ネットワーク

地方と中央をつなぐ

第5章　地方資産家の企業家活動と有価証券投資
伊東要蔵と学閥ネットワーク

はじめに

　第II部では，伊東要蔵の企業家活動の検討を通じて，慶應義塾出身者による学閥ネットワークの役割を析出していく。はじめに，本章では，地方資産家である伊東要蔵の企業経営と有価証券投資について分析する。

　近代日本の企業勃興と地方資産家の活動に関する研究の理論的枠組みとしては，序章で指摘した通り，谷本雅之による「動機としての地域社会」論[1] と中村尚史による「顔のみえる関係」論[2] が挙げられる。両論が提起されて以降，こうした枠組みを援用する形で，多くの地方資産家の経済活動に関する個別事例の研究が進展した。加えて，在来的な商家資本の役割についても，近年，研究の蓄積が進んでいる。

　このような近代日本の経済成長を支えた資産家の中で，本書が着目する近世以来の地方資産家の活動領域は，彼らが相対的な優位性を発揮できた地方にのみ限定されたのであろうか。地方資産家の多くが優良な中央企業株への投資をおこなっていたことに留意すると，彼らの資金が地方にのみ限定されるものではなかったことは明白である。これらの内，レントナー的な投資活動に限定されず，自らも機能資本家として企業経営に積極的に携わり，全国的な企業家へと成長する地方資産家もいたのではなかろうか。その場合，彼らの経済活動は，どのようにして全国規模での経済活動と接合しえたのであろうか。

　以上の問題意識を念頭におきつつ，本章では，伊東要蔵の企業家活動の分析を通じ，彼が経済活動をおこなう際に協同した他の企業家との関係性を明らかにすることを課題とする。この課題を検証するため，本章の論点として，以下

の3点を設定する。第1に，伊東家の資産規模および収益基盤を確認した上で，伊東要蔵と彼が参画した企業との関係を分析する。第2に，伊東家と伊東要蔵の有価証券投資の実態を検討し，第3に，具体的な有価証券の取引構造を明らかにする。

第1節　伊東要蔵の企業家活動

1　伊東要蔵と伊東家の規模

　はじめに，第Ⅱ部で取り上げる伊東要蔵について概観する。伊東要蔵（写真5-1）は，1864年，静岡県引佐郡東浜名村（現・浜松市）に山田喜右衛門の3男として生まれる。浜松瞬養学校や浜松中学校で学んだ後，渋江保とともに慶應義塾に入塾し，慶應義塾や大阪商業講習所で教鞭をとった。1883年，引佐郡中川村の伊東磯平治の養継嗣となり，同家の家督を相続している。その後，郡会議員や県会議員を務め，1909年より衆議院議員を務めている。また，引佐農学校や中川信用販売購買利用組合を興し，農村経済の基礎の確立に貢献した。実業界においては，後述するように，紡績事業や金融事業，鉄道事業などに広く関わった。1933年，70歳となったことから，伊東家の家督を継嗣である伊東武に相続させ，その翌年に死去している[3]。

　まず，本章での議論の前提となる，伊東要蔵家の資産規模と収益基盤について明らかにする。ここで，表5-1として，伊東要蔵家の資産規模の推移を示す。表5-1中の納税額をみると，1904年は1,518円，1918年と1925年は2,000円台前半であったが，1930年は5,700円と増加している。しかし，昭和恐慌の影響ゆえか，その後は急落している。資産額は概ね100万円前後である。こうした一方で，「日本全国五拾万円以上の資産家」[4]や「全国五拾万円以上の資産家」[5]の中には，伊東家を確認できないこと

写真 5-1　伊東要蔵
（慶應義塾福沢研究センター所蔵）

表 5-1　伊東要蔵家資産規模推移
(単位：円)

年次	納税額	資産額	地価	備考
1898			12,267	
1904	1,518			
1911	2,493			
1916		600,000		
1918	2,189			所得税 1,741，地租 448
1925	2,199	1,600,000		
1930	5,700	700,000		
1932	1,199			
1933	1,424	1,000,000		
1939	2,400			「伊東武」名義

典拠：渋谷編［1984a；1984b；1984c］。
注：銭以下は四捨五入して表記した。

から，明治期には資産額が 50 万円を超えることはなかったと考えられる。

　次に，次頁に，表 5-2 として，伊東要蔵家の主要収益について，伊東要蔵管理分と継嗣である伊東武管理分を分けて示す。表 5-2 からわかるように，明治期の伊東家の収益基盤は地所所得（＝小作収入）にあった。これは，1904 年に大きく上昇し，1910 年代後半には一時的に停滞するものの，その後は一時期を除き，1 万 5,000 円前後で安定している。有価証券所得についてみると，1906 年の鉄道国有化を契機として，大幅な上昇を見せており，1907 年からの3 年間は，有価証券所得が地所所得を凌駕している。大正期に入ると，1914 年以降は恒常的に有価証券所得が地所所得を圧倒しており，ここに伊東家の収益基盤の，完全な交代を認めることができる。この収益基盤の転換時期は，表5-1 に示した大正期における資産規模の上昇と符合する。このように，伊東要蔵のおこなった有価証券投資による所得の増加が，伊東家の収益の上昇に資したものと考えられる。なお，伊東要蔵は伊東家所有地所の管理を，彼が満 60 歳となった 1924 年に伊東武に移管した一方で，1929 年まで有価証券投資活動をおこなっていたことが，帳簿資料の記載内容から確認できる。

2　伊東要蔵と企業経営

　ここで，後掲の図 5-1 として，伊東要蔵が就任した役職の期間を示す。図5-1 から明らかなように，1900 年代以降の伊東要蔵の活動は，政治活動よりも

第 5 章　地方資産家の企業家活動と有価証券投資　　　131

表 5-2　伊東要蔵家主要収益

（単位：円）

年次	有価証券所得			地所所得			貸付金利息所得		
	要蔵管理	武管理	小計	要蔵管理	武管理	小計	要蔵管理	武管理	小計
1899	1,485		1,485	5,671		5,671	1,311		1,311
1900	2,172		2,172	5,199		5,199	⎫		
1901	2,246		2,246	5,689		5,689	⎬ 2,794		2,794
1902	3,778		3,778	6,717		6,717	2,473		2,473
1903	6,827		6,827	8,952		8,952	1,562		1,562
1904	3,647		3,647	14,338		14,338	1,508		1,508
1905	5,746		5,746	12,608		12,608	1,288		1,288
1906	11,269		11,269	14,202		14,202	986		986
1907	14,813		14,813	13,090		13,090	864		864
1908	16,373		16,373	10,327		10,327	1,262		1,262
1909	14,468		14,468	11,135		11,135	228		228
1910	9,622		9,622	11,607		11,607	401		401
1911	11,476		11,476	16,174		16,174	224		224
1912	12,091		12,091	18,930		18,930	567		567
1913	14,462		14,462	15,868		15,868	282		282
1914	16,163		16,163	5,358		5,358	541		541
1915	26,120		26,120	7,339		7,339	81		81
1916	62,870		62,870	8,649		8,649	246		246
1917	33,620		33,620	12,729		12,729	—		—
1918	71,918		71,918	17,920		17,920	—		—
1919	73,211		73,211	48,689		48,689	134		134
1920	101,108		101,108	26,703		26,703	102		102
1921	64,640		64,640	16,907		16,907	203		203
1922	75,921		75,921	13,477		13,477	—		—
1923	70,105		70,105	17,948		17,948	—		—
1924	52,112	6,952	59,063	47	19,487	19,534	—	—	—
1925	49,978	14,550	64,528	—	18,873	18,873	—	—	—
1926	46,974	13,704	60,678	—	13,544	13,544	—	—	—
1927	40,355	16,016	56,371	—	14,414	14,414	—	—	—
1928	39,631	14,846	54,477	—	12,772	12,772	—	—	—
1929	40,631	11,732	52,363	—	12,553	12,553	—	—	—
1930		11,481	11,481		8,344	8,344			—
1931		10,901	10,901		9,771	9,771			—
1932		14,055	14,055		10,401	10,401			—
1933		21,929	21,929		10,133	10,133			—
1934		24,868	24,868		13,349	13,349			—
1935		26,279	26,279		13,962	13,962			—
1936		34,426	34,426		12,831	12,831			—
1937		38,649	38,649		15,607	15,607			—

年次	有価証券所得			地所所得			貸付金利息所得		
	要蔵管理	武管理	小計	要蔵管理	武管理	小計	要蔵管理	武管理	小計
1938		40,146	40,146		13,800	13,800	—	—	—
1939		41,408	41,408		19,516	19,513	—	—	—
1940		22,063	22,063		—	—	—	—	—

典拠：「総勘定元帳」，伊東家文書，浜松市博物館所蔵，58・71・74・75・69・91；「家産勘定元帳」，同前，67；「損益計算書」，同前，72。

注1：有価証券所得は，配当金と売却益金の合計を示す。
2：有価証券所得1940年武分は，社債利子のみの数値。
3：有価証券所得1940年分には，史料の欠落により株式配当は含まれない。
4：貸付金利息勘定1899年分は，同年2月以降分の数値。
5：1903年から1921年の地所所得は，「中新田地所所得」を含めた数値であり，1921年分は，小作米の売却損益を反映させた数値である。
6：「－」は，史料上，未記載を示し，空欄は非該当を示す。
7：銭以下は四捨五入して表記した。

経済活動が主体であった。政治活動のうち，長期間にわたるものは中川村会議員のみであり，引佐郡会議員や静岡県会議員，衆議院議員は，数年間のみ務めたにすぎない。彼自身は，「従来県政に参与し選挙に関係したるは，唯立憲政体の発達に資せんが為め」[6] であるとして，消極的な姿勢をとっていた。だが，伊東要蔵のような地方資産家に対しては，各方面からの出馬依頼がなされている。

　たとえば，板垣退助は伊東要蔵に宛てた書簡の中で，伊藤博文内閣と自由党との提携の意義を述べた上で，「今回の総選挙に付，一人にても同志議員之当選を望む処に有之候得ば，種々之御事情あることは予て承及候得共，国家之為メ，枉げて貴区ニ於て我党之候補たることを御承諾相成度」[7] として，伊東要蔵の出馬を望んでいた。こうした状況に対して，福澤諭吉は，伊東要蔵に宛てた書簡の中で，衆議院議員を「実ニ取るニ足らざる不文不明の群集」であるとした上で，「撰挙ニ付き馬鹿気たモニ〔マネー〕を費さずニ出られることならバ，今春の花見の代りと思ひ，鼻唄を唄ひながら御出掛けも可然哉ニ存候」[8] と記している。福澤諭吉は，ここにあるように政治活動に対して批判的な見解をもち，それは伊東要蔵にも共有されうるものであった。結果的に，伊東要蔵も中央政界における政治活動に興味を示さなかったといえよう。それでは，彼が精力的に活動した実業界での取り組みをみていこう。

	所属先	期間（年）	89	90	00	05	10
経済活動県外	富士瓦斯紡績	1902-34					
	富士電力	1927-34					
	第二富士電力	1928-34					
	豊国銀行	1907-28					
	第一火災海上保険	1917-34					
	高砂製糖	1909-10					
経済活動県内	浜松委託	1902-32					
	浜松商業銀行	1922-24					
	三十五銀行	1901-04					
	浜松信用銀行	1902-08					
	静岡農工銀行	1913-15					
	浜松鉄道	1912-33					
	遠州電気鉄道	1919-21					
	遠三鉄道	1928-31					
	浜松瓦斯	1910-34					
政治活動	中川村会	1889-1929					
	引佐郡議会	1890-99					
	静岡県議会	1889-1903					
	衆議院	1909-14					

図 5-1　伊東要

典拠：「履歴書」，伊東家文書，0606-0002-0030；各社「営業報告書」；三商業研究会編 [1909]。
注：伊東要蔵が創立発起人である企業は，豊国銀行（のちに昭和銀行に譲渡），第一火災海上保険（旧第一火災海上再

　ここで再び図 5-1 を確認すると，伊東要蔵は 15 社の経営に参画していたことがわかる。ただし，遠三鉄道のみは，鉄道建設計画が実現せず，計画時点でのものであるため，実際の経営に携わったものは 14 社である。これらの企業への参画過程をみると，以下の 4 つに分類することができる。すなわち，①義父の伊東磯平治より継承した企業（浜松委託・静岡三十五銀行・浜松信用銀行），②傍系企業として設立された企業（富士電力・第二富士電力・浜松商業銀行），③設立時点から参画した企業（浜松鉄道・遠州鉄道・遠三鉄道・浜松瓦斯・第一火災海上保険・豊国銀行・高砂製糖），④上記以外で途中から参画したもの（富士瓦斯紡績・静岡農工銀行）である。②に関しては，富士電力と第二富士電力は富士瓦斯紡績の傍系企業として設立されたものであり，浜松商業銀行は 1922 年の商法改正に伴い浜松委託の金融部を独立させたものである。③の豊国銀行は，

15	20	25	30	34	役職
					監査役
					監査役
					取締役
					取締役
					取締役
					監査役
					取締役→取締役社長（05年）→相談役（22年上半期）
					取締役頭取
					取締役副頭取→取締役頭取（01年7月）
					取締役頭取
					取締役
					取締役社長→取締役（22年6月）
					取締役
					取締役
					取締役→取締役社長（13年11月）→取締役（23年6月）
					村会議員
					郡会議員
					県会議員（1889-93年）→同議長（1899-1903年）
					衆議院議員

蔵の就任役職

保険，のちに帝国海上火災保険に合併），浜松鉄道，遠州鉄道（未成線計画），浜松瓦斯。

　本書第2章で言及したように，その設立の際に浜松信用銀行を合併させている。
　次に，これらの企業に関して，伊東要蔵と同時期に役員に就任していた人物を，静岡県内に本社を置く企業[9]（以下，県内企業）と，静岡県外に本社を置く企業[10]（以下，県外企業）に分けて検討する。ここでの検討対象は，県内企業・県外企業それぞれ85人，合計170人である。伊東要蔵と彼らの平均兼任社数は1.3社である。紙幅の制約上，これらをすべて挙げることはできないため，ここでは，表5-3-1および表5-3-2として，伊東要蔵と2社以上で兼任している役員を示す。表5-3-1より，県内企業の中で，伊東要蔵と2社以上で兼任する人物は16人おり，特に浜松委託に集中していることが確認できる。この中で最も伊東要蔵との兼任企業数の多い中村藤吉は，次章でも指摘するように，伊東要蔵が三十五銀行頭取の辞意を固めた際に内密に後任の選任を依頼す

表 5-3-1　伊東要蔵参画企業（静岡県内企業）のうち，2社以上兼任役員

	兼任社数	三十五銀行	浜松商業銀行	浜松信用銀行	浜松委託	浜松鉄道	遠州電気鉄道	遠三鉄道	浜松瓦斯
中村藤吉	7	取		取	社・取	取	取	監	監
深井鷹一郎	6		取		支・取	取・専・社	取	取・清	取
鈴木幸作	4		取		監・取・社	取		取	
間淵栄一郎	4		取		監・取	監・取	監		
大野木代次郎	3		監		監・取		監		
鶴見信平	3			取	監・取	取			
宮本甚七	3				監・取	監	監		
内田正	2	監		監					
神野三郎	2							監	取・社
鈴木五郎作	2				社	取			
竹山平八郎	2		監		相				
中村忠七	2					取・専	取		
中村陸平	2		専		監・取				
根木仲次郎	2		取		取・専				
福谷元次	2							取・清	取
馬淵金吾	2			取	副・取				
合計		2	7	3	11	8	6	6	4

典拠：各社「営業報告書」；商業興信所編［1901-1934］。
注1：表中の記載は右記のものを示す（会…会長，社…社長，頭…頭取，副…副社長，専…専務取締役，常…常務取締役，取…取締役，監…監査役，支…支配人，相…相談役，顧…顧問，清…清算）。
　2：本表の記載対象は各社の監査役以上とし，銀行業は支配人を含める。なお，役職は各社の規定に準拠する。また，記載順は原則として就任順とし，同一役職に再度の就任の場合は省略した。
　3：本表の記載対象期間は，伊東要蔵の参画期間に限定し，詳細は図5-1による。

るなど，特に緊密に連携して活動していた。一方で，表5-3-2より，県外企業についてみると，伊東要蔵と2社以上で兼任が確認できる人物は17人いるが，そのほとんどが，富士瓦斯紡績とその傍系企業で兼任していることがわかる。このことは，伊東要蔵の県外企業での活動が，富士瓦斯紡績の役員との関係性に規定されていたことを示唆している[11]。

　表5-3-1に示した県内企業の内，浜松委託は，東海道線の開通による浜松駅の開業に伴い相次いで設立された倉庫会社や運送会社の1つである。同社には，設立者の伊東磯平治を含め，浜松近在の資産家が多数参画していた。そのため，伊東要蔵が浜松地域で鉄道事業やガス事業をおこなう際には，同社での関係性を活用していくことになる。また，伊東要蔵が関わった県内企業は，金融事業と鉄道やガスなどのインフラ事業に限定されていた。この点については，浜松

表 5-3-2　伊東要蔵参画企業（静岡県外企業）のうち，
2社以上兼任重役

	兼任社数	富士瓦斯紡績	富士電力	第二富士電力	豊国銀行	第一火災海上保険	高砂製糖
朝倉毎人	3	取・常	取	社			
各務幸一郎	3	取	取	相			
川崎栄助	3	監・取	監	取			
鹿村美久	3	常・取・専	専	社			
志村源太郎	3	取	会	相			
濱口吉右衛門（9代目）	3	監・取・会			頭		社
日比谷平左衛門	3	取・会	取	取			
持田巽	3	取・常・専・会	取	顧			
森村市左衛門	3	取・会	取・会	会			
坂田実	2				専・取	社	
桜井好一	2	監		監			
素木晃治	2		常・専	取			
棚橋琢之助	2	監		取			
林田操	2	常	取	取			
彭城嘉津馬	2		取	取			
山口喜三郎	2			取		常・社	
和田豊治	2	専・社				相	
合計		13	11	13	2	3	1

典拠：表5-3-1に同じ。
注：表5-3-1に同じ。

鉄道の建設とそれを支えたローカルネットワークの機能を検討する本書第7章の中で，改めて詳述したい。

　県外企業についてみると，富士瓦斯紡績との関係が中核をなしていた。伊東要蔵の同社監査役への就任は，和田豊治からの要請によるものであった。伊東要蔵の述懐するところによると，1901年4月頃に興津で開催された慶應義塾の同窓会で再会したことを契機として[12]，和田豊治が伊東要蔵に対して，「君の如き，県下の有力者を迎へることは，富士紡将来の為め，切望に堪へないところであると同時に，学友の自分として最大の願ひだ。枉げて承知してくれ」として，富士紡績への参画を懇願したという。伊東要蔵は，その熱心な勧誘に動かされ，「偶々，三十五銀行の整理に伴ひ，初代監査役足立孫六氏の株式を引受けて，静岡県方面の重鎮として富士紡の監査役に迎へられた」とされる[13]。

表 5-4　伊東要蔵勤労所得

企業＼年次	静岡県外企業（A）					静岡県内企業（B）				
	富士瓦斯紡績	富士電力	第二富士電力	豊国銀行	第一火災海上保険	浜松委託	浜松商業銀行	浜松信用銀行	静岡農工銀行	浜松鉄道
1906	6,469					50		160		
1907	4,966					105		400		
1908	3,945			1,075		180		1,254		
1909	3,877			1,618		164				
1910	537			327		90				
1911	3,093			929		265		68		
1912	3,962			1,200		292				
1913	4,537			1,371		830			390	75
1914										
1915										
1916										
1917										
1918										
1919	20,485			1,896	852	964				225
1920	24,503			3,865	1,004	3,990				280
1921	12,749			4,655	1,011	1,375	66			216
1922	18,027			4,956	1,200	800	850			315
1923	9,551			4,986	1,885	210	1,550			443
1924	10,276			10,342	90	300	12,250			379
1925	11,000			4,528	630	300				550
1926	6,334			4,289	450	200				940
1927	3,420	1,069		4,110	750	350				925
1928	6,422	2,642	100	25,264	600	300				845
1929	6,846	3,821	1,300	600		100				771

典拠：「総勘定元帳」，伊東家文書，浜松市博物館所蔵，69・71・74・75・77・99；「損益計算書」，同前，72。
注 1 ：勤労所得は，給与・賞与・特別手当を合算した数値。また，解散慰労金を含む。詳細は次の通り。1908
　　　1928 年の豊国銀行（25,000 円）。
　　2 ：1911 年の浜松信用銀行は，「精算〆報酬」である。
　　3 ：史料上の明らかな誤記載については，適宜，修正をおこなった。また，一部に関しては記載漏れの可能
　　4 ：浜松委託には，系列会社のものを含む。
　　5 ：1914 年から 1918 年については，史料欠落のため合計金額のみを示した。
　　6 ：銭以下は四捨五入して表記した。

　次章で検討するように，伊東要蔵はこの会談の直後に三十五銀行の頭取として，銀行関係者への不良貸付による資金の固定化と貸倒れによる損失の解消を目的とした経営改革に取り組むことになる。その過程で，同行が担保として保有していた足立孫六所有の富士紡績の株式，1,350 株を自費にて買い取っている。

（単位：円，％）

遠州電気鉄道	遠三鉄道	浜松瓦斯	その他・不明	合計(C)	A/C(%)	B/C(%)
				6,679	96.86	3.14
			8	5,479	90.64	9.22
				6,454	77.78	22.22
				5,659	97.10	2.90
			25	979	88.25	9.20
		113	146	4,613	87.19	9.66
		203	315	5,972	86.44	8.28
		247	310	7,761	76.13	19.87
				6,281		
				8,607		
				15,798		
				16,989		
				26,735		
		535	15,015	39,972	58.12	4.31
80		986	1,267	35,975	81.65	14.83
100		645		20,817	88.46	11.54
		1,248	4	27,400	88.26	11.72
		511	42	19,178	85.63	14.15
		771		34,408	60.18	39.82
		600	110	17,718	91.20	8.18
		440		12,653	87.51	12.49
		608	150	11,382	82.14	16.54
	213	760	100	37,246	94.05	5.69
	200	754	401	14,793	84.95	12.34

年の浜松信用銀行（1,000円），1924年の浜松商業銀行（10,800円），

性が考慮されるが，原則として，史料上の記載を優先した。

また，豊国銀行については，本書第2章で検討した通りであるが，濱口吉右衛門（9代目）の銀行設立構想に協力した和田豊治の求めに応じたものであった。慶應義塾出身の企業家が相次いでかかわった豊国銀行において，山崎廣明［2000］は，伊東要蔵について「浜口同族の連合軍的役割」であったと評している[14]。しかし，この合同は，濱口吉右衛門（9代目）との関係にのみ規定されるものではなく，和田豊治らを含めたより広い慶應義塾出身の企業家との関係によるものであった。また，第一火災海上保険に関しても，「坂田実・柳壮太郎・和田豊治氏等慶応派の有力者によつて創立」[15]されたものであった。さらに，高砂製糖に関しては，伊東要蔵自身が台湾を含めた植民地の他の企業や製糖事業に関わっていない点を考慮すると，濱口吉右衛門（9代目）が同社の社長を務めていた関係から，

参画したものと想定される。このようにみると，伊東要蔵が関わった県外企業とは，すべて慶應義塾出身の企業家により経営されていた企業であった。このことは，彼が慶應義塾出身の企業家らによる学閥ネットワークの一員として活動していたことを，端的に示していよう。

ここで，これらの企業への参画により得られた報酬を検討すべく，後掲の表
5-4として，伊東要蔵の勤労所得を示す。表5-4から，伊東要蔵の勤労所得の
8割から9割が，静岡県外企業から得ていた所得であり（表5-4中の，A/C），
静岡県内の企業からの所得は圧倒的に少ないことがわかる（同表中の，B/C）。
このことは，浜松信用銀行からの所得と，同行を前身の1つとして設立された
豊国銀行のそれを比較すると，明瞭であろう。すなわち，伊東要蔵は上述の学
閥ネットワークを活用して，県外の大企業の経営に携わることで，高所得を得
ていたのである。

　ここまでの検討から明らかなように，伊東要蔵が参画した県外企業は，慶應
義塾出身の企業家によって支えられていた。そのため，伊東要蔵自身もそうし
た企業家ネットワークを構成する企業家であったと評価できる。その一方で，
浜松を中心とした静岡県内での企業の設立や経営にあたる場合には，多くの場
合，浜松委託に参画していた当該地域の有力資産家とともに，事業をおこなっ
ていた。こうしたことから，伊東要蔵は県内及び県外の企業でそれぞれ異なる
企業家らと協同して経済活動をおこなったのであり，状況に即して，重層的な
企業家ネットワークを選択的に活用していたといえる。ただし，伊東要蔵の主
体的な活動は，県外企業に比して，県内企業の場合において，より必要とされ
たと考えられる。この点については，次章以降で，改めて検討したい。

第2節　伊東要蔵の有価証券投資活動

　次に，本節では，伊東要蔵の経済活動を資金面から分析すべく，彼の有価証
券投資について検討する[16]。伊東家における資産運用は，原則として個人単位
でおこなわれていたため，同時期であっても複数の投資主体が存在していた。
そのため，ここでは，投資主体ごとにその動向を把握する。

　伊東家がいつの時期から有価証券投資をおこなうようになったかは不明であ
るが，1880年の時点で，伊東磯平治は第二十八国立銀行の株式を30株保有し
ている[17]。商法の規定との関係もあり，すでにこの時期には自らが経営に携わ
る企業の有価証券を保有していたことが確認できる。その後，この株式は第二
十八国立銀行と第三十五国立銀行の合併により，第三十五国立銀行の株式に

なっている。伊東家文書の内，
有価証券投資に関する最も古
い史料は，伊東磯平治が記し
た「明治廿五年十二月十九日
改 諸株券出入控 伊東本
家」[18] である。ここで，後掲
の表5-5として，同史料の記
載内容を示す。表5-5による
と，当該時期の伊東磯平治の
投資先は，第一銀行を除くと，
静岡県下の金融機関および自
らが経営に携わった企業で
あった。これらの有価証券の

表5-5　諸株券所有数調

1895年12月16日現在		1898年現在	
第三十五国立銀行	66枚	静岡農工銀行	183株
資産銀行	83枚	日本勧業銀行	10株
西遠銀行	16枚	三十五銀行	412株
第一銀行	20枚	第一銀行	40株
信用組合	216枚	西遠銀行	24株
浜松委託	152枚	資産銀行	200株
軍事公債	800円	浜松信用組合	286枚
		信用銀行	258株
		浜松委託	185株
		浜松貯蓄銀行	30株
		引佐信用組合	20口
		軍事公債	800円

典拠：「明治廿五年十二月十九日改 諸株券出入扣 伊東本家」，
　　　伊東家文書，0610-0031。
　　注：単位の表記は，史料の表記による。

内，三十五銀行株（100株）や信用銀行株（20株），浜松委託株（30株）は，役
員身元保証分とされる。また，一部の株式は，浜松信用組合や三十五銀行，引
佐銀行の当座貸越の根抵当として活用されている。

　このように，1890年代までの伊東家有価証券投資の実態は，断片的にのみ
把握可能であるが，他方，1899年から1929年に至る30年間に関しては，ほ
ぼ完全に把握することができる。ただし，1914年から1918年に至る第1次世
界大戦期の状況については，史料の欠落により判然としない。そこで，後掲の
表5-6-1として，1899年から1913年までの有価証券取引高を示し，表5-6-2
として，1919年から1929年までのものを示す。ここでは，単年度の取引高と
して，購入額から売却額を減じた金額を使用する。また，伊東要蔵の有価証券
投資の資金は，原則として，伊東家の資産および表5-2で示した有価証券所得
（配当金および売却益）の一部を転用したものと考えられる。なお，表5-4で示
した勤労所得の一部も利用された可能性はあるが，その詳細は，帳簿資料の分
析からは判然としない。

　まず，表5-6-1から，明治後期の有価証券投資をみていく。この時期の有価
証券投資の取引高は，鉄道国有化前（1904年）と日露戦後の不況期（1907年・
1909年）を除き，購入額が売却額を上回っている。明治後期の有価証券投資は

表 5-6-1　伊東要蔵有価

	年次	1899	1900	1901	1902	1903	1904	1905
株式	鉄道船舶 南満洲鉄道							
	中国鉄道	51	51		23			
	九州鉄道	480		300	1,427	35,650	△16,044	10
	山陽鉄道				1,098	24	48	53
	京釜鉄道			100	400	△394		
	日本鉄道				1,540		△1,534	
	京浜電鉄							6,640
	馬車鉄道		6					
	市街鉄道				996	△1,413		
	京成電気鉄道							
	日本郵船				38			
	大阪商船							2,230
	北海道炭鉱鉄道/汽船	△2,080	500	25	4,954	3,178	△23,950	600
	浜松鉄道							
	銀行 三十五銀行			240	776	9,700	△1,650	△130
	正金銀行						4,507	△4,850
	興業銀行							
	東京信託							
	韓国銀行							
	資産銀行	2,138			△2,895			
	浜松信用銀行	1,250	2,500		79	2,920	52	100
	帝国商業銀行	△2,947		550				
	勧業銀行		185		△757			8,861
	農工銀行	3,238	2,020		△2,150			
	豊国銀行							
	第一銀行					3,036	△1,360	325
	浜松委托					5,095		
	保険 共同火災保険							
	千代田生命保険					20	45	
	千代田火災保険							
	八千代生命保険							
	電力ガス 日英水電							
	金谷水力							
	浜松電灯							
	横浜電気							
	地蔵峠水力							
	東京瓦斯							
	函根水力							
	四国瓦斯							
	相模水電							

証券投資取引高（1899-1913 年）

（単位：円）

1906	1907	1908	1909	1910	1911	1912	1913	小計	合計
△324						603	480	759	
63	△425							△237	
	80		△48		△5			21,849	
175			△2,371					△973	
1								107	
								6	
△8,099								△1,458	
								6	
								△417	
					1,250	975		2,225	
								38	
3,795								6,025	
△2,212			△847	17,786			15,403	13,358	
						1,000	4,625	5,625	46,911
	244	△1,884	△6,650					645	
								△343	
2,125			△6,560					△4,435	
1,250	750		500			△3,178		△678	
			406	△1,152				△746	
								△757	
1,236		△13,739						△5,602	
								△2,397	
	△4,125							4,164	
								3,108	
		16,087			10,620		△3,750	22,957	
195	260	520	△4,390				25	△1,389	
	1,875		3,125			2,125	△250	11,970	26,498
2,500	△1,900					△2,000		△1,400	
						△50	△75	△60	
							1,250	1,250	
							375	375	165
					1,250	△442	△1,269	△461	
	200							200	
			6,593	1,172	9,837			17,601	
				675	△10,260			△9,585	
					△200			△200	
14,800	250	1,000	△15,543					507	
			2,944					2,944	
					250	1,000		1,250	
						6,250		6,250	

表 5-6-1（つづき）

	年次	1899	1900	1901	1902	1903	1904	1905
株式	電力ガス　浜松瓦斯　九州水力電気　猪苗代水力電気							
	紡績　鐘淵紡績　富士瓦斯紡績			1,900	△13　520	6,959		28,900
	食品　高砂製糖　塩水港製糖　東亜製粉　帝国鉱泉　〔精製糖〕　〔製糖〕				1,466	△2,408		
	製紙　日本製紙　富士製紙　王子製紙							5,015
	織物　形染会社							
	その他　東洋印刷　日韓共益　東亜公司　日本殖民　台東拓殖　（特定不能）					200		500　1,250
国債・公債							803	550
合計		2,131	5,262	3,115	7,501	62,565	△39,083	50,054

典拠：「総勘定元帳」，伊東家文書，浜松市博物館所蔵，74・75・77・99。
注1：表記は払込高ベースで記載した。また，銭以下は四捨五入して表記した。
　2：「△」は，単年度において，売却価格を払込価格が上回ったことを示す。
　3：〔　〕は史料記載の通りの表記であることを示し，具体的な企業名を特定できないものである（以下，同様）。

株式が中心であり，国債および公債は若干である。株式の取引先は，鉄道船舶業や銀行業，電力業，紡績業に集中している。この内，鉄道株に関しては，1906年の鉄道国有化を想定して，1904年には九州鉄道株（1万6,044円）や日本鉄道株（1,534円），北海道炭鉱鉄道株（2万5,382円）を売却している。この時期を境に，幹線鉄道に対する投資は減少傾向を示し，鉄道株については，京成電気鉄道や浜松鉄道といった局地鉄道に限定されていく。こうして得られた売却益は，翌年以降，電力事業や紡績事業への投資資金とされた[19]。1906年

1906	1907	1908	1909	1910	1911	1912	1913	小計	合計
				2,500			2,590	5,090	
					17,980		9,525	27,505	
					2,500		1,000	3,500	54,601
20,000	△26,722							△6,734	
802	10,100	5,000	△21,597			△4,812	3,785	31,557	24,823
			7,500	6,015				13,515	
					△22,224		△5,158	△27,382	
125		75						200	
	10,100			4,000		2,000		16,100	
								1,466	
								△2,408	1,491
	1,200							1,200	
△6,377								△1,362	
4,480		1,200	260	900		△3,678		3,162	3,000
0								0	0
625	950		425		250		250	2,500	
7,625	△3,125							5,000	
750	1,000		△1,000					2,000	
10,059			△7,706					2,353	
				4,500		3,350	1,750	9,600	
2,265	6,129		1,954	400		5,678		16,625	38,079
2,612		△3,669						△350	△54
58,471	△3,159	4,591	△43,005	36,796	11,248	8,821	30,206		195,513

には東京瓦斯株（1万4,800円）を取得するも，1909年には売却し（1万6,043円），これらの資金は，浜松電灯や函根水力電気に再投資されており，また，同年に伊東要蔵が取締役として関わった高砂製糖株（7,500円）の取得資金として，その一部が転用された可能性も想定される。

　紡績事業の投資先に関しては，伊東要蔵が監査役を務めた富士瓦斯紡績に集中している。1913年までの取引高の総計（3万1,557円）の約16.1％が同社に対するものであり，これは全体の中で最大のものである。しかし，1909年の

表 5-6-2　伊東要蔵有価証券取引高

		年次	1919	1920	1921	1922	1923	1924	1925
株式	鉄道船舶	北海道炭鉱汽船	25						
		浜松鉄道	13,849	8,613	6,410	6,410	10,897	4,328	
		遠三電気鉄道							
		遠州軌道	2,520	500	500	1,000	△5,400		
		玉川電気鉄道	56,500	2,250	5,640	13,750		△14,000	6,250
		京王電気軌道	5,000	△1,500	1,250	1,250	1,250	1,000	1,250
	銀行	勧業銀行				1,820	663		
		農工銀行	520	520	2,020	△344			
		豊国銀行	7,600	19,000	2,240	19,925			
		第一銀行	20	50	50	2,090		50	
		浜松委託	16,875	21,250	15,000			6,250	
		三菱信託							
		三菱銀行							
		共済信託							12,500
		浜松商業銀行						△15,763	
		昭和銀行							
		安田銀行						△9,250	
	保険	八千代生命保険					150		
		明治生命保険	△29,600						
		第一火災海上再保険			1,075				
		浜松保険代弁社			200	2,500			
	電力ガス	浜松瓦斯	4,230						
		九州水力電気	6,250		6,250	21,750	14,000		
		猪苗代水力電気		△4,000					
		天龍川水力		3,000		△300			
		富士電力							
		第二富士電力							
		〔瓦斯会社〕			2,350	1,281			
	紡績	富士瓦斯紡績	△32,000	56,252	△3,200			24,550	
		日華紡						5,000	
	食品	帝国鉱泉	3,125						
		日本麦酒鉱泉			4,782		△31,427	△370	
	織物	日華紡織		5,000					
		浜松織物		139,738		9,488		11,385	
	その他	浜松硬材会社		△1,600					
		日本硬材		2,500					
		日本楽器製造	12,125	△775	250	375	375		500
		浜松新聞			100				
		委託商事				15,000			

（1919-29 年）

単位：円

1926	1927	1928	1929	小計	合計
		10		35	
	2,250	3,375		56,131	
	5,000			5,000	
				△880	
				70,390	
	750	3,500		13,750	144,426
				2,483	
				2,716	
				48,765	
				2,260	
		3,750		63,125	
	3,750			3,750	
			10,000	10,000	
△6,250				6,250	
				△15,763	
	1,625			1,625	
				△9,250	115,961
	△2,033			△1,883	
				△29,600	
				1,075	
		1,000		3,700	△26,708
1,150				5,380	
		14,000	5,600	67,850	
				△4,000	
				2,700	
	18,038	17,538	1,504	37,079	
		25,000		25,000	
				3,631	137,640
	26,241			71,843	
				5,000	76,843
				3,125	
				△27,014	△23,889
				5,000	
				160,610	165,610
				△1,600	
				2,500	
				12,850	
				100	
				15,000	

不況下では，同社の株式（3万2,934円）を売却している。同年の有価証券取引では，新規の投資が抑制された結果，その取引高は，購入額に比して売却額が大きく上回る結果となっている。このことから，自らが経営に関わる企業の株式であっても，経済状況に応じて売却していたといえる。

これらの企業に加えて，金融機関も投資先として考えられていた。主要な投資先は，浜松委託と豊国銀行であり，両社とも伊東要蔵が経営に関わる企業であった。豊国銀行への投資と前後する形で，三十五銀行株（6,650円）や興業銀行株（6,560円）が売却されていることから，浜松信用銀行への投資分にこれらの資金を加えて，豊国銀行に出資したものと考えられる。豊国銀行の設立に伊東要蔵が関わったことは本書第2章で指摘した通りであるが，こうした投資によって，資金面からも同行を支えていたといえる。また，自らが頭取を務めた三十五銀行株については，1905

表 5-6-2 (つづき)

		年次	1919	1920	1921	1922	1923	1924	1925
株式	その他	日本電化		4,500					
		大分セメント				6,250	375	3,750	
		東京護謨工業	5,250	3,000					
		白木屋	2,000	500					
		東洋製鉄	6,250	2,500					
		時事新報							
		那須温泉土地							
		日本無線電信							225
		中川村産業組合				150	150		150
		(特定不能)	33,000	△36,638	12,913	160		△16,385	
社債		慶應義塾						500	△500
		交詢社						50	
		東京電力							19,850
		信越電力							
		東京横浜電鉄							
		南満洲鉄道			9,600				
		国債・公債	△50,000		65,287				
		合計	63,539	224,660	132,717	102,554	△8,967	1,096	40,225

典拠:「総勘定元帳第二号」，伊東家文書，浜松市博物館所蔵，69・71。
注：表5-6-1と同じ。

年の退任以降，1909年までに，そのほとんどを売却している。

次に，表5-6-2から，第1次世界大戦後から昭和恐慌期に至る時期の有価証券投資をみていく。当該時期の取引高も，関東大震災が発生した1923年を除き，購入額が売却額を上回っている。1921年以降，国債や公債の取引は見られなくなり，短期で償還可能な社債の購入をおこなっているが，これは株式投資の補助的なものと位置づけられる。株式投資先としては，明治後期と同様に，鉄道船舶業や銀行業，紡績業が中心である。具体的な投資先をみると，鉄道株については，局地鉄道中心の投資傾向が維持されており，自らが経営した浜松鉄道株は，1924年まで恒常的に購入されつづけている。浜松地域以外の鉄道に関しては，富士瓦斯紡績が出資していた玉川電気鉄道と京王電気軌道に限定されている。この中でも最大の投資先である玉川電気鉄道は，本書第4章で指摘した通り，和田豊治の後援のもとで，津田興二ら慶應義塾出身者の企業家によって経営された企業であり，このことが，伊東要蔵が多額の投資をおこなっ

1926	1927	1928	1929	小計	合計
				4,500	
	5,000			15,375	
				8,250	
				2,500	
				8,750	
			2,500	2,500	
		2,500		2,500	
			90	315	
		38		488	
				△6,950	67,079
				0	
		△150		△100	
				0	
△19,850				△105	
14,895	△15,000			△188	
14,813	△15,000			9,600	9,208
					15,287
4,758	25,621	75,561	19,694		681,456

た要因であろう。

　紡績事業の投資先に関しては，依然として富士瓦斯紡績に対するものが中心である。伊東要蔵の経済活動の主な基盤の1つは富士瓦斯紡績にあったことがあり，同社に対して多額の出資がなされている。また，1920年の増資にも積極的に応じている。そのため，1924年に和田豊治が没すると，富士瓦斯紡績は玉川電気鉄道と距離を置くことになり，伊東要蔵も玉川電気鉄道の株式（3万1,500円）を売却し，富士瓦斯紡績の株価が下落傾向にあるにも関わらず[20]，同社への投資資金（2万4,550円）に充てている。こうした投資構造は電力事業に関する場合も同様であり，特に富士電力や第二富士電力に集中している。なお，和田豊治が関係した九州水力電気についても，1923年までは継続的に投資した一方で，和田豊治没後は1928年まで投資はおこなわれていない。これは，同じく和田豊治が影響力を持っていた大分セメントについても[21]，同様である。また，金融機関の投資先は，伊東要蔵が経営に携わった豊国銀行や浜松委托に集中している。しかし，1920年代後半に入ると，こうした投資は抑制され，三菱銀行など都市銀行への投資が増加している。

　以上の点から検討すると，伊東要蔵の大口の投資先として，富士瓦斯紡績や浜松鉄道，豊国銀行といった自らが経営に関与した企業と，玉川電気鉄道や九州水力電気，大分セメントといった和田豊治が関わった企業が特筆される。先述のように，慶應義塾出身者による学閥ネットワークを重視した伊東要蔵にとって，彼を取り巻くこうした関係性が，投資先選択の1つの基準として機能

表 5-7-1　伊東武有価証券取引高（1924-30 年）

			繰り越し	1924	1925	1926	1927	1928
株式	鉄道船舶	浜松鉄道	8,000	800			1,000	1,500
	銀行	第一銀行 浜松委托 安田信託	2,500	1,250				750
	保険	保険代弁	1,000					250
	電力ガス	富士電力 浜松瓦斯	88,640				1,250 1,350	1,250
	紡績	富士瓦斯紡績	13,200				1,005	△11,005
	織物	浜松織物	6,100					
	その他	浜松商業 遺産代弁	8,260	△1,540	4,925			
社債		富士瓦斯紡績			25,063		△1,300	6,075
		富士製紙				19,500		
		南満洲鉄道	9,600					△10,000
		東京横浜電鉄					15,000	△15,000
		日本電力					9,760	9,975
		東京電灯						465
		信越電力		9,710		△9,710	15,000	17,553
		日本楽器製造		4,788	△50,000	△9,458		
		宇治川水力電気		49,425				
		早川電力			20,100		△20,000	
		京浜電力			10,000			△10,000
		北海道炭鉱汽船			19,900		△19,900	
		浅野セメント				300		
		東京電力				19,850		△20,000
国債・公債			69,300	△40,500		△1,425		
合計			206,600	23,933	29,988	19,058	3,165	△28,187

典拠：「家産勘定元帳第一号」，伊東家文書，浜松市博物館所蔵，67。
注：表 5-6-1 と同じ。

していたといえる。

　ここで，「有価証券台帳」[22] を用いて，以上の分析結果を投資総額の面から検証したい。同史料は，1919 年から 1930 年を対象に，49 社の株式および国債や公債に関する取引を，伊東家の各人の名義ごとに記載したものである。これを分析することで，表 5-6-2 が対象とした 1920 年代の総保有高を示すことが

			（単位：円）
1929	1930	小計	合計
		11,300	11,300
	8,919	8,919	
		4,500	
	△2,753	△2,753	10,666
		1,250	1,250
		2,500	
	2,700	92,690	95,190
	10,000	13,200	
			13,200
		6,100	6,100
		6,720	
	4,125	9,050	15,770
		29,838	
80		19,580	
		△400	
		0	
		19,735	
		465	
		32,553	
		△54,670	
		49,425	
		100	
		0	
		0	
	△5,000	△4,700	
		△150	91,775
			27,375
80	17,991		272,626

できる。「有価証券台帳」によると，1930年現在における総投資金額は，92万1,717円56銭である。この内，伊東要蔵が経営に携わった企業[23]の株式は46万2,615円4銭（50.2%）である。本社を静岡県下に置く企業[24]のものが14万1,530円58銭（15.6%），和田豊治が関連する企業[25]のものが52万3,369円46銭（56.8%）である。本社を静岡県下に置く企業への投資の内，11万5,455円58銭は伊東要蔵が経営に携わる企業であることから，当該地域の企業への投資は，地方名望家的な性質のものではなく，機能資本家としての出資であった。また，和田豊治の関係する企業への投資額が大きいが，この内でも富士瓦斯紡績に対する投資が大部分を占めており，その投資額は20万2,631円96銭である。

　以上の分析からも，伊東要蔵の投資先は，自らが経営に携わる企業および和田豊治が関わった企業に集中していることが再確認できる。こうした事実は，伊東要蔵にとって，和田豊治もしくは慶應義塾出身の企業家が関与する企業こそが，投資先としての信用を評価する上で，重要な指標として機能したことを意味している。このことは，和田豊治の側からみると，自らが事業をおこなう上で必要とされた資金の一部を，学閥ネットワークを活用することで，伊東要蔵のような地方資産家から調達したことを示唆している。

　こうした伊東要蔵による有価証券投資を踏まえた上で，次に，同時期および1930年代の伊東武による有価証券投資の動向を検討する。伊東武による有価

表 5-7-2　伊東武有価証券取引高（1933-40 年）

			繰り越し	1933	1934	1935	1936	1937
株式	鉄道船舶	浜松鉄道	(400 株)					
		玉川電気鉄道		27,565				6,250
		京王電気鉄道						12,721
		北海道炭鉱汽船				13,500		20
	銀行	安田銀行	(100 株)	10,440				
		第一銀行	(100 株)	1,955				
		正金銀行	(50 株)					
		昭和銀行		1,580				
		三菱銀行		8,730				
		勧業銀行		8,710				
		三井銀行		16,940				
		住友銀行			7,150			
		三菱信託		4,860				
		浜松委托	(100 株)	6,265				
		安田信託		7,335				
	保険	保険代弁	1,250		200			
	電力ガス	富士電力			500		△5,003	
		浜松瓦斯	(270 株)		7,650			
		九州水力電気		72,081			11,200	11,200
		東邦電力		1,418				
	紡績	富士瓦斯紡績	(500 株)		13,420		77,750	
		日華紡績						△4,180
		富士繊維工業			923	3,690	2,768	3,690
	食品	日清製粉						2,565
	その他	日本無線電信		580				
		住友金属工業				7,800		1,250
		日本軽金属工業						
		昭和鉱業						
		大分セメント						
		山野田セメント						
		中川村産業組合		600				
		日本楽器製造		20,700	△21,000	△15,250		
		遺産代弁			5,000			
社債		富士瓦斯紡績	30,000	△180		0		
		富士製紙	20,000	△20,000				
		南満洲鉄道						
		目蒲電鉄						

152

（単位：円）

1938	1939	1940	小計	合計
	△1,500		△1,500	
			33,815	
			12,721	
70			13,590	58,626
			10,440	
			1,955	
			1,580	
			8,730	
			8,710	
			16,940	
			7,150	
			4,860	
			6,265	
			7,335	73,965
			1,450	1,450
2,648			△1,855	
			7,650	
			94,481	
			1,418	101,694
			91,170	
△507			△4,687	
			11,070	97,553
			2,565	2,565
90			670	
2,500	3,750		15,300	
	4,022		4,022	
14,000	2,500		16,500	
△3,220			△3,220	
	900		900	
			600	
			△15,550	
			5,000	24,222
△5,000			24,820	
			0	
	9,990		9,990	
	5,025	△5,015	10	

証券投資に関しても，一部史料上の欠落があるため，表5-7-1として，表5-6-2とほぼ同時期に相当する1924年から1930年までの有価証券取引高を示し，表5-7-2として，伊東要蔵没後の時期にあたる1933年から1940年までのものを示す。これにより，伊東要蔵のもっていた投資構造のその後の推移を把握したい。

表5-7-1より，表5-6-2に示した伊東要蔵のものに比して，1920年代の伊東武の有価証券投資高の規模は小さいことがわかる。その一方で，社債に対する投資規模はほぼ同額であることから，株式に対する投資は抑制的であったといえる。伊東武の投資先は，伊東要蔵のものと共通しており，浜松鉄道や富士瓦斯紡績，浜松瓦斯など，伊東要蔵が経営に携わった企業への投資が中心である。また，1927年6月30日の記載をみると，東京横浜電鉄および信越電力の社債（各1万5,000円）が，伊東要蔵の勘定から伊東武の勘定に譲渡されている。

伊東要蔵が有価証券投資から手を引く1930年代前半に，彼の保有した有価証券がどのように処理されたのかについては，史料上の制約により判然としない。だが，表5-7-2を

表 5-7-2（つづき）

		繰り越し	1933	1934	1935	1936	1937
社債	東京横浜電鉄						
	京成電鉄			10,000	△10,000		
	東武鉄道	10,000	△40		△10		
	宇治川水電	2,000		△20,000			
	富士電力	20,000	△20,000				
	日本電力	20,000	△10,050				
	東京電灯	1,500					△5,000
	日産化学						
	国債・公債	70,000	△70,000				
	合計	174,750	69,488	3,843	△270	86,715	28,516

典拠：「総勘定元帳第二号」，伊東家文書，浜松市博物館所蔵，58。
注：表 5-6-1 と同じ。

みる限り，1933 年以降に伊東要蔵の保有していた有価証券が伊東武に継承された形跡は確認できないことから，昭和恐慌の前後で売却された可能性が想定される。

　こうした中で，1933 年以降，伊東武は独自の有価証券投資を進めていく。1933 年には国債や公債（7 万円）に加えて，富士製紙（2 万円）や富士電力（2 万円），日本電力（1 万円）の社債が償還されていることから，これらの資金を利用して，玉川電気鉄道や九州水力電気，日本楽器製造，各銀行などの株式を購入している。このように，伊東武は伊東要蔵の投資構造を継承しつつ，より選択的な投資をおこなっていた。その結果，たとえば，玉川電気鉄道についてみてみると，1937 年には株式を買い足し，第 7 位の株主（保有数 1,000 株）となっている（第 4 章表 4-3）。そして，1930 年代後半になると，戦時体制による好況を背景として，住友金属工業や日本軽金属工業などへの投資を拡大している。

　ここまで，1880 年代から 1930 年代に至る時期の伊東家の有価証券投資の実態を，伊東磯平治・伊東要蔵・伊東武の投資活動から検討してきた。伊東磯平治の有価証券投資は地元企業が中心であり，自らの役員としての身元保証としての側面が強かったことから，彼は有価証券投資とそれによる収益の確保には消極的であった。これに対して，伊東要蔵は自らが経営に参画した企業を中心

154

1938	1939	1940	小計	合計
		4,000	4,000	
			0	
			9,950	
			△18,000	
			0	
			9,950	
			△3,500	
	9,935		9,935	47,155
	9,995			9,995
10,581	44,617	△1,015		417,224

に有価証券投資を積極的におこない，その投資対象が静岡県内に限定されることはなかった。特に，自らの同窓である和田豊治の関係する企業に対し，集中的な投資をおこなっていた。これは，前節で検討した彼の企業家活動と同様の傾向を示している。そして，彼の跡を継いだ伊東武は，基本的には伊東要蔵の方針を継承しながらも，1930 年代に入ると重工業へと投資先をシフトさせていった。

第 3 節　有価証券取引と株式仲買商

　前節での投資行動を踏まえて，本節では伊東要蔵による有価証券取引のメカニズムについて検討したい。ここでは，具体的に，どのような取引がおこなわれていたかを明らかにするために，伊東要蔵が活用した株式仲買商およびこれに準じる人物の役割について検討していく[26]。なお，管見の限り，伊東要蔵が同時期に複数の仲買商などを活用した形跡は確認できない。

　伊東要蔵が活用した株式仲買商として，伊東家文書から確認できる最も初期のものは，上野竹次郎商店（日本橋区兜町）である。上野竹次郎商店は，1898 年 2 月 9 日に株式仲買人に加入している[27]。同店で伊東要蔵の担当となったのは，村上守倫であった。村上守倫は，1863 年，伊東家の所在地でもある静岡県引佐郡中川村に生まれ，浜松中学校を経て，慶應義塾に学んでいる。そもそも，慶應義塾出身の西條佐助が株式仲買商の養成のために，福澤諭吉に学問と見識のある人物の紹介を依頼したところ，福澤諭吉によって上野竹次郎が周旋される。この時，上野竹次郎の慫慂により，閔妃暗殺事件を契機に実業界入りを志向していた村上守倫も，株式仲買商に転じている。その後，上野竹次郎は独立して，上野竹次郎商店を立ち上げている[28]。当該時期の伊東要蔵は，浜松

や静岡にいる期間が長かったため，東京の市場で円滑な取引をおこなうために，信頼できる株式仲買商を必要としていた。伊東要蔵にとって，村上守倫は同郷かつ同窓の関係を有する人物であり，福澤諭吉の影響で株式仲買商となったこともあり，その信用は充分なものであったと考えられる。

　村上守倫は，伊東要蔵の株式売買を仲介しただけではなく，取引の報告と併せて，最新の東京の経済界の動向を連絡していた。たとえば，1900 年の不況時には，「経界之状況は日に然にして未た回復之期待も見越され難き様被存候ニ付，三四円も利を見候得ば，兎に角売過き候方可然哉ト存候。尤も数年之後を期し御引取り可被成御決心に候得ば，此辺より勃々引かれ，買之御方針も可然歟にも存候」[29] として，株式売買の方策を示している。そして，その数日後には，「爰許金融は益逼迫諸株大低落致候に就ては，例に依り経済研究会派之救済運動甚敷，又々経済社会之自然的救済を攪乱致形勢有之，心ある者は窃かに憂慮罷在候。兎ニ角本年は余程面白き経界之状況を呈し来り候。有識之士之大に手腕を揮ふへき時と奉存候。御良考之上御奮発之程奉祈上候」[30] として，さらなる株式取引を斡旋している。こうした経済状況に関する情報は，逐次，郵便で伊東要蔵のもとにもたらされ，有価証券取引をおこなう際の参考とされた。こうした景況を頻繁に伝達することは，顧客の投資意欲を刺激するものであり，株式仲買人にとって，重要な営業活動の一環であったといえよう。なお，上野竹次郎商店は，1902 年 2 月 12 日に廃業している[31]。

　上野竹次郎商店の廃業後に伊東要蔵が活用した人物は，浜松の第二十八国立銀行の出身で，当時は三十五銀行の東京支店副支配人を務めていた鈴木金平[32]であった。ここでは，株式仲買商を活用せず，自らが信用できる東京所在の人物に株式売買の仲介を依頼したのである。伊東要蔵から依頼を受けると，鈴木金平は仲買人の半田庸太郎らを介して取引をおこない，売却益は三十五銀行もしくは浜松信用銀行を経由して，伊東要蔵に送金していた[33]。この間，鈴木金平自身も株式取引に関心を持ちはじめ，三十五銀行の株式の取得を試みる。その際には，「金一千百円御手許又ハ信用銀行ニテ御貸付被下間敷哉。〔中略〕返済ハ一時ニハ六ケ敷哉も不被計，斯カル場合ハ延期相願可申候得共，別段低歩等ニ願フニハ不及候。金員モ御都合次第今百円位減シ千円位ニテモ宜敷候」[34] として，伊東要蔵からの資金融通を企図していた。

156

こうした有価証券取引の経験を踏まえ，鈴木金平は三十五銀行を辞して株式仲買商に転じている。そして，1903 年 5 月，公債株式現物売買鈴木金平商店（日本橋区坂本町・同青物町）を開業する[35]。開業当初は株式仲買人に登録できなかったが，1906 年 6 月には，正式に株式仲買人として登録される[36]。開業の際には，「小生所有之家屋四棟坪数ハ僅ニ候得共，〔中略〕之ヲ根抵当トシテ，東京御支店ニテ，四千円乃至四千五百円之当座貸越御取引開始願上度」として，伊東要蔵に融資の便宜を図ることを依頼している。また，「無資本ニハ候得共，決シテ危険ヲ冒ス様之事ハ無之候間，何卒御引立且御懇意之筋ヘ御吹聴懇願仕候」として，今後の取引継続を望んでいる[37]。このように，鈴木金平の株式仲買人への転身は，伊東要蔵の資金的な援助と彼の有価証券取引を基盤としたものであった。

　その後，伊東要蔵は鈴木金平商店を活用して，有価証券取引をおこなう。だが，鈴木金平商店は，1907 年頃より資金的な行き詰まりをみせ，信用取引に伴う株式や金銭の支払いに困難が発生する。その結果，自己所有の不動産を担保とする「約定書」を伊東要蔵に差し出している[38]。この間，現存する帳簿資料から判明する限りでも，伊東要蔵は鈴木金平個人に対して，6,602 円 49 銭（1907 年 6 月 29 日および 1909 年 7 月 1 日）を貸付けており，この内，1913 年までに 4,300 円が返済されている[39]。しかし，こうした資金的窮乏状況を解決することはできず，鈴木金平商店は 1909 年 9 月に廃業している[40]。三十五銀行から独立した鈴木金平商店を媒介とした有価証券取引は，同店の資金繰りの悪化とその後の廃業により，終わりをむかえた。

　その後，伊東要蔵がどのような株式仲買商や代理人を活用したかは判然としないが，1920 年代に入ると，豊国銀行の本店貸付課長を務めていた渡邊寧祐に，有価証券取引を依頼している。渡邊寧祐もまた，伊東要蔵と同様に慶應義塾の出身者であった[41]。この時期の伊東要蔵は豊国銀行の取締役を務めていたことから（第 5 章図 5-1），自らの関係する金融機関の関係者に，再度，有価証券の売買を委託している。彼は，三十五銀行時代の鈴木金平と同様の方法で，東京所在の信用の置ける代理人を確保していた。そして，静岡や浜松に在りながらも，こうした代理人や株式仲買商を活用することで，東京の証券市場の動向を把握し，有価証券の取引を円滑ならしめていたのである。

なお，このようにして得られた経済や有価証券に関する情報を，伊東要蔵は個人の取引のために独占することはなく，知人や関係する企業に提供していた。たとえば，1911年には，そうした情報を活用して，慶應義塾の出身で，横浜正金銀行などで活躍した鈴木島吉に，猪苗代水力電気株式の取得を周旋している[42]。また，浜松委托が北海道炭鉱汽船の株式を売買する際には，「昨日之場面ハ大分小鞘と有之候趣ニてハ，何程か御指直の乗換相整ヒ居候やも不存候」[43]として，伊東要蔵が得た経済情報が活用されていた。このように，伊東要蔵を媒介として，彼の関係者や関連企業もまた，最新の経済状況や株式市場の動向を把握することができたのである。

おわりに

　以上，本章では，伊東要蔵の企業家活動について，彼が経営に参画した企業との関係および有価証券投資を中心に検討した。本章での分析により明らかにされた点を，冒頭に記した課題に即してまとめると，次の3点に集約される。
　第1に，伊東要蔵の企業家活動を検討した結果，彼が参画した企業には2つの系譜があることが確認できた。すなわち，浜松地域を中心とした鉄道やガスに代表されるインフラ事業と，和田豊治や濱口吉右衛門（9代目）が関係した事業である。この内，後者に位置づけられる富士瓦斯紡績や豊国銀行は，慶應義塾出身の企業家が多数参画していたことから，伊東要蔵も経営に携わることになったと考えられる。そして，伊東要蔵が得た勤労所得の大部分は，後者の企業からのものであった。第2に，伊東要蔵の有価証券投資の実態を分析した結果，鉄道事業や金融事業，紡績事業を中心に投資活動がおこなわれていたことが明らかになった。特に，自身が経営に携わる企業と和田豊治が関係する企業に投資が集中しており，その結果として，双方の性格を有する富士瓦斯紡績およびその関連企業には多額の出資がおこなわれていた。また，静岡県外の企業に対する投資比重が大きいことから，当該時期における投資活動は，地方名望家的なそれとは異なるものであった。第3に，伊東要蔵が有価証券を売買する際には，同窓の仲買商や，三十五銀行や豊国銀行といった自らが経営に携わった銀行の東京支店員を活用していた。彼は，最新の東京の経済情報を，信

用のおける仲買商などから得ることで，浜松に在りながらも，中央市場の状況を的確に把握し，円滑な有価証券取引を実現していた。

　以上の分析結果から明らかなように，地方資産家である伊東要蔵の活動領域は，浜松地域や静岡県下に限定されるものではなかった。このことは，全国的な経済発展の中で地方の産業化を振興するとともに，自らも県外の企業に参画しえたことを意味している。すなわち，当該時期の地方資産家は，わが国の経済発展に，中央と地方という双方の領域で寄与することができたのである。彼の場合，これを可能にしたものが，学閥という広域的な企業家ネットワークと，局地的な企業家ネットワークであった。

　伊東要蔵の場合，全国的規模の広域的な経済活動を実現する上で重要な役割を果たしたものは，慶應義塾の出身者による学閥ネットワークであった。特に，和田豊治との個人的関係は，伊東要蔵が関与する企業の特性を規定するものであった。彼にとって，こうした学閥ネットワークに関与できたことが，全国的な巨大企業の経営に参画する上で，決定的な意味をもっていたといえよう。

注

1)　谷本雅之・阿部武司 [1995]「企業勃興と近代経営・在来産業」，宮本又郎・阿部武司編『日本経営史II 経営革新と工業化』岩波書店，91-138 頁；谷本雅之 [1998]「日本における "地域工業化" と投資活動──企業勃興期：地方資産家の行動をめぐって」，『社会経済史学』第 64 巻第 1 号，88-114 頁。

2)　中村尚史 [2010]『地方からの産業革命──日本における企業勃興の原動力』名古屋大学出版会。

3)　伊東要蔵に関する研究としては，福澤諭吉との交流を紹介した松崎 [2001] や，単に経済思想史的なアプローチのみを試みた石井 [2013; 2016] などが挙げられる。

4)　『時事新報』，1901 年 9 月 22 日。

5)　『時事新報』，1911 年 7 月 24 日。

6)　三田商業研究会編 [1909]『慶應義塾出身名流列伝』実業之世界社，6 頁。

7)　「伊藤要蔵宛板垣退助書簡」，1898 年 2 月 23 日，伊東家文書，慶應義塾福沢研究センター寄託（以下，伊東家文書の内，特に所蔵機関の記載のないものは同様），0609-0042-0019-0054。

8)　「伊藤要蔵宛福沢諭吉書簡」，1898 年 2 月 26 日（慶應義塾編 [2003]『福澤諭吉書簡集』第 9 巻，岩波書店，19-20 頁）。

9)　具体的には，三十五銀行・静岡農工銀行・浜松商業銀行・浜松信用銀行・浜松委託・浜松鉄道・遠州電気鉄道・遠三鉄道・浜松瓦斯を指す。

10) 具体的には，富士瓦斯紡績・富士電力・第二富士電力・豊国銀行・第一火災海上保険・高砂製糖を指す。

11) 富士瓦斯紡績は，その主力工場である小山工場が静岡県駿東郡に位置していることから，伊東要蔵が地方資産家としての機能を発揮した浜松地域とは異なる地域の企業であるといえる。

12) 田中身喜［1933］には，和田豊治にとっての伊東要蔵は「学友」（199 頁）と記載されているが，慶應義塾での学生としての在籍時期は，伊東要蔵は 1879 年 9 月から 1881 年 4 月で，和田豊治は 1882 年 1 月から 1884 年 7 月である。和田豊治在籍時には，伊東要蔵は教員や舎監を務めていた（慶応義塾 150 年史資料集編集委員会編［2012］『慶應義塾 150 年史資料集 1——基礎資料編：塾員塾生資料集成』慶応義塾，686-687, 719 頁; 慶応義塾 150 年史資料集編集委員会編［2016］『慶応義塾 150 年史資料集 2——基礎資料編：教職員・教育体制資料集成』慶応義塾，34, 1231 頁）。

13) 田中［1933］，198-199 頁。

14) 山崎廣明［2000］『昭和金融恐慌』東洋経済新報社，79 頁。

15) 疋田久次郎［1938］「我国火災保険会社の沿革（其二）」，『損害保険研究』第 4 巻第 1 号，251 頁。

16) 伊東家には，有価証券投資に関する独立した帳簿はほとんど存在しないため，「総勘定元帳」や「家産勘定元帳」の有価証券投資に関する記載から，その実態を検討する。また，これらの帳簿は取引毎の記載であり，欠年分が存在するため，任意の一時期における所有額および保有株総数を知ることは困難である。

17) 岡田和喜［1983］「浜松第二十八国立銀行の成立と終焉」，『金融経済』第 200 号，379 頁。

18) 伊東家文書，0610-0031。

19) こうした投資対象の転換は，野田正穂［1980］の指摘とも符合する。

20) 富士瓦斯紡績の最高株価は，1920 年に 290 円を記録したことを境に，1921 年は 125 円，1922 年は 179 円 50 銭，1923 年は 108 円 50 銭，1924 年は 71 円 50 銭と下落傾向にあった（大阪屋商店調査部編［1925］『株式年鑑』大阪屋商店，36 頁）。

21) 加藤健太［2004］「戦間期日本における企業買収——大分セメントの事例」，『経営史学』第 39 巻第 2 号，6 頁。

22) 伊東家文書，浜松市博物館所蔵，66。

23) 1919 年から 1930 年に伊東要蔵が経営陣に加わった企業を対象とした。具体的には，富士瓦斯紡績（社債を含む），富士電力，豊国銀行，第一火災海上再保険（社債を含む），浜松鉄道，浜松委托，浜松瓦斯，遠州軌道，中川信用販売購買組合である。

24) 具体的には，浜松鉄道，浜松委托，浜松瓦斯，浜松保険代弁，遠州軌道，日本楽器製造（社債を含む），静岡農工銀行，中川信用販売購買利用組合を指す。

25) 和田豊治が経営陣に加わった企業およびその傍系企業を対象とした。具体的には，富士瓦斯紡績（社債を含む），富士電力，豊国銀行，玉川電気鉄道，京王電気軌道，第一火災海上再保険（社債を含む），大分セメント，九州水力電気，日華紡

織，東洋製鉄，白木屋呉服店（社債を含む），東京護謨を指す。

26）　資料上の制約もあり，地方資産家の株式売買のメカニズムは，多くの先行研究の中でも，判然としない。そうした中でも，中村［2010］は，廣海家（大阪）のそれについて，銀行関係者の仲介から株式現物商を通した取引へと移行する過程を指摘している。

27）〔広告〕，『読売新聞』，1898 年 2 月 10 日。

28）　三田商業研究会編［1909］，465-466 頁；慶應義塾編［2002］『福澤諭吉書簡集』第 8 巻，岩波書店，141-142 頁。

29）「伊東要蔵宛村上守倫書簡」，1900 年 4 月 21 日，伊東家文書，0609-0042-0019-0030。

30）「伊東要蔵宛村上守倫書簡」，1900 年 4 月 26 日，伊東家文書，0609-0042-0019-0029。

31）〔広告〕，『読売新聞』，1902 年 2 月 14 日。

32）　伊東家と鈴木金平との関係はこれ以前からあり，たとえば，「明治十六年□□ヨリ　出入帳並ニ雑記　伊東濱子控」（伊東家文書，浜松市博物館所蔵，28）などに，その名前を確認することができる。

33）〔株関係書類一括〕，伊東家文書，0609-0036-0003-0020。

34）「伊東要蔵宛鈴木金平書簡」，〔年不明〕7 月 26 日，伊東家文書，0609-0036-0020-0040。

35）〔広告〕，『東京朝日新聞』，1903 年 5 月 4 日。

36）「広告」，『東京朝日新聞』，1906 年 6 月 13 日。

37）「伊東要蔵宛鈴木金平書簡」，1903 年 4 月 20 日，伊東家文書，未整理（史料番号なし）。

38）「伊東要蔵宛鈴木金平書簡」，1907 年 12 月 24 日，伊東家文書，0706-0058-0001。

39）「総勘定元帳」，伊東家文書，浜松市博物館所蔵，77・99。

40）「広告」，『東京朝日新聞』，1909 年 9 月 5 日。

41）　慶應義塾塾監局編［1924］『塾員名簿』慶應義塾，155 頁。

42）「伊東要蔵宛鈴木島吉書簡」，1911 年 3 月 15 日，伊東家文書，0609-0036-0020-0048。

43）「伊東要蔵宛深井鷹一郎書簡」，1910 年 2 月 25 日，伊東家文書，0609-0036-0020-0066。

第6章　経営危機下の地方銀行改革
三十五銀行の不良債権処理問題

はじめに

　前章での分析を踏まえ，本章では，伊東要蔵の具体的な企業者活動に着目し，学閥ネットワークの役割を検討したい。そこで，本章では，運転資金の窮乏という経営危機に陥っていた三十五銀行[1]（現・静岡銀行）において，1901 年から 1904 年にかけて，彼が頭取（当初は副頭取）として実施した一連の改革について分析する。

　伊東要蔵は，義父である伊東磯平治が三十五銀行に買収された第二十八国立銀行（浜松）の頭取を務めていた関係から，三十五銀行の頭取に就任している。彼のおこなった一連の改革を検討することにより，当該時期の銀行が抱えていた問題と，その内部で起きていた危機への対応を解明し，我が国の地方金融を支えた企業者活動に接近することが可能となる。

　本章で分析対象とする三十五銀行に関する研究としては，静岡県下の金融事情を含め，その歴史的形成過程を指摘した静岡銀行の行史[2]における分析が基盤となる。これらを踏まえつつ，本章では，三十五銀行における頭取の企業家としての役割を検討していく。この課題を検証するため，本章の論点として，以下の 4 点を設定する。第 1 に，伊東要蔵が就任する 1901 年段階での三十五銀行の状況を，行内における現状認識を含めて明らかにする。第 2 に，彼のおこなった行内の刷新と人材の登用過程を分析し，第 3 に，具体的な事例を通して，貸付金の回収と担保品の処分過程を解明する。第 4 に，東京支店による損失の発生と，これを契機とした伊東要蔵の退任過程を検証する。

第1節　三十五銀行の経営危機と伊東要蔵の経営参画

　本章で検討対象とする三十五銀行は，1878年5月15日，資本金7万円にて静岡市に開業した。そして，翌1879年に大蔵省為替方に任命される。1881年に横浜支店を開設するとともに，同年に第百二十四国立銀行（見付），1882年に第五十四国立銀行（沼津），1889年に第二十八国立銀行を買収し，これらの各銀行を支店化するとともに，東京支店を継承している。1895年には第二十八国立銀行出身の気賀半十郎が頭取に就任している。国立銀行としての営業期間の満期終了に伴い，1897年1月5日の株主総会で，私立銀行として営業を継続すること，また，日清戦争後の財界の好況を受けて，資本金は従来の60万円に積立金60万円を振替増資したものを加算した，120万円とすることが議決されている。

　先述の通り，第二十八国立銀行では，1881年より伊東要蔵の義父である伊東磯平治が取締役を務めていた。同行は静岡県下初の国立銀行であって，金禄公債証書による士族資金に依存することなく，地主資金の銀行資金化によって組織されたものであった。この中で，伊東磯平治が所有していた株式は，1880年には30株（発行済株式2,500株）であり，1888年には45株（発行済株式3,000株）であった。同行の頭取は，井上延陵，気賀林，気賀半十郎が務めており，三十五銀行の頭取を務めた小林年保は，第二十八国立銀行の静岡支店支配人を務めていた[3]。

　三十五銀行では，第二十八国立銀行を合併した翌年の1890年の臨時株主総会で，本支店を臨検する検査委員の設置が可決される。この検査委員は，30株以上を所有する株主から3人を選出することとされた。同年5月11日，大石清五郎，鶴見信平（西尾伝蔵辞退のため），伊東磯平治の3人が検査委員に当選している。この内，大石清五郎を除く3人は，いずれも第二十八国立銀行の取締役を務めた人物である。1895年7月5日，伊東磯平治は，小林年保の死亡により，三十五銀行の取締役に当選している。

　ここで，私立銀行となって以降の三十五銀行の動向と業績を確認しておく。すでに述べたように私立銀行への転換に際し，資本金を120万円とするととも

に，製茶業への投資資金として，日本銀行より 20 万円の借入をおこなっている。この時期は，製茶業への資金需要や新事業の勃興により，金融市場は活況であった。だが，1898 年以降，暴風雨による農作物の不作や米価下落による購買力の低下により，資金需要は低下する。これに拍車をかけたのが，アメリカの課税政策および南アフリカ戦争や北清事変といった国際情勢の影響を受けた製茶業の輸出不振であった。また，日本銀行の金利引上げ政策により，金融市場は停滞していた。さらに，1899 年に県金庫関係の公金取扱業務が他行に移管されたことが，同行の信用面に悪影響を与えたとされる。1899 年末における三十五銀行の預金は 163 万円，貸出金は 348 万円と全国平均を上回るものであったが，1892 年末に比する増加率をみると，静岡銀行よりも低水準であった[4]。次に，表 6-1 として，当該時期の三十五銀行資金調達および運用状況を示す。表 6-1 からわかるように，伊東要蔵が三十五銀行に参画する直前期の預貸率（諸貸付金／諸預り金）は 150％を超えており，深刻なオーバーローン状況であった。こうした貸付により，三十五銀行関係者に対するものも含めて，不良貸出による資金の固定化と回収不能な債権による貸倒れを原因とする損失が発生していた。この実態は，伊東要蔵の調査により判明するものであり，詳しくは後述する。

　そのため，当時の三十五銀行は「運転資金」の欠乏状態に陥っていた。こうした状況を，山田義実支配人と籠宮市太郎副支配人が気賀半十郎頭取に対して提出した 1900 年 12 月 1 日付の「建議書」は，「運転資金ニ於テ著シク空乏ヲ感シ営業上非常ニ困難ヲ極メ候」と評した上で，その打開策として以下の 4 点を提示している。

①重役並支配人親族及手代ノ信用貸ヲ悉皆返金セシムル事
②足立孫六氏貸金本支店共請求可致事
③同業者貸越約定ノ内担保品公債及日本，正金，日本鉄道株ノ外，解約ヲナス事
④重役方ヨリ借入ノ口入アルト雖モ，確実ト認メサルモノハ，断然貸付ヲ拒絶スル事[5]

表 6-1　三十五銀行資金調達および運用状況概況

(単位：円，%)

年	期	資本金	積立金	諸預り金	諸貸付金	諸借入金	純益金	有価証券	配当率	預貸率
1897	下	1,200,000	8,000	1,397,698	2,102,219	545,712	75,320	307,900	4.5	150
1898	上	1,200,000	8,000	1,369,022	2,297,715	330,700	79,629	246,412	5.0	168
	下	1,200,000	16,000	1,528,238	2,681,861	501,719	81,050	207,879	5.0	175
1899	上	1,200,000	24,500	1,617,108	2,427,399	978,541	71,320	231,313	6.0	150
	下	1,200,000	32,500	1,680,842	2,504,526	1,016,195	69,001	245,643	5.0	149
1900	上	1,200,000	40,500	1,436,667	2,449,432	1,012,793	68,356	252,738	5.0	170
	下	1,200,000	48,500	1,384,318	2,421,182	948,185	68,154	253,080	5.0	175
1901	上	1,200,000	46,500	1,086,525	2,138,780	584,202	43,371	213,124	3.5	197
	下	1,200,000	61,500	1,028,801	1,839,695	403,788	46,005	235,923	3.5	179
1902	上	1,200,000	66,500	1,383,107	2,016,425	190,195	35,324	272,825	0.0	146*
	下	1,200,000	66,500	1,467,230	2,266,434	94,734	38,230	254,684	0.0	154*
1903	上	1,200,000	66,500	1,499,802	2,366,674	244,138	46,589	234,804	0.6	158*
	下	1,200,000	71,200	1,251,739	1,419,627	356,632	37,129	214,375	0.5	113
1904	上	1,200,000	75,200	1,174,205	1,972,958	221,899	21,349	226,207	1.5	168*
	下	1,200,000	77,400	1,086,216	1,338,784	91,814	39,139	211,086	2.0	123
1905	上	1,200,000	79,960	1,000,429	1,212,780	192,729	50,855	355,742	0.5	121
	下	900,000	83,710	767,779	957,415	238,760	56,102	358,601	0.7	125

典拠：三十五銀行第2期〜第17期「営業報告」1897下半期〜1905年下半期，『静岡民友新聞』掲載；岡田・本間
　　　復刻［1973］。
注1：金額は銭以下を四捨五入し，百分率は小数点以下第二位を四捨五入して表記した。
　2：岡田・本間復刻［1973］「三十五銀行沿革誌」掲載の数値には差異が確認できるが，本表は原史料に依拠し
　　　て作成した。
　3：資本金120万円は，私立銀行化に際して，従来の資本金60万円に積立金60万円を振り替えたもののため，
　　　当該時期には全額払込済である。
　4：「*」は，1902年上下半期・1903年上半期・1904年上半期の「諸貸付金」のみ，史料の記載上，「割引手形」
　　　を含むため，預貸率が実際より高い数値であることを示す。

　ここでは，銀行関係者に対する貸付の抑制とその回収が喫緊の課題とされてい
る（①，④）。また，貸付資金の中では，特に足立孫六に関するものが問題視
されているが（②），この詳細については，その処理を含めて後述する。もち
ろん，三十五銀行の貸付は行員関係者に対するもののみではないが，彼らに対
する不良貸付による資金の固定化と貸倒れによる損失が，「運転資金」の逼迫
を生じさせた原因の一部であると認識されていた。

　三十五銀行の内部からこうした現状に対する分析と打開策が提示されたにも
かかわらず，気賀半十郎をはじめとした経営首脳部は，この問題を解決する
ことはできなかった。その原因の一端に，彼らが自身およびその関係者への問

題性のある貸付をおこなっていたことが想定される。そのため，三十五銀行の
改革を推進する上では，同行と直接的な取引関係を有しない人物が求められた。
こうした中で，伊東磯平治がその適任者と目される。現存する伊東要蔵家の
「総勘定元帳」からは，当該時期の三十五銀行からの借入は確認できないため，
彼はこうした改革に適任の人材とされたといえよう[6]。だが，彼は自ら改革に
あたることはなく，取締役を退任し，伊東要蔵にその役目を委ねた。その理由
としては，この時期の三十五銀行は，日清戦争後の好況時におこなった放資の
一部が回収不能となっていたこともあって，本支店ともに多額の欠損を生じさ
せていた結果，現経営陣への風当たりは強く，株主中より議論が百出していた
ことが想定される[7]。すなわち，伊東要蔵の登用は，積極的な理由によるもの
ではなく，被買収銀行の関係者として，経営状況が必ずしも良好とはいえない
銀行の改革のため，他に適当な人材がみつからなかったためであった。

　伊東磯平治の意向を受けて，伊東要蔵の登用に尽力したのは，鈴木金平東京
支店副支配人であった。鈴木金平は，伊東磯平治に宛てた書簡の中で，伊東要
蔵の取締役就任を「為銀行慶賀之至」であると記しており，伊東要蔵に改革へ
の期待を寄せていたことがうかがえる。この人事により，伊東磯平治は取締役
を退任する予定であったが，今後も本支店を随意に訪れ，意見のある場合は重
役に自由に建議できるとされた[8]。また，伊東磯平治は鈴木金平と交渉の上，
伊東要蔵が改革を実行するのに必要な環境を準備するとともに，これを気賀半
十郎および大石清五郎取締役に承認させている。その具体的な内容は，以下の
3点である。

　　①〔伊東要蔵を〕互撰ヲ以テ副頭取ニ選挙スルコト
　　②副頭取ハ随意ニ本支店ヲ視察スベシ　但シ必要ト認ムル場合ハ，其地ニ
　　　滞在シテ十分ニ検察スルコトヲ得
　　③副頭取ニ於テ店員ヲ淘汰シ，多勢ヲ刷新スル意見アル場合，銀行ニ差支
　　　ナキ限リハ，重役ニ於テモ其意見ヲ採用スヘキモノトス[9]

　これは，伊東要蔵の登用が銀行内部の改革をおこなうためであったことの証
左であろう。こうした権限は，銀行内部の大規模な整理をおこなうために必要

であり，強権的な対応の必要性を伊東磯平治および伊東要蔵が認識していたためである。特に，上述の「建議書」中の①や④のような行員関係者に対する貸付を解消するためには，他の取締役からの反対も予測されることから，伊東要蔵に広範な調査権限と専決権を与えることを要求したのである。

1901 年 3 月 3 日，伊東要蔵は三橋四郎次の辞任により取締役に当選すると，直後に互選により副頭取に当選している。同年 7 月 8 日，伊東磯平治は取締役を退任し，7 月 12 日，気賀半十郎の頭取退任により，伊東要蔵が頭取に当選している。頭取への就任にあたっては，「一昨日浜松迄行返し大人〔伊東磯平治〕ニ御面会御相談ノ上，来七月ノ総会ヲ歴タル上何分ニも決定可致，夫迄ハ受込不申事ニ決心致候」[10] として，伊東要蔵は伊東磯平治の意見を聞くとともに，株主による総会での承認を条件とした。

伊東要蔵は頭取就任に際して，「頭取就任ノ際ニ於ケル理想ニシテ，夫々命令ヲ発シタル部分モアリ」として，以下の 12 の方針を示している。

①社員及其近親ト貸借取引ヲ開カントスルトキハ，頭取ノ承認ヲ乞フベシ
②従来ノ社員及其近親ニ対スル貸付ハ，本年下半季ニ三分一，明年中ニ残三分二償還整理ノ計画ヲ為スベシ
③地所ニ対スル貸付ハ毎半季ニ其総額ノ五分ノ一ヲ目的トシテ必ズ取立ツベシ
④地方ノ端株ヲ担保トスル貸付モ亦前同断ノコト
⑤七月　日ノ現在貸付口ノ担保物件共，明細調ヲ調整ノコト
⑥返金及担保品差損ノ都度，報告ノコト　　　但周報
⑦当座貸越約定ハ，大体減額ノ方針ヲ執ルベシ
⑧当座貸越明細及預金ノ額毎周報告ノコト
⑨社員ノ戸籍謄本ヲ差出シムルコト
⑩社員ノ履歴書ヲ徴スルコト
⑪社員誓約書ヲ改ムルコト
⑫延滞金ノ取立ハ緩急ヲ計リ，不怠整理ヲ為スコト[11]

すなわち，情実融資とそれをおこなう行員を取り締まること（①，②，⑨，⑩，

⑪），営業実態を明確に把握すること（⑤，⑧），貸付の担保を厳格にすること（③，④，⑤，⑥），資金の回収を計画的におこなうこと（②，⑫）である。ここに，1901年7月段階における伊東要蔵の問題認識とそれに対する打開方針が端的に示されているといえよう。

第2節　経営改革への着手

1　情実融資への対応と負債の整理

　三十五銀行の副頭取に就任した伊東要蔵は，銀行関係者に対する貸付に伴う資金の固定化と不良貸付の発生は，情実融資に起因する杜撰な貸付体制によるものと判断した[12]。そこで，こうした状況を改善するために，各支店独自の貸付活動を制限し，自らの監督下に再編しようとする。その過程で，1901年5月10日頃，伊東要蔵は沼津支店に突如現れ，村越直勝支配人[13]と吉田金次郎（手代）を解雇している。これは，各支店による全ての貸付に対して本店の承諾を得ることを規定したにもかかわらず，村越直勝が本店の承諾を得ることなく，自らの判断で10万円前後の貸付をおこなったためであった。この貸付には充分な担保が設定されていたが，「村越氏は単に本店の命令に従はざる為め其職を解かれ，三十五銀行は支店長が其命令に背きたる為め之を解雇」[14]したのであった。このように，伊東要蔵は各支店の活動に制約を設け，違反者は即刻解雇という強権的姿勢をもって，本店による一元的な管理体制の構築を試みようとしていた。こうした行動は，副頭取就任に際して伊東要蔵に認められた各支店への立入り調査と行員に対する人事の専決権を活用したものであった。

　気賀半十郎の退任に伴い伊東要蔵が頭取に就任すると，彼は以前から問題視していた三十五銀行関係者への貸付状況の調査に着手する。早速，本店および各支店に対して，1901年7月段階での行員関係者への貸付とそれに対する回収見込みを報告させている[15]。これをまとめたものを表6-2として示す。ここでは，一部の貸付案件については，「目下整理中ニテ，其他ノ分ハ整理済及整理ヲ要セサルモノニ付，別ニ整理方法差上不申候」[16]とされていることから，すべての貸付案件が対象とされたのではなく，今後，整理が必要とされる貸付案件のみが報告対象とされたといえる。表6-2が示すように，整理が必要な行

表 6-2 三十五銀行における関係者に対する貸付金残高および整理方法

貸付先 所属・関係	貸付金額	期限	担保品	返済見込・整理方法	備考
〈本店分〉					
取締役親族	3,507	1904. 12.17	農工銀行 41 株，静岡紺谷町宅地		貸越
監査役	4,784	1903. 3.31	日本銀行 20 株，日本郵船 40株		貸越
取締役親族	10,000	1903. 8.15	鐘淵紡績 50 株，静岡貯蓄110 株，静岡銀行 50 株，静岡市公債 (450 円)，軍事公債 (700 円)	1901 年中に 2,000 円を減じ追々減額の見込み	貸越
本店支配人	10,083	1909. 3.30	大宮銀行 60 株，第三銀行 30株，帝国商業銀行 10 株，吉原銀行 20 株，静岡貯蓄 60 株，横浜火災保険 50 株，静岡農工銀行 31 株		貸越
監査役	2,950	1905. 8.30	静岡米穀取引所 25 株，静岡商業銀行 200 株	—	貸越
頭取親族	21,688	—	気賀銀行 100 株，三遠銀行150 株，資産銀行 48 株，静岡貯蓄 30 株，九州鉄道 12 株，近江鉄道 50 株，静商銀行 50株，起業銀行 50 株，静岡商業銀行 40 株，静岡農工銀行 50 株		貸越
監査役親族	24,374	—	静岡農工銀行 357 株，日本製茶会社 10 株，二俣貯蓄 70 株，川部銀行 31 株，播但鉄道 80株，堀之内銀行 252 株		貸越
行員親族	544	—	静岡銀行 75 株	—	貸越
行員親族	7,630	1911. 1.31	静岡銀行 400 株，静岡貯蓄100 株	—	貸越
取締役	15,497	1899. 12.20 1900. 12.20	軍事公債 (300 円)，四日市製糸 230 株，静岡貯蓄銀行 30株，宅地，田畑 (全評価額 23,000 余円)	担保品売却，1 両年以内に皆済の見込	取引合計
本店員 (4 等下)	910	1901. 5.20	静岡貯蓄銀行 4 株，宅地，建物	担保品 (1,000 円以上) を売却できなければ皆済の見込なし	取引合計
本店員 (6 等下)	126	1900. 12.20	安倍銀行 1 株，三十五銀行株2 株 (信用貸見合)	1902 年に皆済との申し出，担保品 20 円不足も損害はなし	取引合計
本店員 (4 等下)	450	1900. 12.20	日本鉄道 7 株 (評価額 470円)	毎半期元利中に 50 円ずつ返金の申し出	
本店員 (4 等下)	2,895	1902. 5.20	三十五銀行 60 株 (信用貸見合)	株式価格の恢復をまち担保品売却し返金に充当予定	沼津支店長貸金担保流込分

貸付先 所属・関係	貸付金額	期限	担保品	返済見込・整理方法	備考
本店員 （9等上）	150	1900. 12.20	横浜火災保険 18 株（評価額 172 円）	担保品売却により返金見 込	
行員親族ヵ	14,618	1910. 6.30	九州鉄道 3 株，帝国製帽 30 株，日本楽器 20 株，三十五 銀行 20 株，宅地，建物	担保品売却，残金は 1910 年までに返金の約 定あり	取引合計
本店員 （4等下）	8,070	1900. 8.20 1901. 3.20	正金銀行 56 株，勧業債券 （100 円），静岡貯蓄銀行 2 株， 静岡漆器 25 株，沼津取引所 3 株，信用無担保	担保品評価額は時価に対 し 450 円不足，株価の恢 復をまち売却予定（来春 は越えない見込）	取引合計
行員親族ヵ	25,700	1901. 2.20 1901. 6.20 1901. 12.20	日本勧業銀行 7 株，北越鉄道 50 株，静岡銀行 70 株，東京 株式取引所 10 株，東京紡績 20 株，静岡農工銀行 150 株， 横浜火災保険 52 株，三十五 銀行株 55 株（株式評価額 12,400 円），宅地（評価額 19,700 円）	株式担保品は株式の恢復 をまち売却若しくは他銀 行へ借換の見込，宅地は 延期の申し出あり	取引合計
行員親族ヵ	2,151	1900. 12.20 1902. 12.20 1903. 12.20	三十五銀行 1 株（信用貸見 合），無担保	801 円分は 1902 年 12 月 までに返金見込，残金は 「本人出世」の上でなけ れば弁済見込なし	取引合計
行員親族ヵ	700	1900. 12.20	宅地，建物	担保品売却により 9 月ま でに皆済見込	取引合計
行員親族ヵ	470	1901. 7.20	宅地	他銀行へ借換見込	
行員親族ヵ	120	1901. 6.20	宅地	担保品売却相談中につき 返済見込	
監査役	7,563	1900. 12.30	無担保	振出人：三十五銀行監査 役	割引手形 貸付
元取締役 （監査役親族）	10,000	1901. 5.11	無担保	振出人：堀之内銀行	割引手形 貸付
本店小計	174,980				

〈東京支店分〉

貸付先 所属・関係	貸付金額	期限	担保品	返済見込・整理方法	備考
行員親族	2,198	1901. 9.30	炭鉱鉄道 20 株，九州鉄道 15 株	担保品処分（不足）	
沼津支店員 （7等下）	1,535	1888. 12.31	無担保（保証人あり）	1902.5.31 以降適宜請求	
東京支店 副支配人	3,000	1901. 11.31	不動産（時価 5,000 円）	自宅を除く建屋の売却を 提案	
東京支店員 （試補）	1,250	1901. 7.31	不動産（時価 1,200 円）（保 証人あり）	担保売却	

表 6-2（つづき）

貸付先 所属・関係	貸付金額	期限	担保品	返済見込・整理方法	備考
横浜支店員 （8等上）	1,289	1906. 6.30	不動産（時価 800 円）	賞与金より返還の約束	
東京支店員 （6等上）	4,900	1901. 12.31	不動産（時価 4,100 円）（保証人あり）	担保売却	
横浜支店員 （5等下）	14,000	1901. 12.1	不動産（時価 20,880 円）（保証人あり）	担保売却，目下掛合中ながら返金見込	
行員親族	205	1901. 8.31	無担保	担保売却済み，近日請求	割引手形
行員親族	345	1901. 9.7	市街鉄道 170 株，勧業債券 100 円，尾三委託 5 株（時価 570 円）	期日までに返済見込	割引手形
東京支店 支配人	96,250	1901. 12.31	九州鉄道 3,569 株，富士紡績 1,350 株（時価 97,604 円）	元足立孫六分に付き処分できず，時価で損失は発生せず	割引手形
監査役	6,000	1901. 7.30	郵船 150 株	期日までに返済見込	割引手形
行員親族	1,560	1901. 8.31	勧業債券 260 株，東洋汽船 10 株，永世社 11 株，市街鉄道 227 株，35 銀行 12 株	期日までに 400 円返金の上継続	割引手形
取締役	2,544	—	三十五銀行 10 株（時価 3,830 円）	継続	当座貸越金
監査役	1,544	—	三十五銀行 20 株，郵船 50 株（時価 6,000 円）	継続	当座貸越金
東京支店小計	136,620				
〈横浜支店分〉					
東京支店 支配人	4,715	1901. 12.23	不動産	期日までに元利皆済見込	
行員親族	98,840	1901. 6.20	不動産	板倉甫十郎・気賀半十郎・安達重助・鶴見信平で分割し各 5,000 円の増担保	
横浜支店小計	103,555				
〈沼津支店分〉					
沼津支店員 （7等上）	545	—	三十五銀行 6 株（信用見合）	増担保の上 12 月期日までに元利皆済見込	解備者
沼津支店員 （小使）	25	—	無担保	身元保証金及び見合担保以外は返金不能，欠損の見込	解備者
沼津支店員 （7等下）	3,552	—	三十五銀行 4 株（信用見合），関西鉄道 8 株，富士紡績 50 株，無担保	身元保証金及び見合担保以外は返金不能，不足分は年賦貸，欠損の見込	解備者，取引合計

貸付先 所属・関係	貸付金額	期限	担保品	返済見込・整理方法	備考
本店員 （9等下）	698	—	成田鉄道株 10 株	実績はないもものの元利皆済見込	
沼津支店小計	4,820				
〈浜松支店分〉					
浜松支店員 （7等下）	300	1901. 10.20	帝国商業銀行 10 株	支店長田代英作の在職期間中に限り無限責任	取引合計
行員親族	296	1901. 9.20	北海拓殖銀行 14 株，軍事公債 50 円	支店長田代英作の在職期間中に限り無限責任	取引合計
浜松支店員 （6等下）	50	1901. 11.20	帝国商業銀行 10 株	支店長田代英作の在職期間中に限り無限責任	
浜松支店 支配人	198	1901. 9.2	山陽鉄道新株 6 株	石川善平貸金整理に伴い 35 銀行の所有となった担保品を売却	取引合計
浜松支店員 （6等上）	720	1901. 6.20	横浜正金銀行 6 株（新旧半数ずつ）	利息を請求し担保品を売却	
行員親族	5,500	1901. 6.20	気賀銀行 93 株	利息を請求，増担保，本店と協調して対応	
行員親族	7,820	1901. 4.20	気賀銀行旧株 62 株，帝国制帽旧株 126 株	利息を請求，増担保，本店と協調して対応	取引合計
監査役	6,000	1901. 12.20	浜松委托 106 株，帝国制帽旧株 40 株，西遠銀行 10 株，浜松米穀取引所 43 株	利息を請求，増担保，本店と協調して対応	取引合計
浜松支店小計	20,884				
〈見付支店分〉					
見付支店 （8等下）	50	1901. 12.3	三十五銀行 1 株	期日までに元利皆済申し出	
行員親族	170	—	京都鉄道 10 株	12 月までに元利皆済見込	
見付支店小計	220				
合計	441,079				

典拠：「役員及其家族ヘ貸越金調・役員及其家族エ貸金調」，伊東家文書，0609-0036-0003-0012；「伊東要蔵宛倉田治五兵衛（見付支店副支配人）書簡」，同前，0609-0038-0011；「見込書」，同前，0609-0038-0014；「本行役員及其家族ニ対スル貸付金調」，同前，0609-0038-0016；「東京支店貸附金貸越金及割引手形 役員及行員其家族ニ対スル分整理法」，同前，0609-0038-0028；「浜松支店員及同家族ヘ貸付金調 其一」，同前，0609-0038-0033；「行員ヘ貸付金調 其二」，同前，0609-0038-0034；「役員及其家族ヘ貸付金調 其三」，同前，0609-0038-0035；「株式会社三十五銀行員名簿写」，同前，0609-0036-0003-0001-0001。

注 1 ：貸付金額の単位は「円」であり，銭以下は四捨五入して表記した。

　　2 ：貸付先については，行員との関係のみを表記し，行員の所属は 1901 年 3 月～7 月（推定）に作成された史料に基づき記載した。

　　3 ：「—」は原史料に記載がないもの。また，期限を複数併記しているものは複数の取引があることを示す。

　　4 ：1901 年 7 月現在のものである。

員関係者への貸付金額は44万1,079円であった。これは，1901年上半期の諸貸付金が213万8,780円であるから（表6-1），その20.6％を占めていたことになる。この内，最大の貸付先は足立孫六であった。行員関係者に対する貸付の内，事故なく継続とされた取引がある一方で，資金の回収の見込みが立たず，担保品を処理しても欠損を生じさせる取引もあった。

　さらに，伊東要蔵は三十五銀行全体での不良資産総額を算出するべく，本支店の欠損金額を調査しており，その結果を示したものが表6-3である。1901年末時点で確定した欠損金額は23万2,182円であった。これは，担保品を処理した上での金額であって，他にこれを補塡する方策は三十五銀行にはなかった。伊東要蔵はこうした損失の原因を，信用貸しや不充分な担保による貸付をおこなった行員に求めた。当時の銀行貸付のあり方は，銀行経営者の貸付姿勢に極めて大きく依存しており，実際，特に戦前期の地方銀行では審査課や審査部といった部署が設置されることはほとんどなく[17]，信用調査の意義自体が浸透していなかった。これを前提とするならば，当時の三十五銀行の貸付状況は，こうした地方銀行一般にみられるものであって，問題はそうした貸付が「運転資金」の欠乏を生じさせるところまで膨らんでいたことにあると解するべきであろう。

　このように，貸付体制を自らの監督下に再編しようとした伊東要蔵は，その一方で，負債金額の処理を資本金の減資という方法でおこなうことを企図する。1901年には，三十五銀行の巨額の欠損金の事実が外部に漏洩するとともに，日本銀行からの援助を受けている[18]。こうした中にあって，三十五銀行の信用を回復するためには，依然として欠損金の処理が喫緊の課題であった。そこで，1902年1月15日の臨時株主総会の議案として，伊東要蔵は，「資本金百二十万円ヲ金一百万円トナス事」[19]を提案している。だが，株主中より「異論百出」のため，この減資は来季まで見合わせざるをえなかった[20]。その結果，三十五銀行は欠損金の処理を実施できず，1902年は無配当に陥っている。1903年に入ると，上半期に6分，下半期に5分の配当を実施しているが，来季まで実施が見合わされた減資は，実現をみることはなかった。これは，欠損の切捨てによる減資を断行しようとした伊東要蔵の方針に対して，「株主中偏見を抱くものあり，拒んで之を容れざりし」状況があったためである[21]。ここにきて，

表 6-3　三十五銀行本支店別欠損額

(単位：円)

貸付先	損失金額	備考
〈本店分〉		
HS	100	無担保信用貸
IT	190	無担保信用貸
IT	1,280	貸金 1,760 円，担保：静岡取引所 16 株（時価 30 円）
IT	600	貸金 800 円，担保：米預リ証書（空券）
KY	2,113	無担保信用貸
IK 他 2 名	124	貸金 1,200 円，残額 184 円，担保：静岡取引所 2 株（時価 30 円）
HR	230	貸金 5,700 円，担保：静岡取引所 24 株（時価 30 円）・江尻倉庫銀行 6 株（時価 40.9 円）・九州鉄道 110 株（1 株 41 円）
KU	320	貸金 1,000 円，炭鉱株式
KU	2,107	貸金 8,000 円，残額 2,616.6 円，担保：米預リ証・株式・静岡取引所 17 株（時価 30 円）
ES	1,950	貸金 5,000 円，残額 3,888 円，担保：帝国制帽 30 株（時価 30 円）・九州鉄道 3 株（1 株 46 円）・35 銀行 20 株（1 株 45 円）
ES	8,290	貸金 10,000 円，担保：不動産（1,710 円），保証人あり
OK	60	貸金 683.5 円，残額 107.5 円，カルトン 1,600 枚（1 枚 3 銭）を差引く
TM	50	貸金 380 円，残額 100 円，刻巻煙草 8 個荷物劣化
OT	10,000	約束手形延滞，担保：愛国銀行 380 株・豆相鉄道債券 5,000 円，担保薄弱
小計	27,413	
〈東京支店分〉		
SK	148	担保品処分済
SK	2,090	担保品処分済
AM	1,535	担保品処分済
KT	977	担保品処分済
NH	136	回収不能
ST	27	回収不能
TM	333	担保：正金 50 株（引取 152 円 70 銭，時価 162 円 50 銭），7 円以上の騰貴で損失回避
AM*	11,662	引取担保の騰貴で損失回避
KK	560	手形 2,000 円，見返品：35 銀行 32 株（1 株 45 円）
NK	17,260	手形 42,660 円，担保：不動産（24,000 円）・東株 10 株（1,400 円）
OR	8,987	貸金 59,432 円，担保：東株 220 株（31,240 円）・現金預リ（19,204 円 88 銭），東株 183 円までの騰貴で損失回避
YS	1,220	貸金 3,869 円，担保：東株 10 株（1,420 円）・北越石油 50 株（625 円）・現金預リ（603.52 円），騰貴でも損失発生
KK	255	貸金 900 円，担保：製糖新株 9 株（270 円）・明治製帽 25 株（375 円）
KH	4,400	貸金 11,200 円，担保：横浜五品 150 株（6090 円），東株 5 株（710 円）
小計	49,590	「時期ヲ見テ處分スレハ十分ノ四位ハ回収シ得ラル、見込ナリ」
〈横浜支店分〉		
TS, SS	20,000	貸金 40,000 円，20,000 円回収見込

第 6 章　経営危機下の地方銀行改革　　175

表 6-3（つづき）

貸付先	損失金額	備考
TS，SS	11,500	貸金 21,500 円，10,000 円回収見込
TK	20,944	貸金 22,043 円，1,100 円回収見込
TM	2,160	貸金 4,160 円，2,000 円回収見込
NY，HZ	1,900	貸金 3,900 円，2,000 円回収見込
KT	770	貸金 1,770 円，1,000 円回収見込
YS，KT	7,388	貸金 10,388 円，3,000 円回収見込
小計	64,662	
〈沼津支店分〉		
HE	19,657	貸金 92,147 円，示談決了：株式担保（22,040 円）・不動産（47,250 円）・現金（5,000 円）・10〜34 年賦（19,657 円）
IK	36,900	貸金 54,841 円，担保：不動産（6,500 円）・繭・株式（6,860 円）・約束手形・信用見合（35 銀行 20 株差押付）
NB	7,340	貸金 12,291 円，担保：株式（4,950 円）
FD	4,530	貸金 17,600 円，担保：不動産（13,070 円）
YM	3,600	貸金 7,500 円，担保：不動産（3,900 円）
TY	3,205	貸金 7,000 円，担保：不動産（3,795 円）
SM	3,415	貸金 7,000 円，担保：不動産（3,585 円**）
AM	1,763	貸金 2,843 円，担保：富士紡績 50 株（1 株 18 円）・35 銀行 4 株（1 株 45 円）
AA	116	貸金 424 円，担保：関西鉄道 8 株（1 株 38 円）
AK	532	貸金 1,537 円，担保：九州鉄道 30 株（1,005 円）
MK	405	貸金 698 円，担保：成田鉄道旧株 10 株（1 株 28.5 円）・同新株 3 株（1 株 2.8 円）
MS	400	貸金 1,160 円，担保：関西鉄道 20 株（1 株 38 円）
MI	1,056	貸金 1,616 円，担保：沼津米塩取引所 56 株（1 株 10 円）
DB	27	貸金 1,000 円，担保：軍事公債 1,100 円（売却価格 973 円）
NK	1,534	貸金 4,000 円，担保：不動産（2,466 円）
TM	300	貸金 700 円，担保：不動産（400 円）
YE	3,034	貸金 7,500 円，担保：不動産（4,466 円）
小計	87,814	
〈為替貸〉		
本店	603	対桑名百二十二銀行
東京支店	1,062	対桑名百二十二銀行
横浜支店	409	対桑名百二十二銀行
浜松支店	628	対桑名百二十二銀行
小計	2,703	
合計	232,182	

典拠：「明治三十四年十二月三十一日調 本支店欠損額調書」，伊東家文書，0609-0036-0003-0002。
注 1 ：銭以下は四捨五入して表記した。また，時価の記載のあるものは 1 株に対する金額である。
　 2 ：東京支店分の合計金額は，史料上の合計金額に誤記が確認できるため，各人に対する取引の欠損額を基準に算出し直した。

3：浜松支店および見付支店分は，史料上に記載がないため，損失として計上されたものがないと考えられる。
4：「*」は，足立孫六に対する貸付金であることを示す。
5：「**」は，史料上の記載に誤記が確認できるため，修正したことを示す。
6：本表では，個人情報保護のため，原則として，人名はイニシャルにて記載した。なお，イニシャルでの表記が同一であることは，必ずしも同一人物を示すものではない。

頭取就任時より危惧していた株主との対立が現実のものとなったのである。
　ここで，後掲の表6-4として，1898年から1905年の間の三十五銀行の主要株主とその保有株数を示す。表6-4からわかるように，伊東要蔵が保有していた株式は最大で1%程度に過ぎず，彼の株主としての影響力は限定的であった。三十五銀行は静岡県内の旧国立銀行系の銀行を合併したことから，主要株主は県内各地域に分散していたといえる。そのため，当該時期の経営陣も県内各地域の企業家や資産家によって構成されていた。彼らは，他の銀行や企業の重役を兼任している場合もあり，大きく分けると，静岡地域を中心とした企業家ネットワークと浜松地域を中心とした企業家ネットワークの2つの存在を指摘することができる。ただし，伊東要蔵と共通する兼任重役は，中村藤吉取締役と内田正監査役のみであった（前掲表5-3-1）。このように，彼を支持する重役が少ない状況を考慮すると，伊東要蔵は株主総会において，自らの改革を強硬に推進するほどの発言力は持ちえていなかったと考えられる。

2　人材の登用

　伊東要蔵は，信用貸しや担保能力の不充分な貸付の発生は行員の資質に起因する問題であると捉えていたため，行員自身や個々の職務範囲に関する調査をおこなっている。これにより，各支店は，行員の勤務態度や経歴，資質に関する報告書を作成し，伊東要蔵に提出している[22]。これらは，彼が各支店に対して求めた調査報告であり，先述の伊東要蔵の頭取就任時の方針を実践したものといえる。
　伊東要蔵は，頭取就任に際し，行内における大規模な人員の変更はおこなわなかった。支店の支配人に関しても，村越直勝の更迭以外の変更はみられない。すなわち，一元的な管理体制を構築するために不適任な人材のみを更迭したが，その他の行員の更迭はおこなわなかったのである。そのため，彼の意向を受けて従業員を監督する支配人を必要としていた。だが，彼は三十五銀行内部に自

第6章　経営危機下の地方銀行改革　　　177

表6-4　三十五銀行主要株主および保有株数

(単位：株)

1898 年		1899 年		1900 年	
気賀半十郎（引佐郡）	1,282	気賀半十郎（引佐郡）	1,142	気賀半十郎（引佐郡）	1,142
小林竹雄（静岡市）	864	小林竹雄（静岡市）	864	小林竹雄（静岡市）	814
三橋四郎次（小笠郡）	700	三橋四郎次（小笠郡）	700	三橋四郎次（小笠郡）	700
福川泉吾（周智郡）	520	福川商店（周智郡）	520	福川忠平（周智郡）	520
山内銀行（磐田郡）	432	平尾徳太郎（静岡市）	428	平尾徳太郎（静岡市）	428
平尾清一郎（静岡市）	428	安達重助（静岡市）	420	大石清五郎（静岡市）	423
安達重助（静岡市）	420	大石清五郎（静岡市）	413	安達重助（静岡市）	420
大石清五郎（静岡市）	413	伊東磯平治（引佐郡）	412	伊東磯平治（引佐郡）	412
伊東磯平治（引佐郡）	412	気賀鷹四郎（引佐郡）	400	気賀鷹四郎（引佐郡）	400

1901 年		1902 年		1903 年	
気賀半十郎（引佐郡）	1,142	気賀半十郎（引佐郡）	1,042	気賀半十郎（引佐郡）	1,042
小林竹雄（静岡市）	814	小林竹雄（静岡市）	522	三橋四郎次（小笠郡）	460
三橋四郎次（小笠郡）	700	三橋四郎次（小笠郡）	460	気賀鷹四郎（引佐郡）	448
福川忠平（周智郡）	500	大石清五郎（静岡市）	430	大石清五郎（静岡市）	440
大石清五郎（静岡市）	440	平尾徳太郎（静岡市）	428	平尾徳太郎（静岡市）	425
平尾徳太郎（静岡市）	428	安達重助（静岡市）	420	安達重助（静岡市）	420
安達重助（静岡市）	420	気賀鷹四郎（引佐郡）	400	小林サチ	412
気賀鷹四郎（引佐郡）	400	鈴木作三	364	中村藤吉（浜名郡）	382
		馬淵重太郎（敷知郡）	358	鈴木作三	364
		板倉甫十郎（榛原郡）	356	伊東要蔵（引佐郡）	359

1904 年		1905 年	
気賀半十郎（引佐郡）	1,042	大石清五郎（静岡市）	600
三橋四郎次（小笠郡）	460	三橋四郎次（小笠郡）	460
気賀鷹四郎（引佐郡）	448	気賀鷹四郎（引佐郡）	448
安達重助（静岡市）	420	安達重助（静岡市）	420
平尾徳太郎（静岡市）	408	平尾徳太郎（静岡市）	408
中村藤吉（浜名郡）	382	尾崎伊兵衛（静岡市）	393
鈴木作三	364	中村藤吉（浜名郡）	382
伊東要蔵（引佐郡）	359	鈴木鉄太郎	380
馬淵重太郎（敷知郡）	358		
板倉甫十郎（榛原郡）	356		

典拠：東京興信所編［1898-1905］。
注：当該時期の発行済み株式は，24,000 株。

らの基盤を持たず，金融事業に対する専門的な知識や経験も有していなかった
ため，こうした人材を三十五銀行の外部から調達せざるをえなかった。そこで
彼が頼ったのは，自らと同窓の慶應義塾出身の企業家であった。ここでは，小
樽勇と松尾侃次郎を事例に，その具体的な登用の経緯を検討する。

　小樽勇は，山田義実の解任に伴い，伊東要蔵が頭取に就任した直後の1901
年8月27日，日本銀行から本店支配人に登用された人物である。本店支配人
の選任に関して，伊東要蔵は山本達雄日本銀行総裁に紹介を依頼している。こ
れを受けて，山本達雄は小樽勇を紹介し，小樽勇も「機合ニ依リ一憤洗可致考
ヱテ」[23]おり，三十五銀行への転職に興味を示していた。この結果，山本達雄
はこの周旋を取りまとめ，彼の日本銀行辞任を許可した上で，「名義ハ素より
支配人ニ而宜敷様奉存候」として，加えて「本人へハ月給百二十円位ニ而，諸
手当等を合すれハ月二百円位ニハ可被成様申置候」[24]と彼の処遇を伊東要蔵に
提案している。山本達雄は伊東要蔵と同様に慶應義塾の出身で，大阪商業講習
所に在籍していたこともあり，彼が人材の紹介を求めるには適当な人物であっ
たといえる。この後，小樽勇は伊東要蔵が頭取を辞任するまでの間，本店支配
人として彼を補佐し，1904年2月5日に退任している[25]。

　また，松尾侃次郎は，後述するように，回収不能な貸付を発生させて辞任し
た井上好雄の後任として，1902年6月，東京支店支配人に登用された人物で
ある。彼もまた慶應義塾の出身で，王子製紙から三十五銀行に転じた人物で
あって，和田豊治や「日比氏」の推薦により三十五銀行に入行している[26]。そ
の準備を進めたと考えられる鈴木重臣（慶應義塾出身。当時は，王子製紙天龍川
出張所主任）は，「三井銀行抔にては一般に御承知の事に御座候へば，曽て当
製紙会社の者も大抵御承知致居候」[27]と記していることから，彼の三十五銀行
への転職は，三井銀行や王子製紙の承認を得たものであったことがわかる。こ
の後も和田豊治や「日比氏」は，松尾侃次郎を介して三十五銀行を後援してお
り，「和田日比両氏の力ニ依リ，取引先増加」[28]をみたことを，松尾侃次郎は
伊東要蔵宛の書簡に記している。松尾侃次郎もまた，伊東要蔵の退任とともに
三十五銀行を辞しており，その後は鐘淵紡績の営業部員に転じたことが確認で
きる[29]。

第3節　足立孫六への貸付金の処理

　次に，先述の「建議書」の中で，特に名前を挙げて問題視されていた，足立孫六に対する貸付金とその処理について検討する。ここで問題となっている足立孫六は，周智郡長や衆議院議員を務め，静岡県の多額納税者に名を連ねた資産家である。実業界では，参宮鉄道などの鉄道事業に関わり，1896年2月から1901年1月にかけて，富士紡績の監査役を務めている。なお，三十五銀行の取締役を務めた三橋四郎次は，彼の実弟である。この時期の足立孫六は資金的に困窮していたようで，最終的に無罪になるものの，堀之内銀行による転貸融資事件と担保品の手形偽造にかかわる嫌疑がかけられていた[30]。

　こうした状況下にあった足立孫六は，三十五銀行からも大規模な借入をおこなっていた。1901年段階での貸付金額の全貌を詳らかにすることはできないが，「足立親類対三五銀行之要領」から，貸付金の概略と，1901年11月段階で彼が構想したその返済方法を知ることができる。その内容は，次の通りである。

①足立孫六ヨリ三五本店及浜松見付支店借用ヘ，土地抵当ニテ三橋四郎次ヘ二番抵当書入分，元金五万六百円（三五本店ニテ六千円借用，磐田郡地所ヲ一番抵当ト為シ，三五東京支店ヘ九千円之二番抵当ト為シタル分ハ，別問題トス）之借用金は，三十四年十二月迄之淹滞利子ヲ，年五朱之計算ニ願フ事

②足立孫六振出三橋四郎次裏書之約束手形七千五百九十六円五十一銭之延滞日数モ，前同様三十四年十二月迄ヲ年五朱之計算ニ願フ事

③足立孫六対三五東京支店借用金中三橋四郎次保障ニ係ル一万五千円は，三十四年十二月迄無利息ニ願フ事

④三十五年三月三十一日，三五銀行ヨリ足立孫六ヘ買戻スヘキ九鉄富士紡両株式之契約履行之際，共ニ足立孫六ヨリ三五銀行ヘ支払フヘキ当時之欠損金一万千六百六十一円九十八銭，三十五年三月三十一日迄，無利息ニ願フ事

⑤三十五年三月三十一日，前項買戻シ之契約ニ係ル九鉄富士紡両株式は，
　之レヲ契約之通買戻ス事ニ確定シ，前数項之金員ト合同シテ弁済之方法
　ヲ，三五銀行足立孫六差決メテ締結スル事

⑦第一第二第三第四回之金員ヘ，三十五年三月三十一日ニ於而買戻スヘキ
　九鉄富士紡之代金九万六千二百七円五十銭之金員ヲ合セ，之レヲ年五朱
　利ト為シ三十五年ヨリ三十九年迄五ケ年間元金据置，四十年より四十四
　年迄之間ニ年二割宛消却シ，四十四年ニ至リ元利共完済ヲ為ス之契約締
　結ヲ願フ事〔⑥，⑧，⑨は省略〕[31]

　この中で，足立孫六は，「東京之帝商及三菱両銀行ニ多額ノ債務」を抱えて
いたこともあり，利息の低減を願うとともに（①，②，③，④），九州鉄道と富
士紡績の株式の買戻し金額と合算して，1907年より返済を開始することを企
図している（⑤，⑦）。

　これらの内，1902年中に作成されたと推定される本店および浜松支店，見
付支店による貸付金の処分に関するものを，次頁に，表6-5として示す。表
6-5によると，この段階での貸付金の合計は，9万6,347円である。その回収
方法は，僅かな三十五銀行の株式売却益と配当金のみしか想定できず，差引金
額の9万5,605円に関しては，「地所買代金ト定メ，而シテ該地所ハ三分ノ一
ヲ本年内若シクハ三十六年上半季迄ニ売却シ，残リ三分ノ二ハ三十七年迄ニ売
却若シクハ買戻サシムル事」[32]とする処理方法が検討されているが，これが実
現することはなかった。

　また，史料中の東京支店からの貸付は，東京支店支配人名義で振り出された
約束手形であり，表6-2中の東京支店分に計上されている「元足立孫六分」と
される9万6,250円のことである。これは，当時の東京支店支配人である井上
好雄が約束手形を振り出す形で実行されたものである。この担保品には，九州
鉄道の株式3,569株（時価5万7,104円）と富士紡績の株式1,350株（時価4万
500円）が入れられており，この時点の相場でこれらを売却すれば，9万7,604
円の売却益を得ることができ，損失は発生しないとされた。ただし，取引期間
の問題上，1902年3月31日までは「処分出来ズ」[33]とされている。しかし，
1901年末時点で，1万1,662円の欠損が見込まれており（表6-3，東京支店分欄

第6章　経営危機下の地方銀行改革　　　181

表6-5 足立孫六貸付金処分案

(単位：円)

貸方			借方	
摘要	元金	利金	摘要	金額
貸付金（本店貸付）	28,000	3,360	現金	35
貸付金（浜松支店貸付）	16,600	1,992	三十五銀行株式売却	672
貸付金（浜松支店貸付）	400	48	三十五銀行株式配当金	35
貸付金（見付支店貸付）	12,000	1,920		
貸付金（見付支店貸付）	400	64		
手形金	7,563			
貸越金	9,000			
金（貸付ヵ）	15,000			
小計	88,963	7,384		
合計		96,347		742
差引				95,605

典拠：「足立孫六氏貸金処分案」，伊東家文書，0906-0036-0003-0022。
注1：三十五銀行の株式売却金額は1株あたり42円。同行の株式配当金は1901年下半期分。
　2：銭以下は四捨五入して表記した。

のAM），この金額は「担保品ヲ引取リタル残額ノ貸ニシテ，無担保ナレトモ，若シ引取タル株ノ騰貴スレハ，全部ノ損失トハナラサル見込ナリ」とされていた。東京支店分の欠損金額の合計は，4万9,590円であるから，これはその23％に相当する。欠損金額の処理について，東京支店が提示した対応策は，「時機ヲ見テ処分スレハ，十分ノ四位ハ回収シ得ラル、見込ナリ」とするものであって，残りの6割については，「損失見込」とされていた[34]。

　こうした担保品の処分方法について，当初は足立孫六自身に買い戻させる方法が検討されていた。これは，九州鉄道株の元価である6万2,457円50銭，富士紡績株の元価である3万3,750円，そして，これらの「株式買戻ノ節ハ，払込ムヘキ付帯契約アル金員」の1万1,661円98銭を合計した10万7,869円48銭で引き取らせるというものであった。ただし，実際に入金する金額は9万7,869円48銭とし，残金の1万円は，「豊田庄九郎保証ニテ，足立孫六へ信用貸シヲナスヘキ金」[35]とされた。先述の「足立親類対三五銀行之要領」の⑦によると，その期限は1902年3月31日とされていたが，この買戻し案が実現することはなかった。

182

その結果，これらの担保品の処理は，それぞれ個別におこなわれる。九州鉄道株の最終的な処理方法は判然としないが，富士紡績の株式 1,350 株については，伊東要蔵自身が自らの資金で引き取ることとなる。伊東要蔵は，1902 年 7 月 30 日付で三十五銀行東京支店に対して，「井上好雄殿振出約束手形元金」3 万 2,042 円 50 銭と，「本年四月一日より七月三十日迄，百二十一日間」の利息 1,085 円 59 銭の合計 3 万 3,128 円 9 銭を払い込んでいる。この結果，富士紡績の株式が市場で売却されることは回避された[36]。

　そこで，1902 年 8 月 1 日付で，足立孫六は伊東要蔵に対して，富士紡績の株式 1,350 株を，3 万 4,965 円で売却する「約定書」を認めている。この約定には以下の付帯条件があった。

①足立孫六ヨリ伊東要蔵ヘ売渡シタル富士紡績株式会社株式一千三百五十株ハ，明治三十六年三月一日ヲ期シ，足立孫六ニ於テ，売渡金ト同一ノ金額ヲ以テ買戻ヲナス事

②富士紡績株式会社株式一千三百五十株ニ対スル三十五年下半期分利益配当金ハ，足立孫六ノ所得トス。但，前条ノ買戻ヲ為サヽルトキハ，利益配当金ハ伊東要蔵ノ所得トス

③足立孫六ニ於テ第一条ノ期限ニ買戻ヲ為サヽルトキハ，富士紡績会社株式一千参三百五十株ハ当然伊東要蔵ノ所有トス[37]

　これらの条件が示すように，この段階では，伊東要蔵が株式を引き取るのではなく，一時的な資金提供をおこなうことで市場での売却を防ぐとともに，将来的には，足立孫六に株式を買戻させることが計画されていた。だが，規定の期日までに足立孫六が買戻しのための資金を用意することはできず，1903 年 4 月 1 日付で，約定が更新される。この際の売買代金は 3 万 8,150 円とされ，①の買戻し期限は，1903 年 7 月 15 日とされた。②および③も踏襲され，足立孫六が買戻した際には，1903 年上半期の配当金は，彼の所有になるとされた[38]。しかし，更新された期限内にも足立孫六は買戻しをおこなうことはできず，この富士紡績の株式 1,350 株は，最終的に伊東要蔵の所有となっている。

　ここで，伊東要蔵による株式引受の意味するところを，富士紡績の動向を含

めて検討しておく。足立孫六は，富士紡績の創設時から同社の監査役を務めており，1896 年時点で，自らが頭取を務めた足立銀行名義の分と合わせて，2,400 株の株式を取得していた。これは，森村市左衛門の 1,562 株を上回る規模であった。当時の取締役および監査役の合計 10 名が保有した株式は 6,406 株であり，これは全体の 16.0％に過ぎないため，足立孫六が同社の筆頭株主であった[39]。彼は，1902 年 1 月の任期満了に伴い監査役を退任しており，ここで新たに監査役に就任したのが伊東要蔵であった[40]。この間の経緯については，すでに前章で述べた通りである。

　和田豊治が伊東要蔵を勧誘しはじめた 1901 年 4 月頃は，すでに足立孫六の転貸融資とそれに関連する一連の公判がおこなわれようとしており，彼の資金的な困窮が明らかになるとともに，富士紡績の株式が三十五銀行に担保品として押さえられていた時期でもある。こうした状況を和田豊治が承知していたと考えるならば，伊東要蔵は「偶々」足立孫六保有の株式を引受けたのではなく，これを引受けることを前提として，富士紡績の監査役に就任したとみることができる。1901 年時点での和田豊治は，富士紡績の株式を保有しておらず，取締役就任に必要な分は森村市左衛門から借用していた。自ら主導した経営再建策が功を奏した 1902 年下半期から株式配当と役員賞与が支給されるようになると，彼はこれらの資金を活用して株式の取得や追加払込に応じることが可能となったとされているが，それ以前の時期には，1901 年下半期に 154 株，それに，1903 年上半期に 6 株を増やしたのみであった[41]。実際，和田豊治自身が足立孫六の株式を引受けることは不可能であり，その株式の引受け先として，慶應義塾出身者による学閥ネットワークを活用し，自らの「学友」[42]であり，静岡県下の有力な資産家である伊東要蔵を頼ったと考えられよう[43]。

　松尾侃次郎に関する一件などからもわかるように，伊東要蔵と和田豊治は緊密な関係を有していた。こうした点を重視するならば，足立孫六への貸付金の処理に関する案件は，三十五銀行内部の整理の問題のみならず，前章で検討した伊東要蔵の企業家活動においても，その方向性を決める上で，重要な役割を果たしたといえる。

第4節　株主との対立と伊東要蔵の退任

　1902年1月15日の臨時株主総会で否決され，来季まで見合わせとされた資本金の減資案は，1903年に入っても実現することはなかった。こうした中で，伊東要蔵は改革の行き詰まりと自らの限界を自覚し，頭取を辞任する方策を模索するようになる。そこで，自らの後任の選定を，中村藤吉取締役に依頼している。この中村藤吉は，伊東磯平治らとともに浜松委託を設立した浜松の実業家であり，次章で検討する，伊東要蔵が社長を務めた浜松鉄道や浜松瓦斯では，取締役としてともに事業をおこなう人物でもある。この依頼を受けて，中村藤吉は大石清五郎と懇談するも，彼自身も適任ではないと考えていた。そして，他の複数人と交渉するも，「勧誘ハ甚タ不親切」なことであるとし，「本行之為メ，是非々々貴君ニ一層御尽力を願度申居候。〔中略〕現今之株主中，賢兄之右ニ出る者無之」[44] と考えた。このように，進んで頭取を引き受けようとするものはなく，7月の株主総会までに後任として適切な人材を確保できなかったため，この間，伊東要蔵は頭取を続投せざるをえなかった。

　こうした中で，同年には伊東要蔵の責任問題にまで進展する株式仲買人による詐欺事件が発生する[45]。これは東京支店が振り出した小切手に不渡りが発生した結果，石井捨三郎，石井菊次郎，服部正元に貸付けた4万7,000円余りの資金が回収不能となった事件である[46]。この事件に際して，東京支店支配人の松尾侃次郎は自らを推薦した和田豊治に対して，「頭取初め諸君の容易ならざる御配慮を煩し，小生の不面目此上なく，為ニ推薦者たる貴下及日比兄の面目を潰し何とも申訳無之」として謝罪するとともに，「是迄小生ニ対する非難攻撃ハ小生素より之を知悉致し居候得共，是とても或一部の人々が其声を大にしたる事実も有之候得共」[47] として，自らに対する従来からの反発が，問題を大きくしたと認識している。この事件に対して，和田豊治は松尾侃次郎と面談し，種々の注意をするとともに，「報効に伺申参り候間，何卒御見捨ナク御使用被下度願上候」とした上で，彼を「業務ニ不慣レも有之，種々ノ欠点も有之」として，「相当ノ人物」の下で経験を積ませることを伊東要蔵に進言している[48]。和田豊治が松尾侃次郎を後見する立場にあったことは先述の通りであるが，こ

こにみられるように，三十五銀行の内部における人事の在り方にまで意見している。彼は「各種大小公私の相談」に応じていたとされており[49]，こうした姿勢は三十五銀行においても確認できる。もちろん，これは伊東要蔵と和田豊治の同窓関係に依拠した個人的な関係によるものと考えられる。

　この事件の処理に追われる中で，中央の金融業界では，1903年10月，小樽勇を推薦した山本達雄が任期満了に伴う再任を認められず，突如として日本銀行総裁を更迭される[50]。これを契機として，伊東要蔵のもとで本店支配人としてその改革を補佐した小樽勇も辞任の意向を示したため，伊東要蔵は上京して，小樽勇の進退問題に関して山本達雄と協議している[51]。山本達雄は，「本日小樽氏来訪ニ付種々利害ヲ論シ，此際ハ否でも応ても是非留任いたし候様勧告」[52]したとして，熟議の末，伊東要蔵に対しても慰留するように求めている。後述するように，伊東要蔵と株主との対立は，小樽勇に対する非難を含むものであり，こうした状況から，彼が三十五銀行内部において厳しい立場に立たされていたことが推察される。最終的に，伊東要蔵は，「拙者も山本前総裁ニ対シ，又前途ニ横ル困難ヲ想像シ，此際退職致，今方好時機ト相考」[53]え，小樽勇の辞任を承諾している。ここで述べられている「前途ニ横ル困難」とは，翌年1月の株主総会を指すものと考えられる。この時期の決断には，東京支店の松尾侃次郎による損失事件の存在も影響していよう。伊東要蔵が自らの改革を補佐する人材として登用した小樽勇の退職を承諾したということは，彼自身が三十五銀行の改革から手を引く決意をしたことを推察させる。これは，伊東要蔵が退任するのであれば，小樽勇を三十五銀行に留め置く必要がなくなるためである。

　翌1904年1月21日，三十五銀行の株主総会が開催される。すでに，「静岡三十五銀行は彼の四万七千余円の損失事件以来重役攻撃の声喧しく，総会には必ず紛議を生すべしと予期せられし」状況であった。株主総会の席上，役員の改選および再任が決定されると，高木金之助，井上好雄，田代平五郎が，以下の5カ条からなる「質問書」を提出した。

　①頭取伊東要蔵氏に信用銀行兼務を辞し，三五銀行のため全力を注がんことを勧告すること

186

②総支配人小樽勇氏就任以来の行跡を見るに，社員の黜陟愛憎に依り，剰へ名を交際に仮り，浪費を省みず為に，唯外観を装ひ，行務に留意せざるものゝの如し。故に成績の見るべきなく，外は銀行の信用を薄ふし，内は悪弊の長ずるを覚ふ。また支店支配人須田盛泰氏の如き，其の器にあらずと認む。依て，此等は速やかに解雇せんことを頭取に要求すること

③頭取の推挙に依りし前支配人松尾侃次郎氏が，信用なく且資産なき石井捨三郎，石井菊次郎及び服部正元に貸付たる四万七千余円は現在回収の見込なきに至れり。果たして回収するを得ず。結局，損失に帰する場合に立至りたるときは，其責，株主に存するものと看做さるゝや。将，頭取自身に於て人撰を誤りたるより生じたるものとし，其責を負はゝや，否や。頭取の答弁を求むること

④頭取に対し，既往三ヶ年の経費著しくの増加したる所以の説明を求め，爾後の経費節減を要求すること

⑤小樽勇氏総支配人に就任以来支給したる旅費日当及び交際費，伝票写の回付を頭取に要求すること及び同人の出勤日数調の添付を求むること[54]

　この「質問書」は，「東京在住株主相談会」による決議を経たものであって，東京在住株主によって組織された三五倶楽部を代表して，彼らが提出したものであった。そして，「以上の質問に就き，頭取は責任ある答弁を為すべし」と発議すると，これに賛同して説明を要求するものと，「質問の必要なし」と頭取を擁護するものとに分かれて大紛擾が起きたが，安達重助の調停により一応の鎮静化をみた。

　これらの項目の内，①は伊東要蔵の兼業を直接批判するものであるが，その具体的な弊害は述べられていない。②は小樽勇の行動を批判するとともに，三十五銀行の業績が停滞したままである点を指摘している。表6-1を見る限り，1903年下半期に至るまで，諸預り金と純益金は低下傾向を示しつづけているが，これが全て小樽勇の責任となるべきものかは疑問である。③は先述の松尾侃次郎の関わる小切手の不渡りによる損失の責任問題についてであり，④および⑤は経費の増加を批判するものである。1903年下半期の営業報告によると，

旅費 2,500 余円，雑費 9,400 余円であったが，これが従来の旅費 800 余円，雑費 2,000 余円に比して「浪費」であると見做されたためである。これらの金額が，「交際費」や「旅費」として消費されたことを問題視した東京在住の株主が，伝票の回付や勤務日数調の提出を要求したのである。

こうした一連の批判の内，直接的に伊東要蔵を批判するものは①のみであるが，②は伊東要蔵が登用した人材の解雇を求め，③は松尾侃次郎の行動の責任を問う形で，伊東要蔵の責任問題に言及している。すなわち，形式的には小樽勇や松尾侃次郎を非難するものであっても，その矛先は伊東要蔵に向けられているとみることができる。こうした状況について，伊東要蔵は「総会以前に於て予め此事あるを察して，辞職の決心を為し」ており，総会の席上で自らの辞職を言明している[55]。伊東要蔵は，同日に家族に宛てた書簡の中で，本日の総会は「無事平穏ニ終了」したとした上で，「就テハ兼御話致候通リ三五頭取取締役共辞退書差出シ許諾ヲ得候事ニ相成候間，御安意可被下候」[56]と記している。ここからも，彼が総会での批判により退任を余儀なくされたのではなく，事前に退任の決意をした上で，総会に臨んでいたことがわかる。伊東要蔵にとって，総会での紛擾は予想の範囲内のことであった。彼は，自らが主導した改革の行き詰まりを認識していたが，後任の引き受け手が定まらなかったため，頭取の継続を余儀なくされていた。彼の改革が行き詰まる中でおきた，自身の経営に対する批判を，退任を実現する好機と捉えたのではなかろうか。それゆえに，総会は「無事平穏ニ終了」したと評価することができたのであろう。ただし，伊東要蔵の退任は，当時から「引責辞任」と見做されていた[57]。だが，有効な施策の実現が困難であることを認識し，かねてから頭取退任を希望していた点に留意するならば，こうした評価には修正が必要であろう。

伊東要蔵の退任を受けて，後任頭取の選任が進められたが，後任頭取はすぐには決まらなかった[58]。後任の頭取に尾崎伊兵衛が選任されたのは，2 月 5 日の臨時株主総会であった[59]。これに対して伊東要蔵は，「尾崎氏頭取ニ互撰相成候ニ付，御安神申候」[60]として安堵している。後任として頭取に就任した尾崎伊兵衛は，静岡市の資産家であり，静岡市会議員や商業会議所会頭を務めるとともに，製茶業の発展に大きく貢献した人物である[61]。三十五銀行では，国立銀行の営業期間満了に伴い私立銀行化した 1897 年から，同行の監査役を務

めていた。彼の登用は，国立銀行以来の歴史と地盤を有する三十五銀行が破綻した場合に県下の経済界に及ぼす影響を深く憂慮した亀井英三郎静岡県知事が，自らの帝国大学時代の同期生である榛葉彦三郎と相談して周旋したものであったとされている。同時に，旧弊の刷新や貸付金の整理，営業発展を期し，静岡農工銀行から柳原時次郎や林顕三を招聘している[62]。

　彼らのこうした努力もあって，ついに伊東要蔵が構想した三十五銀行の減資の断行が決定される。1905 年 7 月 21 日の臨時株主総会で，120 万円の資本金を 30 万円減額し，90 万円とすることが議決された。この減額された分は，「損失補塡ニ充ツル為，滞貸準備金ニ繰入ルヽ事」とされた。30 万円という金額は，表 6-3 に示した 1901 年末段階での欠損金額に，その後発生した欠損等を加えて算出したものと考えられる。この間，三十五銀行は，日露戦争中の好況に支えられるなどして，漸次業績を回復していき，1907 年 12 月 24 日の臨時株主総会では，72 万円の増資が決議され，資本金は減資以前を上回る 162 万円とされた。また支店網の縮小がおこなわれており，1905 年 4 月 10 日，見付支店が「利益少ク，将来其増加ヲ見ルベキ見込モ無」いため閉鎖され，同年 12 月 1 日，東京支店が，井上好雄や松尾侃次郎ら「歴代ノ支配人ノ所置宜シキヲ得ズ，欠損多額ニ上リテ行務不振，収支相償ハサルヲ以テ已ムヲ得ズ」ことを理由に閉鎖されている。1911 年 6 月 23 日には，「県外ニ小規模ノ支店ヲ置ヨリ，県内ヲ整備スルヲ利トスル」方針のもと，横浜支店が閉鎖されている[63]。

　この結果から考えると，伊東要蔵と尾崎伊兵衛の目指した改革の方針は同一であった。三十五銀行の損失は，すでに経営努力のみでは回復できないものであり，資本金の減額による損失補塡は，両頭取に共通した方針であったが，静岡県知事の意向を受けた尾崎伊兵衛によって，はじめて実現しえたのである。

　　おわりに

　以上，本章では，頭取として，三十五銀行の経営危機に対応した伊東要蔵の活動について検討した。本章での分析により明らかにされた点を，冒頭に記した課題に即してまとめると，次の 4 点に集約される。

第1に，伊東要蔵が三十五銀行に登用された1901年には，運転資金が窮乏しており，特に役員および行員関係者への貸付が，銀行内部で問題視されていた。その結果，当時の経営陣は，伊東要蔵の登用に際して，伊東磯平治の要望を容認せざるを得なかった。本章で取り上げた事例は，1901年恐慌の直接的な影響によるものではないが，当該時期の銀行において，内発的な危機への対応が存在していたことを示している。第2に，伊東要蔵は，情実融資を抑制するために行内の人事を刷新するとともに，貸付体制を自らの管理下に掌握することを企図したが，そのために必要な人材を三十五銀行内部から見出すことはできなかった。そこで，自らの意向を体現する人材を，和田豊治や山本達雄といった同窓関係にある慶應義塾出身の企業家ネットワークを介して，外部から調達した過程を解明した。第3に，足立孫六への貸付金の処理を検討した結果，和田豊治との個人的な関係を背景としつつ，富士紡績の株式は伊東要蔵が引き取ったことが判明した。これと前後する形で，伊東要蔵は富士紡績の監査役に就任し，以降，同社の経営に携わっていった。第2の点とあわせて，伊東要蔵が三十五銀行の改革をおこなうにあたって，銀行外部の知己との関係を積極的に活用していたといえる。第4に，株主の反対により，減資による損失補填に失敗した結果，彼は退任を決意し，1904年の株主総会での反発を受けて，ついにこれを実現する過程を明らかにした。この間，彼が登用した人材への批判が高まっており，三十五銀行内に基盤を持たない伊東要蔵にとって，外部からの人材登用は自らの責任に直結するものであったことが明らかになった。

　以上の点を，経営危機下の地方銀行における改革と頭取の企業者活動という本章の課題に即して検討しておきたい。三十五銀行の資金窮乏の原因とされた関係者への不良貸付による資金の固定化と貸倒れによる損失は，中村尚史［2013］が強調するところの地域の経済発展に寄与するはずの人的ネットワークである「顔のみえる関係」が持つ負の側面が顕在化したものと捉えることができる。銀行関係者が資金の貸付先であることは，彼らに事業資金を提供することで，地域の近代化や産業化に貢献する意味があることは間違いない。だが，これには，貸付に問題が生じた際に，彼ら自身が自らに対する不良貸付を整理せざるを得ないという側面があった。それゆえに，三十五銀行では「運転資金」の窮乏という問題が発生したのである。三十五銀行の負債は，同行の経営

陣であった地方資産家によるものであり，そして，この処理も地方資産家である伊東要蔵に任されたのである。彼自身は銀行経営についての専門的な経験や知識を有していなかったため，自らと同窓関係にある企業家を介して銀行外部から人材を調達することで，行内を一元的に統制すること試みた。しかし，減資による損失の切捨てを企図するも，株主との対立を惹起し，改革は失敗したのである。学閥ネットワークのみならず，こうした「顔のみえる関係」に基づいたネットワークの機能の限界の一端を，本章での検討から読み取ることができよう。

注

1) 1897 年に，国立銀行から私立銀行に譲渡し，その際に名称を変更しているが，本章では，「第三十五国立銀行」時代も含め，一貫して「三十五銀行」と表記する。

2) 岡田和喜・本間靖夫復刻［1973］「三十五銀行沿革誌（一）」，『金融経済』第 143 号，61-102 頁；岡田和喜・本間靖夫復刻［1974］「三十五銀行沿革誌（二）」，『金融経済』第 144 号，65-97 頁；静岡銀行編［1960］『静岡銀行史』静岡銀行；静岡銀行 50 年史編纂室編［1993］『静岡銀行史——創業百十五年の歩み』静岡銀行。

3) 岡田和喜［1983］「浜松第二十八国立銀行の成立と終焉」，『金融経済』第 200 号，397 頁。

4) 岡田・本間復刻［1973］，82 頁；岡田・本間復刻［1974］，81 頁；静岡銀行編［1960］，298-299 頁。

5) 「建議書」，1900 年 12 月 1 日，気賀家文書，静岡県立中央図書館静岡県歴史文化情報ライブラー所蔵写真版，73027-g-45。

6) 「総勘定元帳」，伊東家文書，浜松市博物館所蔵，74，75。

7) 岡田・本間復刻［1973］，82-83 頁。

8) 「伊東磯平治宛鈴木金平書簡」，1901 年 3 月 9 日，伊東家文書，慶應義塾福沢研究センター寄託（以下，伊東家文書の内，特に所蔵機関の記載のないものは同様），未整理（史料番号なし）。

9) 「三五へ対スル書付」，伊東家文書，未整理（史料番号なし）。本史料は伊東磯平治が作成したもので，上記「伊東磯平治宛鈴木金平書簡」と一括で現存している。

10) 「伊東仲宛伊東要蔵書簡」，1901 年 6 月 23 日，伊東家文書，未整理（史料番号なし）。

11) ［三十五銀行関係資料綴］，伊東家文書，0609-0036-0003-0010。

12) 金融機関が休業状態に陥る要因として，渋谷隆一［1975］は榎並越夫［1922］の検討（①重役の職掌に対する無責任，②政党関係への銀行利用，③自己関係事業への利用，④情実中心の経営）を援用しつつ，中小銀行の旧態依然とした個人金貸的な性格を指摘している。

13) 村越直勝は，1902 年を基準とする「先頃」の東京支店支配人の時に，「破産ニ近キ第六十四国立銀行ニ多額ノ融資ヲ為シテ不評ヲ買ヒ取付ヲ招イタ」ため，見付支店に転属されている（岡田・本間復刻［1973］，83 頁）。

14) 「支店長解雇」，『静岡民友新聞』，1901 年 5 月 16 日；「支店長解雇の理由」，同前，1901 年 5 月 17 日。

15) 「伊東要蔵宛見付支店副支配人倉田治五兵衛書簡」，1901 年 7 月 19 日，伊東家文書，0609-0038-0011；「伊東要蔵宛東京支店副支配人鈴木金平書簡」，1901 年 7 月 24 日，伊東家文書，0609-0038-0007 など。

16) 「本店宛東京支店副支配人書簡」，1901 年 7 月 29 日，伊東家文書，0609-0038-0007。

17) 齊藤壽彦［2001］「地方銀行の貸出審査体制」，石井寛治・杉山和雄編『金融危機と地方銀行──戦間期の分析』東京大学出版会，84 頁。

18) 岡田・本間復刻［1973］，83 頁。

19) 「明治三十五年一月十五日　株主臨時総会議案」，伊東家文書，0609-0036-0003-0038。

20) 「総会彙報」，『東京朝日新聞』，1902 年 1 月 17 日。

21) 三田商業研究会編［1909］『慶應義塾出身名流列伝』実業之世界社，6 頁。

22) 〔東京支店月給書上〕，伊東家文書，0609-0036-0003-0001-0002；「浜松支店員調書」，同前，0609-0036-0003-0001-0003；「三十五銀行見付支店社員店務分履歴」，同前，0609-0036-0003-0001-0004；「記（手代履歴調）」，同前，0609-0036-0003-0001-0006。

23) 「伊藤要蔵宛山本達雄書簡」，〔1901 年〕7 月 31 日，伊東家文書，0609-0036-0020-0047。

24) 「伊藤要蔵宛山本達雄書簡」，1901 年 8 月 23 日，伊東家文書，0609-0036-0020-0046。

25) 岡田・本間復刻［1973］，83 頁。

26) 慶應義塾編［1901］『慶應義塾塾員学生姓名録』慶應義塾，80 頁。

27) 「伊東要蔵宛鈴木重臣書簡」，1902 年 5 月 6 日，伊東家文書，0706-0076-0033。

28) 「伊東要蔵宛松尾侃次郎書簡」，1902 年 7 月 23 日，伊東家文書，0609-0006-0020-0011。

29) 慶應義塾塾監局編［1905］『慶應義塾塾員姓名録』慶應義塾塾監局，86 頁。

30) 「足立孫六氏拘引」，『東京朝日新聞』，1901 年 1 月 29 日；「足立孫六氏等拘引始末」，同前，1901 年 2 月 1 日；「足立孫六氏等公判」，同前，1901 年 3 月 3 日；「足立孫六氏無罪」，同前，1901 年 5 月 1 日。

31) 「伊東要蔵宛三橋四郎次書簡」，1901 年 11 月 20 日（推定），伊東家文書，0603-0001-0150。

32) 「足立孫六氏貸金処分案」，伊東家文書，0906-0036-0003-0022。

33) 「東京支店貸附金貸越金及割引手形 役員及行員其家族ニ対スル分整理法」，伊東家文書，0609-0038-0028。

34) 「明治三十四年十二月三十一日調　本支店欠損額調書」，伊東家文書，0609-

0036-0003-0002。

35）「足立孫六より買受タル九州及冨士紡株買戻サシタル案」，伊東家文書，0609-
0038-0013。

36）「証」，伊東家文書，0609-0036-0006-0004-0003。

37）「約定書」，1902 年 8 月 1 日，伊東家文書，0609-0036-0019-0008。

38）「約定書」，1903 年 4 月 1 日，伊東家文書，0609-0036-0019-0009。

39）筒井正夫［2016］『巨大企業と地域社会――富士紡績会社と静岡県小山町』日本
経済評論社，37-38 頁。

40）「富士紡績株式会社 三十四年下半期 第十二回報告」，『東京朝日新聞』，1902 年
1 月 17 日。

41）松村敏・阿部武司［1993］「和田豊治と富士瓦斯紡績――『和田豊治日記』刊行
に寄せて」，『近代日本研究』第 10 巻，153 頁。

42）田中身喜［1933］『富士紡生まる、頃』富士瓦斯紡績株式会社，199 頁。

43）杉山和雄［1970］は，伊東要蔵の富士紡績の監査役就任について，地元の有力
資産家としての側面のみを紹介している。もちろん，彼の就任にはこうした背景が
重要であったことに異論はないが，本章での検討結果が示すように，和田豊治との
個人的な関係により登用された点を重視すべきであろう。

44）「伊東要蔵宛中村藤吉書簡」，1903 年 6 月 17 日，伊東家文書，未整理（史料番号
なし）。

45）岡田・本間復刻［1973］，83 頁。

46）「静岡三五銀行総会の紛擾」，『東京朝日新聞』，1904 年 1 月 23 日。

47）「和田豊治宛松尾侃次郎書簡」，〔1903 年〕5 月 22 日，伊東家文書，0609-0006-
0031;「和田豊治宛松尾侃次郎書簡」，〔1903 年〕5 月 25 日，同前，0609-0006-0032。

48）「伊東要蔵宛和田豊治書簡」，伊東家文書，0609-0006-0030。

49）喜多貞吉編［1926］『和田豊治伝』和田豊治伝編纂所，169 頁。

50）山本達雄先生伝記編纂会編［1951］『山本達雄』山本達雄先生伝記編纂会，263-
269 頁。

51）「お仲宛伊東要蔵書簡」，〔1903 年〕10 月 24 日，伊東家文書，未整理（史料番号
なし）。

52）「伊東要蔵宛山本達雄書簡」，1903 年 10 月 30 日，伊東家文書，0609-0036-0020-
0042。

53）「伊東仲宛伊東要蔵書簡」，1903 年 11 月 6 日，伊東家文書，未整理（史料番号な
し）。

54）「三五総会の紛擾」，『静岡民友新聞』，1904 年 1 月 22 日;「三五銀行総会紛擾余
聞」，同前，1904 年 1 月 23 日;「静岡三五銀行総会の紛擾」，『東京朝日新聞』，
1904 年 1 月 23 日。

55）「静岡三五銀行総会の紛擾」，『東京朝日新聞』，1904 年 1 月 23 日。

56）「お仲宛伊東書簡」，〔1904 年〕1 月 21 日，伊東家文書，未整理（史料番号なし）。

57）「静岡三十五銀行頭取改選」，『東京朝日新聞』，1904 年 2 月 7 日。

58）「伊東仲宛伊東要蔵書簡」，1904 年 1 月 31 日，伊東家文書，未整理（史料番号な

し）。

59）　岡田・本間復刻［1973］，97 頁。

60）　「伊東仲宛伊東要蔵書簡」，1904 年 2 月 7 日，伊東家文書，未整理（史料番号な
　　　　し）。

61）　齋藤幸男［1972］『清沢の大公孫樹──尾崎伊兵衛家伝』尾崎元次郎顕彰記念出
　　　　版刊行会，77-79 頁。

62）　静岡銀行編［1960］，300-301 頁。

63）　岡田・本間復刻［1973］，83-84 頁。

第7章　浜松鉄道の建設とその経営
ローカルネットワークの活用

はじめに

　ここまで，本書第II部では，慶應義塾出身の伊東要蔵が企業家活動を実践する際に依拠した人的ネットワークの在り方を中心に検討してきた。では，彼の出身地域における活動では，どのような人的ネットワークが機能したのであろうか。第II部の最後に，伊東要蔵が関係した重層的な企業家ネットワークを相対的な視点から再検討したい。ここでは，彼が依拠した学閥ネットワークと異なる人的ネットワークとの関係を検討することを課題とする。そこで，本章では，伊東要蔵が浜松産業化に果たした役割に留意しつつ，当該地域の動向を踏まえ，鉄道建設計画の展開および浜松鉄道[1]（現・遠州鉄道）の経営を分析する。これにより，1人の企業家による多様なネットワークの選択的な活用を明らかにしたい。

　上記の課題を検証するため，本章の論点として，以下の3点を設定する。第1に，伊東要蔵がはじめて鉄道建設活動に参加した，19世紀末の鉄道建設計画の展開が当該地域に与えた影響を検討し，第2に，彼が携

表7-1　伊東要蔵関係鉄道事業年表

年次	摘要
1896	旧浜松鉄道敷設計画に参画（伊東磯平治） 遠参鉄道敷設計画に参画
1897	金指馬車鉄道敷設計画に関与
1912	浜松鉄道創設，伊東要蔵は取締役社長に就任
1914	浜松鉄道開業，元城―金指間開通
1915	浜松鉄道，元城―板谷間・金指―気賀間開通
1919	遠州電気鉄道取締役に就任
1920	遠三鉄道敷設計画に参画
1922	遠州電気鉄道取締役を退任
1923	浜松鉄道，気賀―奥山間開通
1931	浜松鉄道取締役社長を退任
1933	浜松鉄道取締役を退任
1947	遠州電気鉄道と浜松鉄道が合併

典拠：遠州鉄道社史編纂委員会編［1983］。

195

わった浜松鉄道の設立経緯と経営展開について明らかにする。そして，第3に，近隣地域における鉄道事業についても，伊東要蔵との関わりに限定して検討していく。

なお，明治20年代末から明治30年代は，青木栄一［2006］が指摘するように，「『地方の時代』，すなわち局地鉄道が急速に発達した時代」[2]であり，全国的に鉄道建設ブームの時代であった。こうした鉄道建設ブームは，沿線地域社会の住民による積極的な貢献によって支えられていた[3]。このような鉄道の開業は，地域社会にとって「極めて重要な影響」を与えるものであった[4]。なお，渡邊恵一［1990］によると，1910年の軽便鉄道法成立後は，一種の出願ブームが起きるほど，鉄道に対する関心が高かったとされ，そうした中で浜松鉄道も設立された。

本章のはじめに，表7-1として，伊東要蔵の関与が確認されている鉄道事業について，年表として示しておく。

第1節　浜松地域と鉄道の形成

はじめに，本章が対象とする時期の浜松地域における鉄道事業の展開について，簡単に確認しておきたい。

明治後期の浜松は，浜松駅を中心として，目覚ましい発展を遂げつつあった。1889年9月の東海道線の開通による浜松駅の開業に伴い，これを中心に倉庫会社や運送会社が相次いで設立され，旅館や商店などが立ち並んでいった。伊東磯平治が同年に設立した浜松委托も，こうした流れの一環とみなすことができる。産業面では，特産品である遠州織物を中心とした地場産業に加えて，日本楽器製造や日本製帽，日本形染などといった大工場が次々と建設され，1911年の市制施行までに人口は3倍に増加している[5]。

日清戦争後の時期には，浜松最初の乗合馬車である速里軒や浜松馬車，天竜馬車などが開業した。日露戦争後には，遠州地方唯一の馬車鉄道である秋葉馬車鉄道や，東海道線への接続を目的とした中泉軌道が開業するなど，人々の往来や貨物の流通はますます盛んになっていった[6]。1905年には，豆相人車軌道の蒸気化を計画していた雨宮敬次郎らを中心として，浜松鉄道の建設計画が持

ち上がる。後に，この浜松鉄道は大日本軌道に統合され，大日本軌道浜松支社
になる。同社は，中ノ町線や鹿島線（二俣線），笠井線を開業させ，浜松の交
通を一挙に発展させていった。

こうした状況下にあって，伊東要蔵もまた浜松地域におけるインフラ整備事
業に関心を寄せ，鉄道建設に奔走することになる。

第2節　1897年前後の鉄道建設計画

1　旧浜松鉄道建設計画

次に，1897年前後の鉄道建設運動について，検討していきたい。ここでは，
伊東要蔵の周辺で展開された3つの鉄道建設計画についてみていく。

はじめに取り上げる旧浜松鉄道[7]には，伊東要蔵自身の関与は確認できない
が，義父である伊東磯平治が発起人として参画していた。旧浜松鉄道の建設計
画は，1896年2月20日付で，中村藤吉など85人により「浜松鉄道株式会社
発起請願書」[8]が出願されたことにはじまる。ここでは，1887年公布の私設鉄
道条例により，静岡県敷知郡浜松町の東海道線浜松停車場より豊田郡二俣町西
鹿島間の12マイルに及ぶ鉄道路線が計画されている。そして，3フィート6
インチの狭軌をもって，旅客および貨物運輸業を経営することが目的とされて
いた。「収支概算書」をみると，総収入4万880円の内，旅客収入が2万6,280
円，貨物収入が1万4,600円と見積もられている。建設資金の調達については，
資本金35万円を7,000株に分割し，発起人全体で6割に相当する4,170株を引
受けることとしていた。この計画に発起人として名前を連ねていた伊東磯平治
の引受分は，2,500円分の50株であった。各出願書類は鶴見信平によって作成
されており，発起人の署名は，ほとんどの場合，中村忠七，林彌十郎，中村藤
吉のいずれかが代理でおこなっている。伊東磯平治の場合も，中村忠七が代理
署名をおこなっていることから考えて，彼がこの計画において何らかの主導的
な役割を担っていたとは考え難く[9]，当該地域の有力資産家の1人として発起
人に名前を連ねていたとみるべきであろう。

この計画に対して，静岡県は「発起人ハ孰レモ相応ノ資産ト信用トヲ有スル
ヲ以テ，本起業ニ適スヘキモノト認ム」ものであるとした上で，起業の効用と

して，「実用上又地方ノ状況ヨリ観察スルモ，事業適当ニシテ良好ノ結果ヲ得ベシト認ム。予定ノ線路ハ十数年以前ヨリ運河開鑿ノ挙アリテ，地方有志者少カラサル費用ヲ擲チタルモ，水利上ノ関係ヨリ未タ実行ヲ見ルニ至ラス。故ニ，鉄道布設ニ至ラハ運輸交通大ニ便益得ルニ至ルヘシ」とする見解を示している[10]。こうした意見からも，当該地方において鉄道建設の進展が希求されていたことが窺われる。

　この後，1897 年 8 月 2 日付で仮免許が下付され，実地測量の許可が下りるも[11]，12 カ月以内での図面提出義務が果たされた痕跡はなく，旧浜松鉄道の建設計画は立ち消えとなった。

2　遠参鉄道建設計画

　前項でみた旧浜松鉄道建設計画と同時期に展開されたのが，遠参鉄道の建設計画である。ここでは，伊東磯平治の状況とは異なり，伊東要蔵が積極的な役割を果たしていた。なお，図 7-1 として，遠参鉄道の計画路線について，その後の変更過程を含めて示す。

　遠参鉄道の建設計画は，1896 年 4 月 16 日付で，中村利平治ら 44 人により，「遠参鉄道株式会社創立御願」[12]が提出されたことに始まる。同史料では，遠参鉄道の建設意義として，次の点が強調されている。すなわち，「静岡県遠江国，愛知県下三河国地方ハ，夙ニ東海道官設鉄道ノ布設ニ由リテ交通運輸ノ便利ニ浴シ来リ候事ニ御座候処，官設鉄道ノ通過セル沿道一帯ノ地方ハ，何レモ南部海岸筋ニ偏在スルヲ以，遠参両国中部ノ人民ハ汽車ノ便ニ由ラントセバ，遠ク数里ヲ経テ官設線ニ来ラザル可ラズ，為メニ人間ノ交通ト物産ノ運輸トニ不一方沮滞ヲ致スノ事情不尠候ニ由リ，今般遠参鉄道株式会社創立仕，両国北部地方ノ人民ヲシテ一層便利ヲ享受スルコトトナサシメ度」と記載されている。官設での東海道線の建設によって交通利便性が向上した一方で，その恩恵を得がたい地域が存在することと，そして，それらの地域への鉄道建設の必要性が述べられている。「遠参鉄道起業目論見書」によると，静岡県小笠郡平田村を起点とし，同郡下内田村などを経由し，同郡掛川町に至り，西南郷村などを経て，南設楽郡新城町に至る 46 マイルの路線が構想されていた（図 7-1）。これは，私設鉄道条例による出願であり，軌道幅員は，旧浜松鉄道と同様に，3

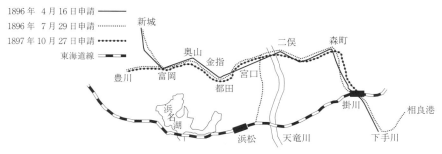

図 7-1　遠参鉄道計画路線図
典拠：『鉄道院文書 遠参鉄道株式会社 巻全 明治三十一年』。

フィート 6 インチの狭軌で計画されていた。建設資金は，資本金を 160 万円として，1 株当たり 50 円とする株式を 3 万 2,000 株発行することで調達するものとした。この内，全体の 2 割に相当する 33 万 500 円分である 6,610 株を，発起人全体で引受けることとしていた。想定される収益は，旅客収入が 10 万 740 円，貨物収入が 7 万 6,771 円であった。貨物輸送の中心は材木類の移出（白木 9 万 8,407 トンおよび薪炭 1 万 5,801 トン）であった。ただし，この計画は，東海道線の複線化の請願運動とも関連しており，両計画は「大同小異」のものであるとして，東海道線の複線化計画が採択された場合には，遠参鉄道の建設計画は取り下げるものとされていた[13]。

この出願がなされた後の 4 月 20 日，創立発起人は発起人会を開き，中村利平治を創立委員長とし，松尾嘉平，内山勝太郎，鈴木万平，服部徳八，伊藤市平，高田市三郎の 6 人を創立委員に選任した上で，以下の 4 つの事項を議決している[14]。

①当社発起創立ニ付，創業費トシテ，各自引受株数ニ割当一株ニ付金十銭ヲ限リ必要ニ応ジ拠出スルコト
②今後二万株ヲ限リ相当ノ有資者ヲ募リ，発起人ニ追加セシムルコトヲ得
③本会社総株三万二千株ノ外必要ト認ムルトキハ，猶四千株ヲ限リ増募スルコトヲ得
④発起人ニテ引受タル残余ノ株式処分法ハ，総テ創立委員ニ委任スルコト

第 7 章　浜松鉄道の建設とその経営

ここからもわかるように，当時は建設資金の調達が最重要課題であった。そのため，さらなる「有資者」を発起人として加えるべく，創立委員は活動を開始することになる。そこで，翌4月21日付で，伊藤市平[15]は伊東要蔵に対して次の内容の書簡を送り，当該地域で展開された諸種の鉄道建設計画に触発されつつ，遠参鉄道建設計画への参加を求めている。この内容は，地域の有力者によるこの地域での鉄道建設の見解を示すものであることから，長文になるが，その主要部分を以下に示す。

　元来近頃の模様によれば，利益之有無に拘らず，帝国至る処鉄道熱に浮され，畔道同様なる線路まて競奔致候現状に候故，少しく思慮を要する事業の如きは慥なる利益を見るにあらざれば，容易に手出しすべき場合無之と存候。遠参鉄道の如きは高大なる事業にして，認可相成と仮定するも，測量丈も非常の費用を要し，掛川岡崎間之官設鉄道請願は十中七八は六ケ敷と愚考仕り候。山崎氏等の計画に属する掛川鉄道は，去ル十六日発起人会有之，小生も出席致候。右ハ渋沢栄一君の一派加名奔走致候ニ付，或は許可相成候やも計られざれども，之れとて短線路にして利益を得る事覚束なかるやと愚考致候。然れども目下は発起株へ二三円の手数料を拂ひ権利を移す者も有之との噂さに御座候（五十円一株ニは創立費として五十銭払込也）。斯かる有様なるを以て，発起会の如きも景気はよろしく有之候。而して遠参鉄道も二俣迄は同一線路なれば，結り掛川鉄道の延長したるに止る者と存じ候。尤も尾三鉄道へ連絡の線路もあれば，金指よりは或は新線路も有之かと愚考仕候辺も御座候。何れに致候も，各線協同一致して，尤も利益多き長線路を採る事に致候事至極必要と存候。遠三鉄道をして，金指町にて発起の労を取る事は多額の費用も可要御察し申候も，断然事の許可なる迄は他に費用は掛けざるとの事ニ付，小生も加入致候。本村丈は尽力致す積りに御座候。現今の熱度冷却せざれば，数年の間には掛川森二俣宮口金指気賀等を経過致す鉄道線路を得べくと存候。実に空漠たる想像に候得共，社会の進歩は想像の及ばざる程進行致候儀なれば，空想も真想とに相成と存候。貴君未だ遠参鉄道を御賛成無之趣に候得共，何分発起者に御加名之程，希望仕候。沈着なる考へを以て思慮を費し候得は，近頃の事兎戯に等

しき者有之候得共，現況に伴はれ山間僻地の者へ鉄道思想を発達せしむる
も，帝国をして実利を増進せしむる一手段ならんかと愚考仕候[16]。

　伊藤市平は，このように述べて，鉄道建設運動の必要性を強調している。現
状では，複数の建設計画が存在するも，将来的にはそれらが合同されるであろ
うこと，そして，鉄道建設の効用そのものを当該地域に浸透させることを理由
として，計画への参画を求めている。このような見解は，「遠参鉄道株式会社
創立御願」とも通底するものがあろう。伊藤市平と伊東要蔵は旧知の間柄で
あったようで[17]，こうした人的ネットワークが，伊東要蔵が遠参鉄道の建設計
画に参画する上で，重要な役割を果たしたといえる。

　ここで触れられている掛川鉄道の建設計画には，伊東要蔵も関心を持ってお
り，同時期に発起人への加名を山崎千三郎に打診している。実際，掛川鉄道の
建設計画は，当時の浜松地域における諸計画の中では優勢であった。このこと
は，遠参鉄道の発起人も認識していたようで，松尾嘉平は，当該地域の情勢に
ついて，「掛鉄浜鉄合同談云々，是ハ事実如何歟と存候。森鉄ト遠州線之合同
ハ事実にして，此事実が森鉄道ノ勢力失墜を保証する徴に御座候。森鉄ハ最早
前途望無之形勢相見え，浜松鉄道も或ハ如何歟と存候。今日之場合掛川鉄が最
優勢の地信ニ立チ居候」[18]と記している。しかし，すでに発起人に対する割当
て株はすべて引受先が決まっていて残株がないことに加えて，「御尊父〔伊東
磯平治〕よりの御通知」によると，伊東要蔵の加名が不要であることを理由と
して，計画への参画を断られている[19]。掛川鉄道に加えて，伊東要蔵は，渋沢
栄一らが関わった駿甲鉄道の建設計画にも関心を寄せており[20]，多くの鉄道建
設計画に関心をもっていたことがわかる。

　この伊藤市平からの勧誘を契機として，伊東要蔵は遠参鉄道に発起人として
参画する。そのため，4月27日付で提出された「遠参鉄道株式会社発起人追
加願」[21]にその名前を確認することができる。この段階では，伊東要蔵を含め
て29人が新たに発起人として加わっているが，発起人引受株の内，最大の
800株（4万円分）を引受けたのは伊東要蔵のみであった。しかし，6月28日
には，発起人引受株の内，200株を減却している[22]。この800株は，創立委員
のうち，当初からの発起人である松尾嘉平や中村利平治，服部徳八（各1,000

株）に次ぐ規模のものであり，これを以て全体の 4 割に相当する 1 万 2,770 株の引受先が決定したことになる。

その一方で，伊東要蔵のような「有資者」からの出資は比較的少なく，このような状況に対して静岡県は，「各自資力信用ノ程度起業ニ適スルヤ否考察スルニ，中等以上ノ地位ニ居リ，信用ハ概ネ厚キ方ナルベシト雖モ，其資力ニ至リテハ，発起人中引受ノ株金能ク負担ニ耐ルヤ否確認難致者アリ」[23] とする見解を示しており，遠参鉄道にはいまだ充分な資金力が備わっていなかったことは明らかであった。また，静岡県は，「起業ノ効用」として「実用上及地方ノ状況ヨリ見ルニ適当ノ事業ト認ム」としながらも，小笠郡掛川町より磐田郡二俣町に至る区間は，「山崎千三郎外十五名ヨリ出願ニ係ル掛川鉄道布設申請書ト全ク重複ノ線路ニ有之候間，可相成先願者へ御許可相成候」とする進達を逓信省宛におこなっており，遠参鉄道の建設計画は決して順調には進んではいなかった。なお，静岡県のこうした意向の一方で，掛川鉄道の建設計画は，翌 1897 年 4 月 1 日付で，不許可となっている[24]。

こうした中で，1896 年 7 月 29 日付で，計画路線の拡大を目的として，「遠参鉄道株式会社設立訂正ニ付申請」及び「遠参鉄道株式会社発起人追加申請」[25] が提出される。ここで計画された鉄道路線は，これまでのものから大きく変更されている。具体的には，静岡県榛原郡相良港を起点として，小笠郡掛川町にて官設鉄道線を横断し，周智郡森町や引佐郡麁玉村などを経由して，愛知県八名郡富岡村を経て，南設楽郡新城町に至る本線（60 マイル），麁玉郡より分岐して浜名郡笠井町を経て同郡和田村官設鉄道に接続する支線（8 マイル），そして，本線より富岡村にて分岐して宝飯郡豊川村に至る支線（9 マイル），総距離 77 マイルにもおよぶ大規模な計画への変更であった（図 7-1）。この変更に伴う予想収益は，旅客収入が 33 万 7,260 円，貨物収入が 18 万 8,633 円 75 銭であり，当初の計画に比して，旅客収入の割合が大幅に増加していることがみてとれる。なお，ここから「営業費」として 16 万 8,630 円を除いた 35 万 7,263 円 75 銭が純益金として計上されている。

この計画路線の拡大に併せて，発起人に根津嘉一郎や米倉一平などが加わり，総勢で 102 人に増加している。また，資本金は 500 万円に増額し，その調達手段として，10 万株の発行を計画している。この内，2 万 30 株をこれ以前に参

加していた発起人が引受け，9,700 株を追加発起人が引受けることにより，全
体の 3 割に相当する 2 万 9,730 株を発起人全体で引受けることとした。この中
で伊東要蔵の引受け分は 1,000 株（1.0%）とされており，これは創立委員の引
受株数と並んで最大のものである。このような計画の変更に伴う発起人の増加
は，事業に対する信用を高める効果があったようで，この変更に対して静岡県
は，「発起人ハ追加ニ係ルモノニシテ，中ニハ多額ノ財産ヲ有スルモノアリ。
随テ企業確実ノモノト認メラル」26) として，肯定的な見解を示していた。

　しかしながら，設立運動資金の不足が，大きな問題となる。この時期にはい
まだ免許が下付されていないため，東京における陳情や情報の収集活動が必要
であった。そのため，発起人を代表して服部徳八らが東京に赴き活動していた
が，その資金が不足しつつあった。服部徳八は，10 月 6 日付の中村利平治宛
ての書簡の中で，「本年中ノ予算ヲ立テザルトキハ，又々差支とヲ生じ可申ニ
付，会計諸君ハ尖兵帖部ニ差支ヲ生ゼシムル等ノ患ヒ無之様致度，当所ニ於テ
モ省略シ得ラル丶丈ケノ費用ハ省ク積リニ候」27) として，活動資金の逼迫を浜
松側に対して訴えている28)。本史料が伊東家文書として現存していることを考
慮すると，この問題について，伊東要蔵は中村利平治より相談を受けたものと
推察される。また，中村利平治は伊東要蔵に対して，10 月 24 日付で，「遠参
鉄道創立費ノ内，株式八百株ニ対スル金八十円ヲ，直チニ金指銀行ヘ払込」29)
むことを求める書簡を送っている。このような要請は，他の発起人に対しても
送付されたものと想定でき，当時の資金の窮迫を物語っている。なお，1 株当
たりに課されていた金額は，先述の「決議書」中にも記載のあるように，10
銭であった。

　こうした状況を背景として，1 株単位に課される創立費用の変更が議論され
る。そして，この問題は発起人間の意見の相違を顕在化させ，ついに発起人間
の対立を引き起こすことになる。こうした状況を，以下に挙げる 10 月 28 日付
の松尾嘉平の書簡は鮮明に記述している。

　　　金指にて小生の連書御覧之趣，来意ニ拠レバ，伊藤〔市平〕伊東〔要蔵〕
　　　三十銭ト十銭トノ意見ニ義アリ云々。服部氏，昨夜出京，同氏とも協議致，
　　　且松本氏ニハ先般協議，角替氏ハ是亦同意之返書有之候。並ニ小生の意見

ハ何レモ二十銭説にて，成程三十銭にても四十銭にても程度問題故，道理
ノ在ル処ハ同じ事故，申込者之意気如何ニ在りて，徴収ニ労ナクンバ三十
銭ニテモ五十銭ニテモ差支無之候得共，三十銭にてハ少しく困難無之歟ト
存候。然ルニ伊東氏ノ十銭説ハ程度問題ト云フベカラズ，一ケ別理由ニ相
来ス也。其信ズル説ハ或ハ今日半株ヲ募ルノ時機ニ非ザルヲ以テ，表面上
発起株募集ノ体ヲ粧ハサル可ラズト云フニ在ル乎，或ハ半株ニ区別ヲ残ス
ルハ少シク酷ナリト云フニアル乎。右二個理由中一ニ出ヅルモノト存候。
乍去，従来ノ発起人ハ当初より力ヲ入レ，或ハ奔走シ，或ハ集会シ，責任
モ負ヒ，危険ヲ冒シタルモノカ否ラザレバ，遠参鉄道ニ離レ難キ関係縁故
ヲ存スルモノニ外ナラズ。而して今回の募集ノ半株ノ如キハ，秦越ノ人
（或ハ多少関係者モ可有之也）カ，或ハ単ニ射利ノ考ヘヲ以テ申込者ニ
シテ，前者ハ恰モ親戚知己ノ如ク，後者ハ殆ンド通リ一偏ノ旅人ノ如キ関
係故，是迄恩故ノ人ト他人ト同様ノ扱ヒヲ為ス道理ナク，況シヤ今日ニ至
リ発起人同様ノ扱ヒヲ為ス義ハ遠参ノ勢力微弱ヲ示シ，アレ見ヨ遠参ノ委
員等ハ願意到底貫徹セザルヨリ，運動費ノ口実ヲ以金ヲ貪ルノ策ヲ講ゼリ
様ト批評スルアラン乎ト存候[30]。

　ここで松尾嘉平が問題視していることは，1株あたりに課される創業費をい
くらに設定するかということである。彼らは20銭を妥当とする一方で，伊東
要蔵は10銭を，伊藤市平は30銭を主張している。これに対して，松尾嘉平は，
10銭ではより多くの資金を集めることができる一方で，外部の「射利的」な
資本家の参入を招くことに繋がり，結果として自らがこれまでおこなってきた
活動が無効となるのではないかと危惧している。特に，伊東要蔵は前述の通り，
途中から参画した発起人であるがゆえに，最初期の発起人の貢献を理解できて
いないと断じている。こうした中で，10月31日付で高田市三郎より，「東京
より別紙之通り申置候ニ付，伊藤市平氏トモ相談候処，彼是延引相成トキハ差
支ヲ生スルヤモ難計ニ付，此事ニテ承諾スル事ニ致候。別紙決議書相認メ差上
候間，可成御同意相願度候」[31]とする内容の書簡が，伊東要蔵のもとに届けら
れる。これに付随している「決議書」[32]は，「遠参鉄道請願費ニ欠乏ヲ来シ候
ニ付，委員協議ノ上，左記之方法ニヨリ，調金スルコトニ決定ス」としたもの

で，以下の項目を明記している。

①各委員へ是迄申込相成タル株式之内，謝絶シ難キ分ノ内，割当委員一名
　ニ付二百株ツ、確定株トナスコト
②今回確定スヘキ株式ハ，一株ニ付金二十銭宛各委員ニ於テ，請願費トシ
　テ徴収スルコト
　但，本文徴収金ハ請願ノ認否ニ関セズ，返付セザルモノトス
③今回確定スヘキ株数人名及徴収金ハ，来ル十一月十五日限リ，会計主任
　中村利平治へ各委員ヨリ差出スコト

　ここでは，低廉な金額設定により，計画自体が他者の手に移る可能性を危惧
した松尾嘉平の主張する 20 銭案を採用する方向で調整がおこなわれていた。
だが，伊東要蔵は自らが主張した 10 銭案を放棄することはなかった。そうし
た中で，11 月 17 日には，「創業費追徴之件」に関して創立委員会が開催され
ている[33]。ここでの伊東要蔵自身の行動を詳らかにしうる史料は管見の限り発
見されていないが，この後の状況に関して，伊東要蔵に宛てた 11 月 30 日付の
服部徳八の書簡は，以下のように記している。

　松尾，中村等ノ和解，今以テ出来ズト見エ，松尾氏ヨリ小生え焼モチ的□
　書状到来セリ。右ニ付，貴君説ノ十銭株ノ決行如何ト存候間，貴君ノ分ハ
　先般御約束之通リ，当方ニ於テ分配会計ト入金ノ報告仕候モ，外へ未払ノ
　人ハ無之哉。中村君ニ照会中ナレ共，松本，角替ハ大賛成，是ニモ小生，
　貴君，宮口二名，金指モ三名ハ慥カニ出来得ルモノト見テ九名，新城二名
　ト松尾不賛成ナレバ，是ハ小生ノ手配ニテ引受候テモ宜敷候得共，松尾氏
　ハ実ハ永クスネ居ルトキハ，同氏ノ不為メト存候間，可成御申越方，御尽
　力相願度候[34]。

　この服部徳八の記載から，松尾嘉平の主張した 20 銭案に対して，伊東要蔵
の主張する 10 銭案が大多数の支持を得ていた状況が読み取れる。伊東要蔵は
すでに自らの割当て分を払い込んでおり，10 銭案は既定化したものと推察さ

れる。こうした状況は，松尾嘉平には納得できないものであり，彼は頑なな態度を示したのであろう。

　こうした中でも，伊東要蔵は資金調達のための勧誘活動を自らおこなっていた。ただし，実際の成功は確認できず，たとえば，1897年4月20日付の伊藤與一からの書簡は，「小生も資力不充分の処を以て，色々と諸株へ手を出し，追々払込之場合に相成候」として，株式の引受けを拒まれている[35]。

　この後，1897年10月27日付で，さらなる路線の変更が出願されている。ここでの計画路線は，静岡県掛川町を起点として，周智郡森町，磐田郡二俣町，引佐郡亀玉村などを経て，愛知県宝飯郡豊川町に至る44マイルとされた（前掲図7-1）。これは，「本年六月十九日ノ御口達」によるものであるとしており，結果的に最初期の計画路線にほぼ回帰したものとなっていることがわかる[36]。この変更に伴い，想定される収益は，旅客収入が19万2,720円，貨物収入が11万2,317円75銭である[37]。前者に関しては，沿線での実地調査の結果，1年間の平均旅客は27万2,000人マイルであると算出した上で，「秋葉神社，官幣中社井伊宮，奥山半僧坊，豊川稲荷等ノ名祠巨利アルヲ以テ鉄道開通ノ暁ニハ，猶幾層ノ増加ヲ来ス見込ナリ」としている。後者に関しては，沿線での物量調査の結果，449万2,710トンマイルの輸送量を想定している[38]。最初期の計画と比較すると，旅客輸送の収益が大幅に増加しているが，これは遠参鉄道が，旅客輸送をより重視するようになったためであろう。

　こうした計画路線の変更とあわせて，発起人の追加および除名を申請している。その結果，発起人の総勢は139人にまで増大している[39]。この変更に伴い，資本金は300万円とし，これを6万株に分割し，発起人全体で3割弱の1万7,294株を引受けることとされた。この中で伊東要蔵が引受けたものは300株（0.5%）であった。これは，出資額の割合では低下することになったが，松尾嘉平や中村利平治らと並ぶ規模のものであった[40]。

　再度の計画変更に対して，1898年4月18日付で，仮免許状の交付が決定されている[41]。この際，私設鉄道条例の規定に依り，18カ月以内に図面書類を提出することが義務づけられているが，この後の活動は，管見の限り，現存史料からは確認できない。結果，遠参鉄道の建設は，発起人の足並みの乱れや，株式払込の遅滞，経済状況の悪化を原因として頓挫することになった[42]。

206

3 金指馬車鉄道建設計画

本節の最後に，遠参鉄道などと同時期に計画された金指馬車鉄道[43] に関して，若干の検討をおこなっておきたい。

1897 年のものと推定される 1 月 3 日付の中村利平治の書簡には，「昨夜，当町有志会ニテ，有志ノ方，馬車鉄道線路ト決シ候。委員五名撰挙。右委員ノ内，山田有年，鈴木万平ノ両人，明四日午前七時ノ馬車ニテ橋本，高井ノ両氏へ向ケ罷越候間，何卒兼テ願置候御添書御認置被下度」[44] と記されている。このように，金指馬車鉄道は金指町下の住民によって主導されたものであるが，金指町の住民ではない伊東要蔵も同じ引佐郡下の有力者として，建設計画に対する「添書」を依頼されたものと考えられる。1897 年 5 月 3 日付の山田有年からの書簡によると，「金指馬車鉄道之儀，訂正ノ為メ，書面却下」となったために，同月 9 日に吉野家銀次郎方で発起人会が開催される旨が，伊東要蔵に通知されている[45]。こうした点から，伊東要蔵も金指馬車鉄道の建設計画に加わっていたことがうかがわれる。結果的に計画は頓挫することになるが，前述のような県境を跨ぐほどの広域的な鉄道建設計画とは異なり，馬車鉄道による局地的な鉄道建設が計画されていたということ自体が，引佐郡下の人々の，鉄道建設への関心の高さを示すものであると考えられる。

本節では，1897 年前後に展開した鉄道建設計画における，伊東要蔵の関わりを検討してきた。これらの計画はいずれも成業に至るものではなかったが[46]，このような経験が，次節で述べる浜松鉄道の建設活動の前提となっている。すなわち，伊東要蔵が経営した浜松鉄道とは，当該時期における鉄道建設活動が形を変えて実現したものであり，彼のそうした鉄道建設運動に対する意識は，遠参鉄道の建設計画以来のものであると考えられよう。

第 3 節　浜松鉄道の設立と展開

1　浜松鉄道（浜松軽便鉄道）建設計画

本節では，伊東要蔵が取締役社長として長期にわたって経営した会社である，浜松鉄道について取り上げる。なお，遠参鉄道などの建設計画以降は，浜松鉄道の建設時期までの伊東要蔵と鉄道事業との関連を示す史料は残されていない

ため，彼にとっても，遠参鉄道の建設計画以来の鉄道事業との関わりであると
いえる。

　浜松鉄道の建設計画は，1911 年 6 月 14 日付で，伊東要蔵を中心とする 48
人により，「浜松軽便鉄道敷設許可願」[47] が提出されたことに始まる。ここで，
表 7-2 として，浜松鉄道の発起人一覧を示す。この表 7-2 からもわかるように，
同鉄道の発起人の内，半数近い人物が，旧浜松鉄道や遠参鉄道，金指馬車鉄道
の建設計画に関わった経験をもっていた。次に，図 7-2 として，次節で検討す
る遠州電気鉄道のものも含め，浜松鉄道の路線図を示す。浜松鉄道の計画路線
は，静岡県浜名郡浜松町を起点とし，引佐郡中川村や金指町を経て，同郡気賀
町に至る本線（11 マイル 60 チェーン）と，引佐郡金指町より分岐し，井伊谷村
を経て，奥山村に至る支線（5 マイル），そして，この支線より分岐して井平村
に至る支線（2 マイル 65 チェーン）からなる総延長 19 マイル 25 チェーンの路
線であった。これは軽便鉄道法による出願であり，その軌間は 2 フィート 6 イ
ンチの特殊狭軌とされた。「浜松軽便鉄道収支概算書」[48] をみると，想定され
る収益は，旅客収入が 4 万 9,260 円 40 銭，貨物収入が 6,935 円であり，旅客輸
送が事業の中心とされた。この建設計画に対して，静岡県は，「該地方ハ従来
交通不便ノ為メ，人文並ニ産業ノ発達遅々トシテ振ハス，本願鉄道ノ敷設ヲ見
ルニ至ラハ，之ニ由リテ生スル利益ハ啻ニ交通上ノ便利ナルノミナラズ，産業
ノ開発上最有力ナル計画ト認メ候」[49] とする旨の進達をおこなっており，先述
の旧浜松鉄道や遠参鉄道の建設計画と同様に，鉄道建設の必要性を支持するも
のであった。

　そして，1912 年 3 月 5 日，「軽便鉄道敷設免許状」が下付される[50]。これを
受けて，同年 10 月 1 日，創立総会および取締役会が開催される。ここで，取
締役として，伊東要蔵，中村忠七，池田猪三次，中村藤吉，深井鷹一郎，石岡
孝平，松尾嘉平，鶴見信平，袴田三雄，林彌十郎，平田彌吉，鈴木幸作（1924
年，鈴木五郎作に改名[51]）が選任され，監査役として，山葉寅楠，山本平八郎，
間淵栄一郎，大石準，石野幸雄が選任されている。この内，深井鷹一郎や間淵
栄一郎，鶴見信平，中村藤吉，鈴木幸作は，伊東磯平治らが興し，伊東要蔵が
社長を務めた浜松委托の役員を歴任した人物であり，また，彼が関わった他の
鉄道事業や浜松瓦斯，浜松商業銀行などの役員である。当該地域において，伊

表7-2　浜松鉄道（浜松軽便鉄道）発起人

人名	住所	備考	人名	住所	備考
伊東要蔵 ◎	引佐郡中川村	遠参鉄道	山葉寅楠 ◎	浜名郡浜松町	
村上太郎	引佐郡中川村		宮本甚七	浜名郡浜松町	旧浜松鉄道
後藤角平	引佐郡中川村		間淵栄一郎◎	浜名郡浜松町	
山田有年	引佐郡金指町	遠参鉄道	気賀賀子治	浜名郡浜松町	旧浜松鉄道
山瀬弥吉	引佐郡金指町		小西四郎	浜名郡浜松町	旧浜松鉄道
松尾嘉平 ◎	引佐郡金指町	遠参鉄道	田畑うら	浜名郡浜松町	
中沼喜兵衛	引佐郡金指町	遠参鉄道	中村忠七 ◎	浜名郡浜松町	旧浜松鉄道
田中秀	引佐郡気賀町		鶴見信平 ◎	浜名郡浜松町	旧浜松鉄道
白柳治	引佐郡気賀町		林彌十郎 ◎	浜名郡浜松町	
平田彌吉 ◎	引佐郡気賀町		鈴木幸作 ◎	浜名郡浜松町	旧浜松鉄道
竹田八百三	引佐郡気賀町		住岡栄太郎	浜名郡浜松町	
袴田三雄 ◎	引佐郡都田村		杉浦定太郎	浜名郡浜松町	旧浜松鉄道
金原儀平	引佐郡都田村		加藤千之助	浜名郡浜松町	
池田猪三次◎	引佐郡伊平村	遠参鉄道	深井鷹一郎◎	浜名郡浜松町	
山本平八郎◎	引佐郡伊平村	遠参鉄道	齋藤保次郎	浜名郡浜松町	
山本研爾	引佐郡伊平村		河合徳平	浜名郡浜松町	旧浜松鉄道
石野幸雄 ◎	引佐郡奥山村		村井定治	浜名郡浜松町	
杉山包重	引佐郡奥山村		澤田寧	浜名郡浜松町	
中村松太郎	引佐郡奥山村		中村弥八	浜名郡浜松町	旧浜松鉄道
安間安太郎	引佐郡井伊谷村		田中五郎七	浜名郡浜松町	旧浜松鉄道
影山増太郎	引佐郡井伊谷村		鱸多三治	浜名郡浜松町	
大石準 ◎	引佐郡井伊谷村		竹山謙三	浜名郡天王村	旧浜松鉄道
中村藤吉 ◎	浜名郡浜松町	旧浜松鉄道	石岡孝平 ◎	小笠郡掛川町	
平野又十郎	浜名郡浜松町		松本君平	静岡市本通	

典拠：「軽便鉄道敷設許可願」，「上申書」，『鉄道省文書 第一門 二 地方鉄道 浜松鉄道 巻一 自明治四十五年至大正三年』。

注1：「◎」は，浜松鉄道および遠参鉄道建設計画に発起人として参画したことを示す。これは同一人物が参画していたことを示すものであり，父子および兄弟間での関連性は考慮に含まない。

　2：備考欄に記載した鉄道は，発起人として参画していたことを示す。

東要蔵と共同してさまざまな企業経営に携わっていた人々が，浜松鉄道にも関与しているのである。なお，以上の役員を所在地別に分類すると，引佐郡出身者が8人，浜名郡出身者が8人，小笠郡出身者が1人である（表7-2）。

　これをうけて，同年10月14日，浜松軽便鉄道株式会社が創立される[52]。この間，建設路線の具体的な選定が進められたが，工事施行認可申請書の提出期限とされた1913年3月4日までに間に合わせることができず，同年9月4日までの6カ月の期限延期申請をおこない，許可されている[53]。こうした状況下で，3月14日には取締役会議が開催され，建設計画の方針が議論された。こ

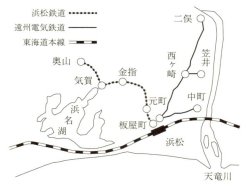

図7-2　浜松鉄道・遠州電気鉄道路線図
典拠:「遠州電気鉄道案内」,伊東家文書, 0609-0006-0087。

こでは,枕木の購入方針や路線用地の買収方針などが決められたほかに,「浜松起点ヨリ三方原南端ニ達スル線路ノ内定ハ,社長専務取締役,常任取締役及浜松市在住重役ニ一任スル事。但,引佐郡在住重役ノ希望線路ヲ参考シテ,内定スルモノトス」[54]ることが決定された。取締役会の参加対象者であった12人の内,引佐郡在住のものは,伊東要蔵（中川村),松尾嘉平（金指町),池田猪三次（井平村),平田彌吉（気賀町)の4人である。こうした但し書きの存在は,伊東要蔵を含めた引佐郡在住の役員に,路線の決定が難航していた同郡内の取り纏めを事実上一任したものであると考えられる。

　しかし,水利権上の問題を解決することができず,期日までには全線の路線を選定できなかったため[55],9月1日付で引佐郡中川村大字祝田に至る9マイル20チェーン間に限定する形で認可申請をおこない,これは許可されている[56]。そして,1914年1月12日より建設工事に着手する一方で[57],中川村祝田より金指町に至る65チェーン間の路線は,1913年12月20日付で申請書を提出し,許可を受けている[58]。そして,同区間の建設工事は,1914年4月27日より開始された[59]。こうした一連の経緯を経ることで鉄道建設計画は進展し,1914年11月28日に元城―金指間の運輸営業開始許可を得て,同年11月30日に浜松鉄道は開業する[60]。

2　浜松鉄道の経営

　伊東要蔵は,浜松鉄道開業直後の1914年12月25日に起きた衆議院議会の解散に伴い,衆議院議員を退任し,これ以降,熱心な出馬要請に対しても,実業界多忙を理由に固辞しつづけた[61]。これは浜松鉄道のみが理由ではないであろうが,当該時期における彼の実業活動を考えると,浜松鉄道の開業が国政か

らの引退の理由の1つとなったことは，充分に想定しえるものである。

　開業後の浜松鉄道は，1915年9月に元城—板屋町間を，同年12月に金指—気賀間を，1923年4月に気賀—奥山間をそれぞれ開通させ，ここに全線での開通を実現している（図7-2）。ただし，この間，伊平線の建設撤廃に対する紛擾が起きるなど，決して順調な路線拡張とはいえなかった[62]。

　開業後の浜松鉄道の業績を検討するために，ここで，図7-3として浜松鉄道の利益金の推移を，図7-4として旅客および貨物の輸送量を示す。図7-3が示すように，開業後の浜松鉄道の業績は，1920年代前半までは良好であったが，以降は苦しい状況が続いていた。このうち，1930年代は特に苦しく，1938年には，政府からの補助金[63]を差し引くと欠損金を生じさせる結果となっている。1940年代に入ると旅客輸送の増加に伴い（図7-4），業績も大幅に改善していくことになる。しかし，浜松鉄道の資金繰りは常に厳しく，開業後も資金調達に苦心していた。たとえば，1927年の新株発行の際には，池川某の引受分に関して，その金額を伊東要蔵が取締役を務めていた豊国銀行より貸付けた上で，浜松鉄道より同行へ預け金をおこなう方策が議論されたほどである[64]。豊国銀行と伊東要蔵との関係については，本書第2章で検討した通りである。

　こうした状況下にあっても，伊東要蔵は，一貫して浜松鉄道の経営に携わりつづけていた。1931年6月に，取締役社長を深井鷹一郎に交代するも[65]，死去の前年にあたる1933年11月に，取締役を継嗣である伊東武に譲るまで，多年にわたり，浜松鉄道を支えていた。この退任時には，「伊東要蔵氏寄贈従業員慰安基金」が創設される[66]。この基金は，1945年まで存在が確認できるが，戦争末期の窮乏の中で解消されたものと想定される[67]。その後，浜松鉄道は，1947年5月1日に，遠州電気鉄道に合併されている[68]。

　次に，浜松鉄道に対する伊東要蔵の出資動向についてみていく。彼は，開業直前にあたる1914年9月30日段階で320株を取得しており[69]，同社の筆頭株主であった。また，試みに，1920年上半期の株主名簿[70]をみてみると，発行済み株式1万4,000株の内，1,362株（9.7％）が，伊東家関係者の名義[71]で占められており，浜松鉄道に対する伊東要蔵の出資者としての支配的な位置づけを確認できる。なお，全体の99％に相当する1万3,965株が，伊東要蔵および伊東家関係者を含む静岡県下の住民によって所有されていた。

第7章　浜松鉄道の建設とその経営　　　211

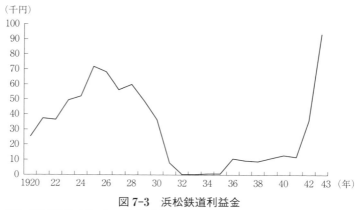

図 7-3　浜松鉄道利益金

典拠：浜松鉄道第 16 期〜第 64 期「営業報告書」，1920 年上半期〜1943 年上半期。ただし，第 25 期（1924 年下半期）は除く。
注 1：数値は，「政府補助金」を含んだものである。
　2：1924 年下半期分は史料欠落のため，前後年同時期より補正した。

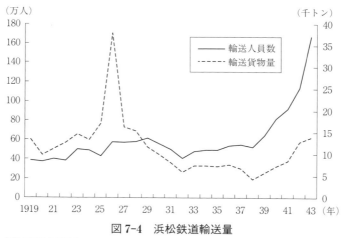

図 7-4　浜松鉄道輸送量

典拠：図 7-3 に同じ。

　これを，本書第 5 章で検討した伊東要蔵個人の投資活動に基づいて検討すると，投資総額を把握可能な 1924 年初頭の有価証券に対する総払込高 57 万 7,544 円の内，浜松鉄道の株式への払込高は 4 万 6,756 円（旧株 2 万 7,280 円，

212

新株 1 万 9,476 円）であった[72]。これは，全体の 8％に相当する資金が浜松鉄道
に対して出資された計算になり，伊東要蔵は，浜松鉄道に対して積極的な資金
提供をおこなっていたといえる。

なお，伊東要蔵の「叙位具申書」[73] 中の「功績調書」には，「鉄道敷設ニ関
スル事項」として，地方交通が発展しない状況を遺憾とした伊東要蔵が，当該
地域の同志を糾合し浜松鉄道を設立したとした上で，「鉄道ノ開通以来，旅客
物資ノ交通至便トナリ，地方産業ノ開発ニ利スル所甚大ナリトス。加之，本郡
出身ノ子女ニシテ中等程度ノ教育ヲ受ケントスル者従前ニアリテハ，浜松市ニ
寄宿セサルベカラサルノ不便アリシモ，本鉄道開通以来此等ノ子弟ハ通学ノ便
ヲ得ルコトトナリ。中等教育ヲ受クルモノ著シク増加セル等，地方文化ノ向上
ニ資スルコト甚大ナリトス」と記されている[74]。本史料の特質を考慮するとし
ても，ここに記載されているように，伊東要蔵の鉄道建設活動およびその後の
経営は，地域社会の発展に大きく貢献したといえよう。浜松鉄道の存在は，引
佐郡下の諸地域と浜松間の交通を発展させる上で，欠くべからざるものであっ
たといえる。

本節では，浜松鉄道の草創期からの展開を，伊東要蔵との関わりを中心に検
討してきた。当該時期に関する経営史料は残存していないため[75]，詳細な動向
に関しては判然としない点も残されているが，彼は設立時期から一貫して積極
的な関わりを持ちつづけており，実務面のみならず資金面でも，同社の経営に
大きく貢献したといえる。

第 4 節　大正期における鉄道建設活動への関与

1　遠三鉄道建設計画

伊東要蔵は，浜松鉄道の経営と並行して，大正期には近隣地域における鉄道
建設活動とも関係を持つ。本節では，遠三鉄道と遠州電気鉄道への関与につい
て検討したい。

遠三鉄道の建設計画は，1920 年 3 月 8 日付で，伊東要蔵ほか 11 人により，
「地方鉄道敷設免許申請書」[76] が提出されたことにはじまる。遠三鉄道の計画
路線は，静岡県引佐郡気賀町大字広岡より愛知県豊橋市大字花田に至る 18 マ

イル 23 チェーンの本線と，これより分岐し宝飯郡下地町大字東に至る 2 マイル 12 チェーンの支線からなるものであった。この計画の発起人は，全て浜松鉄道の役員によって構成されており，伊東要蔵，中村忠七，中村藤吉，深井鷹一郎，石岡孝平，松尾嘉平，袴田三雄，鈴木幸作，間淵栄一郎，平田彌吉，宮本甚七，鱸多三治であった。これは，浜松鉄道の全取締役と 4 人中 2 人の監査役に相当する。

　この遠三鉄道の計画を検討する際には，三輪市太郎が計画していた豊橋―浜松間の鉄道建設との関係が重要になる。三輪市太郎は，浜松鉄道を参考とすべく，1921 年 7 月 21 日付の伊東要蔵宛の書簡の中で，「予て御相談致居候浜松豊橋間線路に付，参考之為，貴社にて出願相成居候線路図（平面及縦断）一度拝見致度」[77] との依頼をしている。そもそも，三輪市太郎は，豊橋―名古屋間の鉄道建設を計画していたが，この計画を友人である福澤桃介に相談したところ，これを有利な事業であると判断した福澤桃介が安田善次郎に話を持ち込み，資金提供の約束を取り付けてくる[78]。これが，尾三電気鉄道を継承した東海道電気鉄道であり，福澤桃介はこの計画の創立委員長に就任している。東海道電気鉄道は，浜名湖北岸を経て浜松まで延伸し，将来的には東京―大阪間を結ぶ路線を構想していた。だが，同年 9 月に安田善次郎が暗殺されると，資金調達の目途が立たず，事業は行き詰まりをみせた結果，同年 12 月には愛知電気鉄道との合併仮契約が結ばれ，翌 1922 年 7 月に正式に合併している[79]。

　この間，東海道電気鉄道は，三輪市太郎が伊東要蔵と交流をもったこともあり，遠三鉄道の建設計画に接近を図る。1922 年 2 月に東海道電気鉄道の全役員の参画を条件として，遠三鉄道に免許が下付された際には，東海道電気鉄道の出願した国府―豊橋間の路線の出願を取り下げることを取り決めている[80]。そして，1922 年 9 月 16 日付で，遠三鉄道に免許が下付されると[81]，同年 11 月 11 日付で，遠三鉄道の「発起人追加届」[82] が提出される。ここでは，福澤桃介や三輪市太郎，安田善之助ら，旧・東海電気鉄道の関係者が新たに発起人に加わっている。その後は，1927 年 9 月 8 日に，福澤桃介の後任として愛知電気鉄道の社長に就任した藍川清成を社長として，遠三鉄道株式会社が創立される。浜松鉄道側からは，取締役に伊東要蔵，深井鷹一郎，鈴木幸作が，監査役に宮本甚七，中村藤吉が就任している[83]。だが，その後の建設計画は順調に

進展せず，結果的に，1930 年 10 月 30 日の定時株主総会にて，同社の解散が決議されている[84]。

2 遠州電気鉄道（遠州電気軌道）の設立

最後に，遠州電気鉄道[85]との関係について，若干の検討を加えておきたい。伊東要蔵は，浜松鉄道の経営の傍ら，遠州電気鉄道の設立計画にも関与していた。この遠州電気鉄道は，大日本軌道浜松支社線を譲渡される形で設立されたものである。1919 年 5 月 22 日に開かれた発起人会には，伊東要蔵の他に，間淵栄一郎，深井鷹一郎，中村藤吉，鱸多三治，鈴木幸作，中村忠七といった浜松鉄道の関係者も出席していた。深井鷹一郎が創立時に取締役に選任された後，同年 9 月 17 日の臨時株主総会において，伊東要蔵も中村忠七らとともに取締役に選任されている[86]。伊東要蔵は，この段階で 500 株（2.5％）を所有しており，他の取締役と並んで最大規模のものであった[87]。

その後，1922 年 1 月に，伊東要蔵は深井鷹一郎および中村忠七とともに，取締役を辞任している。この際，遠州電気鉄道は，「感謝状」[88]を贈り，「貴台，本社ノ取締役ニ任ゼラレ，克ク創業ノ難苦ニ耐ヘ，経営ノ困難ヲ忍ビ期ヲ重ヌルコト，業績漸時順調ニ向ヒ，予テ計画ノ電化事業モ亦其緒ニ就クニ至レリ。本社ノ貴台ニ負フ所誠ニ深厚ナリ」として，伊東要蔵の貢献を評価している。遠州電気鉄道は，従来の蒸気力を動力とする 2 フィート 6 インチの路線を，電力を動力とする 3 フィート 6 インチの路線に変更することを創業時より計画しており[89]，こうした計画に伊東要蔵の尽力があったことが強調されている。

伊東要蔵は，遠州電気鉄道の創立にあたり，当該地域の有力者であるとともに，浜松鉄道の重役の一員として，計画を賛助したものと考えられる。そのため，当初の電化計画が進展したことから，他の浜松鉄道の重役とともに辞任したのであろう。出資状況についてみても，1923 年 6 月に遠州電気鉄道に関する株式を 5,400 円で売却して以降，伊東要蔵による同社株式に関する取引は確認できない（第 5 章表 5-6-2）。

以上のように，伊東要蔵は，浜松鉄道の経営の傍ら，他の鉄道建設計画に関与する場合もあった。しかしながら，浜松地域における鉄道事業については，浜松鉄道の経営が中心であって，他の計画への関与はそこから付随的に生じた

ものに限定されていた。

おわりに

　以上，本章では，伊東要蔵の浜松地域における鉄道事業への関わりを検討した。本章での分析により明らかにされた点を，冒頭に記した課題に即してまとめると，次の3点に集約される。

　第1に，明治後期には多様な鉄道建設計画が存在しており，その中で，伊東要蔵は伊藤市平からの勧誘に応える形で遠参鉄道建設計画に関与していく。その過程で鉄道建設を積極的に推進していくことになるが，資金の窮乏や発起人間の不和を原因として計画は頓挫した。第2に，浜松鉄道の建設計画の際には，伊東要蔵が自ら主導し，一致団結してこれを実現させた。企業創設後には，長期にわたり浜松鉄道の経営を主導した一方で，自ら有価証券投資を通じた資金提供を惜しまなかった。そして，第3に，明治後期以来構想されていた愛知県下に接続する路線の建設を計画し，それを推進していった。

　そもそも，鉄道事業は巨額の資金を必要とするため，企業経営や資金調達の面で，中央の資本や企業家と密接な関係を構築することが必要とされる。しかしながら，伊東要蔵が関わった浜松地域の鉄道は，一貫して沿線地域のみで完結していた。実際，この地域では，渋沢栄一などに代表される中央の資本が関わりをみせた計画もあったが，それが実現をみることはなかった。こうしたことを念頭におくと伊東要蔵は中央からの資金に頼ることなく，鉄道建設を実現したのであり，その要因の一端に，彼の地方資産家としての資金力があったことが指摘できる。

　本章で検討したように，伊東要蔵の鉄道建設活動は，周辺地域に張り巡らされた地域の人的ネットワーク（ローカルネットワーク）によって支えられていた。彼は伊藤市平とのコネクションを契機として鉄道事業に参画し，そこで培われた経験を基盤として，浜松鉄道の開業を実現している。学卒者としての専門的な知識や他の事業で培った経営能力に加え，こうしたローカルネットワークを活用することで，当該地域における産業化を推進していったのである。

注

1) 「浜松鉄道」は，1915 年に「浜松軽便鉄道」より改称されたものであるが，本章では，一貫して「浜松鉄道」と表記する。

2) 青木栄一［2006］「地方民鉄の見方」，青木栄一編『日本の地方民鉄と地域社会』古今書院，23 頁。

3) 青木栄一［1983］「大正期の鉄道にみる『地方の時代』（二）」，『大正期鉄道史資料月報』第 2 号，6-8 頁。

4) 老川慶喜［1992］『産業革命期の地域交通と輸送』日本経済評論社，6 頁。

5) 浜松市役所編［1980］『浜松市史』三，浜松市役所，229，335 頁。

6) 遠州鉄道社史編纂委員会編［1983］『遠州鉄道 40 年史』遠州鉄道株式会社，38-42 頁。

7) この鉄道の建設計画は，現在の遠州鉄道の前身会社として，第 1 節や第 3 節で取り上げる浜松鉄道とは異なるものである。そのため，本章では混同を避けるため，「旧浜松鉄道」と表記する。

8) 『鉄道院文書 浜松鉄道株式会社（免許）巻全 明治三十年』，鉄道省文書，国立公文書館所蔵（以下，鉄道省文書の所蔵先は同様），昭 47 運輸 00441100。

9) 管見の限り，現存する伊東家文書中には，この旧浜松鉄道建設計画に関する史料は確認できない。

10) 「五第四〇一号 浜松鉄道株式会社発起認可申請書副申」，『鉄道院文書 浜松鉄道株式会社（免許）巻全 明治三十年』，鉄道省文書。

11) 「浜松鉄道株式会社へ仮免状下付ノ件」，『鉄道院文書 浜松鉄道株式会社（免許）巻全 明治三十年』，鉄道省文書。

12) 『鉄道院文書 遠参鉄道株式会社（免許）巻全 明治三十一年』，鉄道省文書，昭 47 運輸 00452100。

13) 「遠参鉄道株式会社創立願副申書」，『鉄道院文書 遠参鉄道株式会社（免許）巻全 明治三十一年』，鉄道省文書。

14) 「決議書」，『鉄道院文書 遠参鉄道株式会社（免許）巻全 明治三十一年』，鉄道省文書。

15) 伊藤市平は，浜松中学校や同人社を経て，東京専門学校で学ぶ。卒業後は，静岡県茶業組合会議員や県会議員（後に，県会副議長）を務めた人物である（山田万作編［1891］『岳陽名士伝』私家本，312-314 頁）。

16) 「伊藤要蔵宛伊藤市平書簡」，［1896 年］4 月 21 日，伊東家文書，慶應義塾福沢研究センター寄託（以下，伊東家文書の内，特に所蔵機関の記載のないものは同様），未整理（史料番号なし）。

17) 「明治十四年第十二月二十八日 遠州忘年懇親会名簿」（伊東家文書，0709-0149-0038）によると，伊藤市平と伊東要蔵（史料上の表記は「山田要蔵」）はともに「遠州会」の構成員であったことが確認でき，青年期以来の知己であったことが想定される。

18) 「伊東要蔵宛松尾嘉平書簡」，［1896 年］9 月 26 日，伊東家文書，未整理（史料番号なし）。

19) 「伊東要蔵宛掛川鉄道株式会社創立事務所山崎千三郎書簡」，1896 年 4 月 31 日，
   伊東家文書，未整理（史料番号なし）。

20) 「伊東要蔵宛駿甲鉄道株式会社創立事務所葉書」（1896 年 7 月 4 日，伊東家文書，
   未整理（史料番号なし））などから，伊東要蔵は駿甲鉄道とも連絡をとっていたこ
   とがわかる。ただし，『鉄道院文書 駿甲鉄道株式会社 巻全 明治二十九三十年』
   （鉄道省文書，昭 47 運輸 00433100）所収の各史料中にも，伊東要蔵の名前は確認
   できないため，同計画に対する関与実態は不明である。なお，掛川鉄道や駿甲鉄道
   への渋沢栄一の関与については，三科仁伸［2023］に詳しい。

21) 『鉄道院文書 遠参鉄道株式会社 巻全 明治三十一年』，鉄道省文書。

22) 「遠参鉄道株式会社発起株減株約定書」，伊東家文書，0609-0042-0012-0001。

23) 「五第一二〇三号 私設鉄道株式会社創立願副申」，『鉄道院文書 遠参鉄道株式会
   社 巻全 明治三十一年』，鉄道省文書。

24) 遠州鉄道社史編纂委員会編［1983］，83 頁。

25) 『鉄道院文書 遠参鉄道株式会社 巻全 明治三十一年』，鉄道省文書。

26) 「五第一一五三号 鉄道線路延長並発起人追加申請書進達ニ付副申」，『鉄道院文
   書 遠参鉄道株式会社 巻全 明治三十一年』，鉄道省文書。

27) 「中村利平治宛服部徳八書簡」，〔1896 年〕10 月 6 日，伊東家文書，未整理（史
   料番号なし）。

28) 同書簡に付随する「記」には，活動資金として 200 円が書き上げられている。
   その内訳は，東京詰費用 2 人分 112 円 50 銭，汽車賃 4 回分 24 円，東京人力代 20
   円，交際費 30 円，地方費および予備費 13 円 50 銭である。

29) 「伊東要蔵宛中村利平治書簡」，1896 年 10 月 24 日，伊東家文書，未整理（史料
   番号なし）。

30) 「高田市三郎宛松尾嘉平書簡」，〔1896 年〕10 月 28 日，伊東家文書，未整理（史
   料番号なし）。本史料の本文は，松尾嘉平と服部徳八の連名で，高田市三郎および
   伊藤市平宛に作成されたものである。

31) 「中川利平治・伊東要蔵宛高田市三郎書簡」，1896 年 10 月 31 日，伊東家文書，
   未整理（史料番号なし）。

32) この「決議書」には，「決定ス」と記載されているが，実際は各創立委員に回付
   された草案であると考えられる。

33) 「伊東要蔵宛遠参鉄道株式会社創立事務所金指支部書簡」，〔1896 年〕11 月 13 日，
   伊東家文書，未整理（史料番号なし）。

34) 「伊東要蔵宛服部徳八書簡」，〔1896 年〕11 月 30 日，伊東家文書，未整理（史料
   番号なし）。引用中の強調表現は，原史料の表記に基づくものである。

35) 「伊東要蔵宛伊藤與一書簡」，〔1897 年 4 月 20 日〕，伊東家文書，0603-0001-0145。

36) 「遠参鉄道株式会社目論見書変更仮定款訂正ニ付申請」，『鉄道院文書 遠参鉄道
   株式会社 巻全 明治三十一年』，鉄道省文書。

37) 「遠参鉄道株式会社目論見書」，『鉄道院文書 遠参鉄道株式会社 巻全 明治三十
   一年』，鉄道省文書。

38) 「運輸営業収支予算調査要略」，『鉄道院文書 遠参鉄道株式会社 巻全 明治三十

一年』，鉄道省文書。

39) 「遠参鉄道株式会社発起人追加並除名願」，『鉄道院文書 遠参鉄道株式会社 巻全 明治三十一年』，鉄道省文書。

40) 「遠参鉄道株式会社目論見書」，『鉄道院文書 遠参鉄道株式会社 巻全 明治三十一年』，鉄道省文書。

41) 「遠参鉄道株式会社発起並鉄道敷設仮免許状下付ニ付閣議稟請ノ件」，『鉄道院文書 遠参鉄道株式会社 巻全 明治三十一年』，鉄道省文書。

42) 遠州鉄道社史編纂委員会編 ［1983］，83 頁。

43) 金指馬車鉄道の建設計画は，伊東家文書中に残された史料が示すのみである。それゆえ，計画の詳細や展開について，判然としない部分も残されている。

44) 「伊東要蔵宛中村利平治書簡」，〔1897 年〕1 月 3 日，伊東家文書，未整理（史料番号なし）。

45) 「伊東要蔵宛山田有年書簡」，1897 年 5 月 3 日，伊東家文書，未整理（史料番号なし）。なお，本史料本文は，山瀬弥吉，鈴木万平，山田武助，山田有年の 4 人の連名にて作成されている。

46) ただし，1896 年までに出願された 10 の鉄道建設計画の内，旧浜松鉄道と遠参鉄道は仮免許下付までは至っている（遠州鉄道社史編纂委員会編 ［1983］，50 頁）。

47) 『鉄道省文書 浜松鉄道 巻一 自明治四十五年至大正三年』，鉄道省文書，昭 58 運輸 00272100。

48) 『鉄道省文書 浜松鉄道 巻一 自明治四十五年至大正三年』，鉄道省文書。

49) 「産伺第一二三八号ノ六」，『鉄道省文書 浜松鉄道 巻一 自明治四十五年至大正三年』，鉄道省文書。

50) 「軽便鉄道敷設免許ノ件」，『鉄道省文書 浜松鉄道 巻一 自明治四十五年至大正三年』，鉄道省文書。

51) 「御届」，『鉄道省文書 浜松鉄道 別冊 自大正十年至大正十五年』，鉄道省文書，国立公文書館所蔵，昭 58 運輸 00271100。

52) 「御届」，『鉄道省文書 浜松鉄道 巻一 自明治四十五年至大正三年』，鉄道省文書。

53) 「浜松軽便鉄道工事施行認可申請期限延期ノ件」，『鉄道省文書 浜松鉄道 巻一 自明治四十五年至大正三年』，鉄道省文書。

54) 〔浜松軽便鉄道敷設に関する取締役決議書〕，伊東家文書，0609-0025-0038。

55) 「工事施行認可申請延期願」，『鉄道省文書 浜松鉄道 巻一 自明治四十五年至大正三年』，鉄道省文書。

56) 「浜松鉄道板屋町祝田間工事施行ノ件」，『鉄道省文書 浜松鉄道 巻一 自明治四十五年至大正三年』，鉄道省文書。

57) 「工事着手御届」，『鉄道省文書 浜松鉄道 巻一 自明治四十五年至大正三年』，鉄道省文書。

58) 「浜松軽便鉄道一部工事施行ノ件」，『鉄道省文書 浜松鉄道 巻一 自明治四十五年至大正三年』，鉄道省文書。

59) 「工事着手御届」，『鉄道省文書 浜松鉄道 巻一 自明治四十五年至大正三年』，鉄道省文書。

第 7 章　浜松鉄道の建設とその経営　　　219

60) 「浜松軽便鉄道一部運輸開始ノ件」,『鉄道省文書 浜松鉄道 巻一 自明治四十五年至大正三年』, 鉄道省文書。

61) 木村文雄監修［1993］『細江のあゆみ──完全復刻版』細江町教育委員会, 40 頁。

62) 遠州鉄道社史編纂委員会編［1983］, 78-80 頁。

63) 1911 年公布の軽便鉄道補助法に基づく補助金で, 益金が対建設費の 0.5% 未満の会社に適応された。なお, 当時は地方鉄道補助法に改称されている。

64) 「伊東要蔵宛深井鷹一郎書簡」,〔1927 年〕5 月 27 日, 伊東家文書, 未整理（史料番号なし）。

65) 浜松鉄道第 38 回「営業報告書」, 1931 年上半期。

66) 同第 43 回「営業報告書」, 1933 年下半期。

67) 同第 66 回「営業報告書」, 1945 年上半期。

68) 遠州鉄道社史編纂委員会編［1983］, 154 頁。

69) 浜松軽便鉄道（浜松鉄道）第 4 回「営業報告書」, 伊東家文書, 浜松市博物館所蔵, 121。

70) 浜松鉄道第 16 回「営業報告書」, 1934 年下半期。

71) ここでの伊東家関係者とは, 伊東要蔵, なか, 武, 弥六, 希八郎, 道子, 平市, 乙女, 正九郎を指す。

72) 「総勘定元帳 第二号」, 伊東家文書, 浜松市博物館所蔵, 71。

73) 「叙位具申書」, 伊東家文書, 0603-0002-0070。本史料は, 伊東要蔵死後の「叙勲」に際して, 1934 年 5 月 13 日付で作成されたものである。

74) 浜松高等女学校の生徒数は, 1907 年には 400 人であったが, 浜松鉄道開業後の 1918 年には 600 人, 1923 年には 850 人に増加している（浜松市役所編［1926］『浜松市史』浜松市役所, 558 頁）。こうした増加に呼応する形で, 結果的に, 浜松鉄道の開通は引佐郡下の子女に, 通学の利便を提供したことが想定される。

75) 浜松鉄道の本社社屋は戦災により被災しており, 同時に多くの重要書類が焼失したとされている（遠州鉄道社史編纂委員会編［1983］, 82 頁）。

76) 『鉄道省文書 愛知電気鉄道（元遠三電気鉄道 遠三鉄道）自大正十一年至昭和六年』, 鉄道省文書, 国立公文書館所蔵, 平 12 運輸 01655100。

77) 「伊東要蔵宛三輪市太郎書簡」,〔1921 年〕7 月 21 日, 伊東家文書, 0609-0014-0088。

78) 福澤桃介［1930］『財界人物我観』, ダイヤモンド社, 100-101 頁。

79) 名古屋電鉄株式会社社史編纂委員会編［1961］『名古屋鉄道社史』名古屋電鉄株式会社, 166-167 頁。

80) 「東第二四六号」,『鉄道省文書 愛知電気鉄道（元遠三電気鉄道 遠三鉄道）自大正十一年至昭和六年』, 鉄道省文書。

81) 「遠三電気鉄道敷設免許ノ件」,『鉄道省文書 愛知電気鉄道（元遠三電気鉄道 遠三鉄道）自大正十一年至昭和六年』, 鉄道省文書。

82) 『鉄道省文書 愛知電気鉄道（元遠三電気鉄道 遠三鉄道）自大正十一年至昭和六年』, 鉄道省文書。

83) 「会社設立ノ件」,『鉄道省文書 愛知電気鉄道（元遠三電気鉄道 遠三鉄道）自大

正十一年至昭和六年』，鉄道省文書。

84）　遠三鉄道第 7 回「事業報告」，1931 年上半期。

85）　「遠州電気鉄道」は，1921 年に「遠州電気軌道」より改称されたものであるが，本章では，一貫して「遠州電気鉄道」と表記する。

86）　遠州鉄道社史編纂委員会編［1983］，57 頁。

87）　遠州電気軌道第 1 回「営業報告書」，1919 年下半期。

88）　〔感謝状〕，伊東家文書，0603-0002-0025。

89）　「地方鉄道敷設免許申請書」，『鉄道省文書　遠州電気鉄道（元遠州軌道）自大正十年至大正十二年』，鉄道省文書，平 12 運輸 01794100。

終章 「学閥」の時代
ネットワークがつないだもの

　本書では，19世紀末から20世紀前半における近代日本の経済発展を背景に，当該時期の企業経営について，高等教育機関の出身者の活動と，彼らが同窓関係を基盤として構築した企業家ネットワークの役割を分析した。具体的には，慶應義塾の出身者，すなわち塾員による学閥ネットワークを分析対象として取り上げた。そして，企業経営や企業家個人の活動を検証することを通し，その役割を論証した。

　ここでは，序章で提示した課題に即して本書の議論を要約したうえで，近代日本の企業経営における学閥ネットワークの機能と意義について考察したい。

1　本書の総括

　はじめに，本書で検討した内容について議論を整理する。

　第I部「企業経営と学閥ネットワーク——ヒトとビジネスをつなぐ」では，実業界や企業と高等教育機関出身者の関係について，具体的事例から検討した。まず，第1章「高等教育機関による実業界への人材供給と学閥——慶應義塾の事例」では，本書全体の議論の前提として，『塾員名簿』の数量的分析に基づき，慶應義塾の出身者の多くが政界よりも経済界に進出したことを，他の高等教育機関の事例を踏まえつつ指摘した。一方で，帝国大学を重視する当時の風潮の中にあっては，私立学校出身者による学閥は否定的に捉えられる場合もあったが，特定の大学の出身者を優遇して採用する企業の存在など，両者の関係は現在以上に緊密なものであったことを明らかにした。

　第1章での分析を踏まえ，第I部の各章では，個別具体的な企業と学閥ネットワークの関係について，議論を進めた。第2章「豊国銀行の設立と展開——濱口吉右衛門による銀行合同」では，濱口吉右衛門（9代目）が武総銀行を母

223

体に設立した豊国銀行について，その設立から昭和銀行への合併に至る経営実態を，和田豊治ら慶應義塾の出身者による支援に留意しつつ，明らかにした。彼らは後任頭取の人選などに積極的に関与し，同行の経営を支援していた。また，同行のミドルクラスのマネジャーにも，多くの慶應義塾の出身者が登用されていた。

　また，豊国銀行の監査役でもあった門野幾之進による保険事業の経営を議論した第3章「千代田生命保険の創業と"堅実主義的"経営――門野幾之進による後発保険事業の経営」では，彼の活動を全面的に支えた学閥ネットワークの活動を詳述した。相互会社における基金の引受から保険加入者への営業に至るまで，彼らの援助なくしては，千代田生命保険の成長は実現できなかった。

　続く，第4章「玉川電気鉄道の開業と事業展開――津田興二の鉄道経営」では，"慶應閥"の代表的企業とみなされていた玉川電気鉄道について，津田興二と和田豊治や門野幾之進らの関係を念頭におきつつ，検討した。建設資金の窮乏や工事の遅滞によって困難を極めていた玉川電気鉄道の建設計画を東京信託が援助したことにより，同社の経営は慶應義塾出身の企業家らに委ねられた。彼らは，学閥ネットワークを活用しつつ，富士瓦斯紡績や千代田生命保険などに出資を応諾させ，経営基盤を安定化させていった。

　第II部「地方資産家の企業家ネットワーク――地方と中央をつなぐ」では，第I部にも登場した，慶應義塾出身の地方資産家である伊東要蔵の企業家活動について，学閥ネットワークとの関係を中心に分析した。第5章「地方資産家の企業家活動と有価証券投資――伊東要蔵と学閥ネットワーク」では，伊東要蔵の企業経営や有価証券投資の在り方から，彼を取り巻く2つの企業家ネットワーク，すなわち，広域的な学閥ネットワークと局地的なローカルネットワークの重層的な存在を指摘した。また，慶應義塾の出身者との関係を重視した伊東要蔵は，和田豊治が関連する企業への投資を積極化するとともに，有価証券取引では，同窓関係にある代理人を活用するなど，彼の経済活動において学閥ネットワークは欠くべからざる役割を果たしていた。

　こうした関係性が特に顕在化したのが，第6章「経営危機下の地方銀行改革――三十五銀行の不良債権処理問題」で取り上げた，三十五銀行の不良債権処理問題であった。当時の緩慢な融資体制を是正すべく，伊東要蔵によって招

聘されたミドルクラスのマネジャーは，学閥ネットワークを介して調達した慶應義塾の出身者であった。ただし，彼らの登用は，当時の三十五銀行を取り巻く地域社会の利害と対立し，結果的に，伊東要蔵は改革の途中で頭取を辞任せざるを得なかった。

その一方で，第7章「浜松鉄道の建設とその経営——ローカルネットワークの活用」では，地方資産家としての側面を重視しつつ，浜松地域の産業振興を進めた伊東要蔵の企業家活動を検討した。ここでは，学閥ネットワークではなく，ローカルネットワークの役割が重要であった。第Ⅱ部全体を踏まえると，伊東要蔵の場合，関与する事業の特性にあわせ，異なる企業家ネットワークを選択的に活用していた。このことは，近代日本における企業家ネットワークの重層性を示すものといえよう。

2　ネットワークがつないだもの

それでは，近代日本の企業経営において，学閥ネットワークは，どのような歴史的役割を果たしたのであろうか。すでに本書の中でも示唆してきたが，ここで改めてその意義を提起すると，以下の2点を指摘することができる。すなわち，「ヒトとビジネスをつなぐ役割」と「地方と中央をつなぐ役割」である。

まず，「ヒトとビジネスをつなぐ役割」については，本書第Ⅰ部によって論証された。一般に，企業は経営に必要な資源を市場から調達するとされるが，20世紀前半以前の日本では，市場は成熟過程にあった。そこで，こうした市場に代替する形で，必要な経営資源を提供したものが，学閥ネットワークであった。本書でとりあげた企業は，学閥ネットワークを介した人材や資金の調達により，安定的な企業経営を実現できたといえる。豊国銀行や千代田生命保険，玉川電気鉄道は，その象徴的な企業であろう。これらの事例からもわかるように，事業の初期段階においてこそ，その役割は特に決定的な意味をもっていた。そして，相互補完的なものである学閥ネットワークを活用し，彼らが複数の事業で連帯して活動したことにより，それぞれの企業が持つ社会的信用を振作する役割を果たすことができたのである。

また，トップマネジャーらの蝟集を基盤とした学閥ネットワークは，その延長として，ビジネスに携わることを希望する学卒者と企業とをマッチングする

役割を果たしていた。一般に，こうした労働市場では，企業と求職者間において，情報の非対称性が発生すると考えられるが，ここに学閥ネットワークが介在することにより市場に代替しうる調整機能を発揮していた。それゆえ，20世紀前半を通し，企業と高等教育機関の長期的関係が構築されたといえよう。

　ただし，近代日本の企業経営を俯瞰した場合，必ずしも学卒者であることが企業に登用される条件であったとはいえない。たとえば，近代日本の紡績業を牽引した日比谷平左衛門は，自らの経験を踏まえつつ，OJT的な性格を有する丁稚制度（小僧制度）を重視していた[1]。こうした点も踏まえるならば，近世以来の人材育成制度がいまだに残っていた近代日本では，高等教育機関によって養成された専門経営者は，丁稚制度の経験者とも協力しつつ，独自の学閥ネットワークを形成していったといえる。

　次に，「地方と中央をつなぐ役割」については，本書第II部で検討した伊東要蔵の経済活動から，その役割を読み解くことができる。第II部での議論を通して析出された伊東要蔵の経済活動は，慶應義塾の出身者として，学閥ネットワークと連携しつつ，金融事業や紡績事業を中心としたものであった。同時に，地方経済の担い手である地方資産家として，地域の産業化にも貢献した。序章で言及したヒルシュマイヤー，J.・由井幸彦［1977］による明治期における企業家の4類型からその特質を検討するならば，③「中央における実業家タイプ」と④「地方的な実業家」の2つの側面を有していたといえる。そして，前者の性質により，広域的な学閥ネットワークの一員として活動し，後者の性質により，局地的なローカルネットワークを主導する役割を果たしたのである。このように，企業家ネットワークとは，重層的に展開されるものであり，必ずしも1つの関係性に依存し得るものではなかったといえる。

　ここでいう「地方と中央をつなぐ」学閥ネットワークとは，双方向的なものであった。第6章で取り上げた三十五銀行の事例からもわかるように，地方銀行の経営改革に必要とされた人材を中央から調達するとともに，富士紡績といった当時を代表する紡績企業の抵当化されていた株式を引受ける役割を果たしている。また，彼の投資活動は学閥ネットワークに規定されていたが，その結果として，十分な投資利潤を獲得することができた。そして，資金を必要としていた中央企業に対し，地方に滞留していた資金を直接供給する役割を果た

したといえる。石井寛治［1972］が強調するような金融資本の近世―近代の連続性を念頭に置くと，地方に点在する近世以来の地主資本が，「地方と中央をつなぐ」学閥ネットワークによって，より全国的な産業化資金へと転化したものと評価できる。

この場合，同窓関係という「顔のみえる関係」が，人的および資金的両面において，地方と中央との関係を強化する役割を果たしていた。ここで，改めて近代日本における資本主義化の路線を考えた場合，「上からの資本主義化」と「下からの資本主義化」がみいだされてきたが，その両路線を併存的に推進しえた伊東要蔵の企業家活動は，学閥ネットワークを基盤とすることではじめて実現できたといえる。

3　近代日本の学閥ネットワーク

本書が検討事例として取り上げた学閥ネットワークは，特定の高等教育機関の出身者によって構築されたものである。そして，その基盤は当然ながら彼らの出身校にあり，本書の場合は慶應義塾がそれにあたる。高等教育機関の整備途上であった明治期に，慶應義塾には全国各地からさまざまな学生が集い，その結果として，本書が課題とした学閥ネットワークが形成されていった。これは，幕藩体制期における身分や出身とは断絶したもので，彼らの出身地は全国各地に及ぶとともに，身分的には旧士族や地主，商業者など多様な背景を有する人びとによって構築されていた。それゆえにこそ，学閥ネットワークが，「ヒトとビジネス」，「地方と中央」を繋ぐことができたのではないであろうか。急速に進む近代化の中で，全国的に展開する事業であれ，東京を含め局地的に展開するものであれ，企業家や資金といった経営資源を，地縁や血縁といった制約を超えて蝟集させるためには，こうした全国的な規模のネットワークが必要とされたのである。

実際，第7章で検討したように，浜松という一地域における鉄道建設事業では，伊東要蔵は，その地域に根ざした地縁的なネットワークを活用することで充分に事業を展開することができた。しかし，全国的な銀行や保険事業，地縁的なネットワークが形成し難い東京での鉄道建設においては，より広範囲に及ぶネットワークが必要とされていた。また，第6章で検討した三十五銀行での

行内改革のように，地縁的なネットワークそのものが障害となる場合には，それに基づく地域的なロジックを介在させえない別のネットワークの役割が重要であった。このように，学閥ネットワークは，旧来的なネットワークとは一線を画するものであったといえよう。

　では，なぜ，学閥ネットワークが，このような役割を果たせたのであろうか。序章で提起した問題について，ここでは，本書での議論を踏まえて，慶應義塾の出身者である塾員たちの活動から，以下の2点について，その要因に関する示唆を得たい。

　第1の点は，彼らのもつ多様性である。これまでも強調してきたように，地縁や血縁などに基づくネットワークとは異なり，学閥ネットワークには，出身地や旧来的な身分を超えて，全国各地からさまざまな背景を持つものが集まっていた。本書の中には，近世期以来の有力問屋出身の濱口吉右衛門（9代目）や，鳥羽藩の家老の子として生まれ，慶應義塾の教員を務めた門野幾之進，三井時代の富岡製糸場を支え，企業の再建に定評を得ていた津田興二，静岡県屈指の資産家の1人である伊東要蔵，そして，福澤諭吉とも同郷で，資産的な基盤は薄弱であるも事業の拡大を目指す和田豊治らが，学閥ネットワークの構成員として登場する。彼らがそれぞれに具備していた企業家精神や事業の拡大意識，豊富な資金力を結集できたところにこそ，塾員による学閥ネットワークの存在意義があると考えられる。

　第2の点は，彼らの結束力である。慶應義塾出身者の結束力は，他校に類例をみないものとされる。それは，福澤諭吉の学問に触れた門下生が，その系譜に連なることによって，「学問を先導し続ける資格がある，というある種の選民意識」[2] を共有したことによる紐帯とも理解される。こうした意識が，塾員による学閥ネットワークを支えていたのであろう。そして，これこそが，「士流学者」として，彼らが相互依存的に，共同して企業経営をおこなう原動力の1つになったと考えられる。

　浜松の資産家である伊東要蔵と中津藩の武士階級出身である和田豊治が，「学友」という共通点によってともに事業をおこなっていたことは，その代表的な事例であろう。ただし，こうした多様性や連帯意識は，慶應義塾の場合にのみ適合できうるものであるのか，他の高等教育機関の出身者にも同程度見出

しうるものであるのか，また，学閥とは異なる他の企業家ネットワークにも確認できるものであるのかについては，より慎重に議論すべきであろう。

　本書の議論は，個別の企業家の活動と，それを支えた学閥ネットワークの役割を分析することを通して，帰納的にその役割を析出したものである。しかし，鈴木恒夫ほか［2009］による企業家ネットワークの数量的な把握がされて以降，われわれが取り組むべき課題は，多様な結合要因によるネットワークの実態を明らかにすることであり，個別具体的なその展開のダイナミズムを把握することにあるといえる。それがなされた後に，本書が析出した学閥ネットワークについても，その意義を再び問い直すことが求められよう。

　最後に，本書で検討対象とした学卒者や学閥ネットワークは，当事者以外からは，どのように意識されていたのであろうか。この点を直接明示することは困難であるが，慶應義塾の出身である小林一三による以下の回想は，この点の示唆に富んでいる。阪神急行電鉄の創業者である彼は，「友人は有難いもの」とする談の中で，次のような話を紹介している。

　　大阪の第一流の偉くなった人は，学校を出ていない人が多い。松下〔松下幸之助〕にしても，寿屋の鳥井〔現・サントリーの鳥井信治郎〕にしてもそうだね。そういう人に会って，学校はどうでも良いとお考えでしょうと聞くと，いや，それはそういう点もあるかも知れぬが，学校を出た人たちを見ていて私たちが一番羨ましいと思うことが一つある。それは何かと言うと，皆同窓とか同級とか言ってよく集まったり話しあったりしている。そういうことが如何にもたのしそうだというのです。私らは小僧からやっているからそういうものがないのだと言うのです[3]。

　すなわち，松下幸之助や鳥井信治郎らは，高等教育機関での学問を重視はしないが，むしろ，そこで培われた特有の人的関係は「羨ましい」と感じるというのである。もちろん，これはビジネスの世界に限定された議論ではないであろう。本書を通して明らかにしたように，「同窓とか同級とか言ってよく集まったり話しあったりしている」中から，ビジネスを成長させる計画が進展していった場合が，少なからず存在したのである。

近代日本の経済社会や企業経営は，多様な企業家ネットワークによって支えられており，高等教育機関での同窓関係に基づく学閥ネットワークは，その1つである。本書では，このような学閥ネットワークに集った企業家らの活動によって，近代日本の企業経営，ひいては，わが国の経済発展が牽引されていく過程を，慶應義塾の出身者である塾員らの活躍を事例として検討した。ここからも明らかなように，戦前期の日本では，学閥が果たした役割は大きかったといえよう。

注
1) 三科仁伸［2018b］「日比谷平左衛門の企業家精神——日本製布・鐘淵紡績・富士紡績の再建及び人材育成制度の検討」，『史学』第88巻第1号。
2) 都倉武之［2020］「慶應義塾出身者はなぜ『群れる』のか」，『経営史学』第54巻第4号，34頁。
3) 小林一三［1954］『私の事業観』要書房，109頁。

あとがき

　本書は，学部生時代に卒業論文で取り上げた玉川電気鉄道（本書第4章）より始まった，筆者の"学閥"研究の一応の成果である。実家の目の前をかつて走っていた電車を研究しはじめたところから，その経営陣の在り方や企業家相互の関係性に興味を抱き，最終的に"学閥"という概念にたどり着いたわけである。ただし，筆者の玉川電気鉄道への関心は，かつて両親に買ってもらった『玉電204　電車とバスの博物館・保存展示車』という冊子を眺めつづけていた幼少期以来のものである。実に16頁の冊子ではあるが，これこそが筆者の研究の原点であるといっても過言ではない。

　ここまで研究を続けてこられたのは，学部生時代より今に至るまで，変わらぬご指導を頂いている井奥成彦先生のおかげである。先生は，筆者の自由な学問的関心の追求をお許しくだされ，時に本題の研究テーマから逸れることはあっても，常に温かく見守り，重要な示唆や親身なアドバイスをしていただいた。また，さまざまな研究会や学会に連れていっていただき，後述する多くの先生方にも紹介していただいた。大学院を出た後も，史料調査や研究会にご一緒させていただき，今も先生の下で勉強を続けさせていただいている心持ちである。筆者にとって，先生の門下であることは，常に誇りとするところである。井奥先生の下では，前田廉孝先生と机を並べて勉強する機会にも恵まれた。前田先生は，筆者にさまざまな研究機会を与えてくれるのみならず，常に筆者の何歩も先を歩いており，追い抜くことのできない道標である。本書の執筆も，前田先生の勧めによるものであったことは記しておきたい。

　歴史学者として，史料を読み解く意地と根性を叩き込んでいただいたのは，田代和生先生である。大学院の古文書講読の授業では，常に緊張感のある空間でくずし字を読み解くことで，歴史研究の土台となる史料との向き合い方を教えていただいた。ある時，自分の研究史料の中のどうしても読めない一文字を先生に相談すると，次の機会には当時の筆者が知らない辞典をもって，正答を

231

説明していただいたことは，今でも鮮明に覚えている。また，中村尚史先生には，筆者の拙い研究に対して，常に親身にご指導いただいた。直接のゼミ生ではないにもかかわらず，中村先生のゼミに参加することをお許しいただき，二階堂行宜先生とともに，勉強させていただいた。通例とは違う環境下で勉強することで，これまでとは異なる視点や新しい着想を得る機会を得られたことに感謝している。

　加えて，大学院生時代に，筆者が調査員として席をおいた慶應義塾福沢研究センターは，史料整理の業務と同時に，筆者の研究に資する史料を，実際に見つけだす機会でもあった。同センターの西澤直子先生や都倉武之先生には，研究の便宜を図っていただくとともに，多くのご助言をいただいた。また，本書の一部は，筆者の博士論文にも掲載したものである。博士論文の審査の際には，井奥先生を主査に，中村先生，中西聡先生，大豆生田稔先生に副査をご担当いただき，多くのご教示をいただいた。これらを糧とした成果として，本書を執筆することがかなったといえる。

　本書に集約された"学閥"研究の傍ら，筆者はこれまで，さまざまな研究会に参加させていただき，多くの先生方からのご指導をいただいた。筆者が初めて学会で報告をおこなったのは，2013 年の社会経済史学会であった。このときは，庶民金融に関するパネル報告であり，杉山伸也先生を中心に，鎮目雅人先生や牛島利明先生に温かく見守っていただき，無事に初陣をかざることがかなった。この時の報告内容は，重田麻紀先生と共同で論文化し，『社会経済史学』に掲載されている。林玲子先生が組織されていた浅田家研究会から発展した南山城研究会では，当初は写真撮影のアルバイトとして招集していただいたのだが，その後は正式なメンバーとして，報告と執筆の機会をいただいた。同会では，石井寛治先生を筆頭に，武田晴人先生，谷本雅之先生，菅野則子先生，桜井由幾先生，小川幸代先生，吉田ゆり子先生，冨前一敏先生，島津良子先生より，さまざまなコメントやアドバイスをいただく機会を得た。この際，武田先生より，「君はなんでも屋なのだから何でもやればいいんだ」と仰っていただいたが，この言葉を励みに，文学部出身ながら，経済学部や商学部で働くことができているのかもしれない。

　そして，井奥先生の科研費による醸造業の研究会では，落合功先生や岩淵令

治先生，橋口勝利先生，伊藤敏雄先生らとの知遇を得た。また，渋沢栄一のフィランソロピーに関する研究会では，松本和明先生や杉山里枝先生，老川慶喜先生らと共同して研究する機会をいただいた。このご縁で，木村昌人先生には，色々な研究会にお誘いをいただいている。さらに，直接の面識がないにもかかわらず，突然のお手紙に対し，丁寧なご返答と励ましをいただいた藤田貞一郎先生や岡田和喜先生など，多くの先生方に支えられ，なんとか一書の刊行にまで漕ぎ着けることができたと考えている。筆者に有益な示唆を与えてくれた先生方のお名前を全て挙げきることはできないが，こうした多くの先生方との関わりの中で研鑽を積めたことは，筆者として，大変恵まれた学研生活であることと感謝している。

　この間，筆者の身分は幾度も変わった。慶應義塾大学での博士課程までの生活を経て，まず職を得たのは，山口県の下関市立大学経済学部であった。同大学では，初めて教壇にたつとともに，一般的な大学教員では到底経験することのできない珍妙な出来事を，いくつも体験することになった。この下関での生活を通し，身をもって，地方という視点から，日本を見つめなおすことができた。そして，2021年より現職である拓殖大学商学部に採用いただき，現在に至っている。この間，さまざまな迷惑をかけつつも，多くの同僚にあたたかく迎え入れていただいたことは感謝に堪えないところである。

　そして，出版事情の厳しい現今にあって，筆者の無理を受け入れていただき，本書の刊行を快諾していただいた日本経済評論社の柿﨑均社長には，なによりも心からの感謝を申し上げたい。また，同社の中村裕太氏には，筆者の拙い原稿に何度もお付き合いいただき，的確なアドバイスを多々頂戴した。同じく宮川英一氏には，原稿の細かな箇所にまで丁寧に目を通していただき，筆者の凡百のミステイクを潰していただいた。両者による親身なサポートがなければ，本書の刊行を実現することはできなったであろう。特にお名前を記して，感謝申し上げたい。

　本書の内容は，慶應義塾大学大学院博士課程学生支援プログラム（2013年度，2014年度）および日本学術振興会科学研究費（18H05700，20K13544）の成果によっている。本書の執筆過程における史料調査では，国立国会図書館，東京都立中央図書館，静岡県立中央図書館，国立公文書館，東京都公文書館，慶應義

塾福沢研究センター，東京大学経済学図書館・経済学部資料室，拓殖大学拓殖アーカイブズ事業室，東急電鉄株式会社，日本不動産株式会社，ヤマサ醤油株式会社，鳥羽市教育委員会，門野幾之進記念館，浜松市博物館の各機関に，大変お世話になった。本書に掲出した人物の肖像写真の選定には，慶應義塾福沢研究センターの渋沢彩佳氏と小林伸成氏にご協力を頂いた。また，拓殖大学拓殖アーカイブズ事業室の長谷部茂先生にも，大変お世話になった。記して，感謝を申し上げたい。

　最後になるが，幼少期より筆者が自由気儘に過ごすことを許してくれた祖父母（長嶋和雄・鈴江）と両親（三科彰・久恵）に感謝するとともに，筆者の研究生活を，いつも変わらぬ笑顔で支えつづけてくれる妻・智実と娘・嬉乃に本書を捧げたい。本書の完成は，一重に，こうした家族の支えがあってこそのものであり，心より感謝している。

2025 年 1 月

三科仁伸

初出一覧

　本書での議論の基礎となった論文は，以下の通りである。ただし，本書に掲載するにあたり，大幅な加筆修正をおこなった。

序　章　「学閥企業家集団に関する経済史研究の意義と課題——伊東要蔵とその周辺」，『史学』第88巻第3・4号，21-46頁。

第1章　「戦前期日本における高等教育機関による実業界への人材供給——慶應義塾大学出身者を事例として」，『近代日本研究』第37巻，159-186頁。

第2章　「豊国銀行の設立と展開——慶應義塾出身企業家の活動を中心として」，『近代日本研究』第32巻，137-171頁。

第3章　「戦前期日本における保険企業の設立と経営——門野幾之進の活動を事例として」，『史学』第91巻第4号，1-29頁。

第4章　「玉川電気鉄道の設立と展開」，『史学』第84巻第1・2・3・4号，85-108頁。

第5章　「戦前期における地方資産家の企業経営と有価証券投資——静岡県引佐郡伊東要蔵を事例として」，『社会経済史学』第83巻第4号，35-62頁。

第6章　「三十五銀行における行内改革の展開と頭取の役割——伊東要蔵の活動を事例として」，『企業家研究』第14号，25-48頁。

第7章　「地方資産家・伊東要蔵と浜松の鉄道事業——明治後期から昭和初期を中心に」，『近代日本研究』第31巻，165-202頁。

終　章　書き下ろし。

参考文献

【史料】
伊東家文書（伊東要蔵家旧蔵資料），慶應義塾福沢研究センター寄託および浜松市博物館所蔵／桂太郎家旧蔵資料，拓殖大学所蔵／気賀家文書，静岡県立中央図書館静岡県歴史文化情報ライブラー所蔵／門野幾之進関係資料，慶應義塾福沢研究センター所蔵，門野幾之進記念館所蔵／対馬幾関係資料，慶應義塾福沢研究センター所蔵／鉄道省文書，国立公文書館所蔵／東急電鉄株式会社所蔵資料／東京府文書，東京都公文書館所蔵／内閣文書，国立公文書館所蔵／日本不動産所蔵資料／ヤマサ醤油株式会社所蔵資料

【新聞・雑誌】
『インシュアランス』／『銀行総覧』／『銀行通信録』／『工業之大日本』／『時事新報』／『静岡民友新聞』／『実業之世界』／『実業之日本』／『新日本』／『ダイヤモンド』／『中外商業新報』／『東京朝日新聞』／『保険銀行時報』／『読売新聞』／『THE SALARIED MAN』

【「営業報告書」など利用企業】※
遠州電気軌道（遠州電気鉄道）／共同火災保険／三十五銀行／時事新報社／昭和銀行／第一火災海上保険（第一火災海上再保険）／第二富士電力／高砂製糖／玉川電気鉄道／千歳火災海上再保険／千代田火災保険／千代田生命保険／東邦電力／豊国銀行／日本徴兵保険／浜松委託／浜松瓦斯／浜松商業銀行／浜松鉄道（浜松軽便鉄道）／富士瓦斯紡績（富士紡績）／富士電力／三井信託／矢作水力

> ※基本的に，「丸善雄松堂株式会社営業報告書集成」所収のものを利用した。ただし，三十五銀行については，『静岡民友新聞』に掲載のものを利用した。また，玉川電気鉄道の一部は，東京大学経済学図書館・経済学部資料室所蔵のものを，浜松鉄道株式会社の一部は，浜松市博物館所蔵伊東家文書のものを利用した。

【日本語文献】
青木栄一 ［1983］「大正期の鉄道にみる『地方の時代』（二）」，『大正期鉄道史資料月報』第2号。

――― ［2006］「地方民道の見方」，青木栄一編『日本の地方民鉄と地域社会』古今書院。

青沼吉松 ［1965］『日本の経営層――その出身と性格』日本経済新聞社。

麻島昭一 ［1985］「生命保険会社史の一考察」，『経営史学』第20巻第2号，50-66頁。

――― ［1991］『本邦生保資金運用史』日本経済評論社。

――― ［2001］『本邦信託会社の史的研究――大都市における信託会社の事例分析』

日本経済評論社。

朝比奈知泉［1909］『財界名士失敗談』下巻，毎夕新聞社。

安部磯雄［1913］「学閥論」，『実業之世界』第 10 巻第 7 号，15-18 頁。

阿部武司［1989］『日本における産地綿織物業の展開』東京大学出版会。

天野郁夫［1992］『学歴の社会史——教育と日本の近代』新潮社。

荒井政治［1963］『イギリス近代企業成立史』東洋経済新報社。

井奥成彦［2020］「問題提起」（全国大会統一論題要旨），『経営史学』第 54 巻第 4 号，
　　29-30 頁。

井奥成彦・中西聡編［2016］『醤油醸造業と地域の工業化——高梨兵左衛門家の研究』
　　慶應義塾大学出版会。

石井寛治［1999］『近代日本金融史序説』東京大学出版会。

————［2010］「書評：鈴木恒夫・小早川洋一・和田一夫著『企業家ネットワークの
　　形成と展開——データベースからみた近代日本の地域経済』」，『経済学論集』第 75
　　巻第 4 号，45-48 頁。

石井寛治・中西聡編［2006］『産業化と商家経営——米穀肥料商廣海家の近世・近代』
　　名古屋大学出版会。

石井寿美世［2013］「江戸から明治へ——明治初期における地方企業家の経済思想」，川
　　口浩他編『日米欧からみた近世日本の経済思想』岩田書院，289-313 頁。

————［2016］「明治期における地方の企業生成と経済思想——産業・世代の差異を
　　視野に」，川口浩編『日本の経済思想——時間と空間の中で』ぺりかん社，248-278
　　頁。

石井里枝［2013］『戦前期日本の地方企業——地域における産業化と近代経営』日本経
　　済評論社。

石川健次郎［1974］「明治期における企業者活動の統計的観察」，『大阪大学経済学』第
　　23 巻第 4 号，85-118 頁。

井上泰岳［1911］『現代名士の活動振り』東亜堂。

井上篤太郎翁伝記刊行会編［1953］『井上篤太郎翁』井上篤太郎翁伝記刊行会。

伊牟田敏充［1980］「日本金融構造の再編成と地方銀行」，朝倉孝吉編『両大戦間におけ
　　る金融構造——地方銀行を中心として』御茶の水書房，3-114 頁。

岩間六郎［1937］「保険秘話（28）——所謂供託金問題の全貌」，『保険銀行時報』第
　　1835 号，7 頁。

印南博吉編［1966］『現代日本産業発達史 XXVII ——保険』現代日本産業発達史研究
　　会。

榎並赳夫［1922］『本邦地方銀行論』，文雅堂。

遠州鉄道社史編纂委員会編［1983］『遠州鉄道 40 年史』遠州鉄道株式会社。

老川慶喜［1992］『産業革命期の地域交通と輸送』日本経済評論社。

大石嘉一郎編［1975］『日本産業革命の研究——確立期日本資本主義の再生産構造』
　　上・下，東京大学出版会。

大阪屋商店調査部編［1925］『株式年鑑』大阪屋商店。

大蔵省理財局編［1908］『第十五回 銀行総覧』熊田印刷所。

──────［1909］『第十六回 銀行総覧』濱田活版所。

──────［1928］『第三十四回 銀行総覧』東京製本合資会社。

大橋敏郎［1915］『実業界の巨腕』玄洋書院。

大森一宏［2000］「戦前期日本における大学と就職」，川口浩編『大学の社会経済史──日本におけるビジネス・エリートの養成』創文社，191-208頁。

大森謙司［1936］「時事新報記者から日本徴兵保険の社長となつた足立荘君の躍進譜」，『実業之世界』第33巻第10号，22-25頁。

岡崎哲二［1994］「日本におけるコーポレート・ガバナンスの発展──歴史的パースペクティブ」，『金融研究』第13巻第3号，59-95頁。

岡田和喜［1983］「浜松第二十八国立銀行の成立と終焉」，『金融経済』第200号，371-461頁。

──────［2001］『地方銀行史論──為替取組と支店銀行制度の展開』日本経済評論社。

岡田和喜・本間靖夫復刻［1973］「三十五銀行沿革誌（一）」，『金融経済』第143号，61-102頁。

──────［1974］「三十五銀行沿革誌（二）」，『金融経済』第144号，65-97頁。

小川功［1980］「明治末期，大正初期における生保の財務活動──電灯，電鉄事業への関与を中心として」，『生命保険経営』第48巻第5号，78-100頁。

小野清造［1936］『生命保険会社の金融的発展』粟田書店。

恩田睦［2018］『近代日本の地域発展と鉄道──秩父鉄道の経営史的研究』日本経済評論社。

加藤健太［2004］「戦間期日本における企業買収──大分セメントの事例」，『経営史学』，第39巻第2号，1-27頁。

門野重九郎［1956］『平々凡々九十年』実業之日本社。

苅谷剛彦・沖津由紀・吉原惠子・近藤尚・中村高康［1993］「先輩後輩関係に"埋め込まれた"大卒就職」，『東京大学教育学部紀要』第32巻，89-118頁。

川口浩編［2000］『大学の社会経済史─日本におけるビジネス・エリートの養成』創文社。

喜多貞吉編［1926］『和田豊治伝』和田豊治伝編纂所。

橘川武郎［1995］「日本における信託会社の不動産業経営の起源──1906〜1926年の東京信託の不動産業経営」，日本住宅総合センター編『不動産業に関する史的研究〈II〉』日本住宅総合センター，138-168頁。

木下半治［1937］「大学出の就職戦線」，『文芸春秋』第15巻第3号，252-260頁。

木村文雄監修［1993］『細江のあゆみ──完全復刻版』細江町教育委員会。

栗原水酉編［1928］『生命保険会社興信録──どの会社が安全か』二六興信所。

桑村常之助［1911］『財界の実力』金櫻堂。

慶應義塾編［1959］『福澤諭吉全集』第6巻，岩波書店。

──────［2002］『福澤諭吉書簡集』第8巻，岩波書店。

──────［2003］『福澤諭吉書簡集』第9巻，岩波書店。

慶応義塾史事典編集委員会編［2008］『慶応義塾史事典 慶応義塾150年史資料集』別巻1，慶応義塾。

慶應義塾塾監局編［1895-1935］『慶應義塾塾員学生姓名録』,『慶應義塾塾員姓名録』,『慶應義塾塾員名簿』慶應義塾。

慶応義塾150年史資料集編集委員会編［2012］『慶応義塾150年史資料集1——基礎資料編：塾員塾生資料集成』慶応義塾,

————［2016］『慶応義塾150年史資料集2——基礎資料編：教職員・教育体制資料集成』慶応義塾。

京王帝都電鉄株式会社総務部編［1978］『京王帝都電鉄30年史』京王帝都電鉄株式会社総務部。

交詢社編［1903-1934］『日本紳士録』交詢社。

小早川洋一・鈴木恒夫・和田一夫［1999］「明治期の会社および経営者の研究——『日本全国諸会社役員録』（明治31年版）の分析」,『産業経済研究所紀要』第9号,1-57頁。

小林一三［1954］『私の事業観』,要書房。

近藤泥牛［1915］「営業報告書の解剖（其一）」,『工業之大日本』第12巻第9号,42-45頁。

齊藤壽彦［2001］「地方銀行の貸出審査体制」,石井寛治・杉山和雄編『金融危機と地方銀行——戦間期の分析』東京大学出版会,77-102頁。

齋藤幸男［1972］『清沢の大公孫樹——尾崎伊兵衛家伝』尾崎元次郎顕彰記念出版刊行会。

坂田実［1910］「我豊国銀行が新に実行せる事業監査の新法」,『実業之日本』第13巻第4号,実業之日本社,20-22頁。

坂本箕山［1921］『神谷傳兵衛』私家本。

佐藤博夫［1960］「慶応閥に対抗」,唐沢俊樹編『五島慶太の追想』五島慶太伝記並びに追想録編集委員会,101-102頁。

サロー, L. C. ［1984］,小池和男・脇坂明訳『不平等を生み出すもの』同文舘出版。

澤翠峰・尾崎吸江［1917］『良い国良い人——東京に於ける土佐人』青山書院。

沢井実・谷本雅之［2016］『日本経済史——近世から現代まで』有斐閣。

静岡銀行編［1960］『静岡銀行史』静岡銀行。

静岡銀行50年史編纂室編［1993］『静岡銀行史——創業百十五年の歩み』静岡銀行。

静岡県編［1996］『静岡県史 通史編5（近現代1）』静岡県。

実業之日本社編［1903］『当代の実業家 人物の解剖』実業之日本社。

渋谷駅編［1985］『渋谷駅100年史——渋谷駅開業100周年記念』日本国有鉄道渋谷駅。

渋谷隆一［1975］「『銀行事故調』解題」,『駒澤大学経済学論集』第6巻臨時号,i-vi頁。

————［1984a］『明治期日本全国資産家・地主資料集成』II,柏書房。

————［1984b］『明治期日本全国資産家・地主資料集成』IV,柏書房。

————［1985a］『大正昭和日本全国資産家・地主資料集成』I,柏書房。

————［1985b］『大正昭和日本全国資産家・地主資料集成』II,柏書房。

————［1985c］『大正昭和日本全国資産家・地主資料集成』IV,柏書房。

島田昌和［2005］「渋沢栄一を中心とした出資者経営者の会社設立・運営メカニズムの一考察」,『経営論集』第15巻第1号,5-28頁。

シュンペーター, J. A.［1977］，塩野谷祐一・中山伊知郎・東畑精一訳『経済発展の理論』上・下，岩波書店。

商業興信所編［1901-1934］『日本全国諸会社役員録』商業興信所。

人事興信所編［1904-1938］『人事興信録』人事興信所。

新堀通也［1966］『学歴──実力主義を阻むもの』ダイヤモンド社。

菅山真次［2011］『「就社」社会の誕生──ホワイトカラーからブルーカラーへ』名古屋大学出版会。

杉山和雄［1970］「明治期後発大紡績企業の資金調達（一）──富士紡績・大阪合同紡績の分析1」，『金融経済』第 123 号，45-77 頁。

鈴木恒夫・小早川洋一・和田一夫［1999］「明治期の会社および経営者の研究──『日本全国諸会社役員録』（明治 40 年版）の分析」，『学習院大学経済論集』第 36 号第 3 巻，275-325 頁。

──────［2009］『企業家ネットワークの形成と展開──データベースからみた近代日本の地域経済』名古屋大学出版会。

鈴木八郎［1915］『株式短評』同好会出版部。

鈴木勇一郎［1996］「玉川電気鉄道の生成と世田谷地域社会の動向」，『史友』第 28 号，69-83 頁。

──────［2004］『近代日本の大都市形成』岩田書院。

瀬岡誠［1998］『近代住友の経営理念──企業者史的アプローチ』有斐閣。

──────［2002］「伊庭貞剛の企業者史的研究──準拠集団と西川吉輔の分析」，『大阪学院大学国際学論集』第 13 巻第 1 号，65-101 頁。

──────［2005］「伊庭貞剛の企業者史的研究──第一次的準拠集団の分析」，『大阪学院大学国際学論集』第 16 巻第 1 号，23-55 頁。

第四銀行企画部行史編集室編［1974］『第四銀行百年史』第四銀行。

高垣五一［1938］『生保コンツェルン読本』春秋社。

高橋亀吉［1930］『株式会社亡国論』萬里閣。

──────［1931］『日本金融論』東洋経済出版部。

武内成［1995］『明治期三井と慶應義塾卒業生──中上川彦次郎と益田孝を中心に』文眞堂。

竹内洋［1999］『学歴貴族の栄光と挫折〈日本の近代 12〉』中央公論新社。

武田晴人［1995］『財閥の時代──日本型企業の源流をさぐる』新曜社。

──────編［2003］『地域の社会経済史──産業化と地域社会のダイナミズム』有斐閣。

田中身喜［1933］『富士紡生まるゝ頃』富士瓦斯紡績株式会社。

谷本雅之［1990］「銚子醤油醸造業の経営動向──在来産業と地方資産家」，林玲子編『醤油醸造業史の研究』吉川弘文館，231-340 頁。

──────［1998］「日本における"地域工業化"と投資活動──企業勃興期：地方資産家の行動をめぐって」，『社会経済史学』第 64 巻第 1 号，88-114 頁。

谷本雅之・阿部武司［1995］「企業勃興と近代経営・在来産業」，宮本又郎・阿部武司編『日本経営史 II 経営革新と工業化』岩波書店，91-138 頁。

中外産業調査会編［1939］『人的事業体系・保険篇』中外産業調査会。

銚子醤油株式会社編［1972］『社史』銚子醤油株式会社。

千代田生命保険相互会社五十年史編纂委員会編［1955］『五十年史 千代田生命保険相互
　　会社』，千代田生命保険相互会社五十年史編纂委員会。

千代田火災海上保険株式会社社史編纂委員会編［1978］『千代田火災八十年史』千代田
　　火災海上保険株式会社。

千代田火災海上保険株式会社 100 周年社史編纂委員会編［1998］『千代田火災百年史』，
　　千代田火災保険株式会社。

土屋喬雄［1954］『日本資本主義の経営史的研究』みすず書房。

筒井正夫［2016］『巨大企業と地域社会——富士紡績会社と静岡県小山町』日本経済評
　　論社。

帝国秘密探偵社編［1927-1938］『大衆人事録』帝国秘密探偵社。

滴々楼主人［1919］「千代田生命の新評議委員（上）」，『保険銀行時報』第 929 号，5 頁。

東京急行電鉄株式会社編［1943］『東京横浜電鉄沿革史』東京急行電鉄株式会社。

東京急行電鉄株式会社社史編纂事務局編［1973］『東京急行電鉄 50 年史』東京急行電鉄
　　株式会社社史編纂委員会。

東京興信所編［1895-1909］『銀行会社要録 附役員録』東京興信所。

東京鉄道局運輸課編［1925］『砂利に関する調査』東京鉄道局運輸課。

東都通信社編［1919］『大日本銀行会社沿革史』東都通信社。

同和火災海上保険株式会社社史編纂委員会編［1995］『同和火災 50 年史 通史』同和火
　　災海上保険株式会社。

遠間平一郎［1912］『財界一百人』中央評論社。

―――［1915］『事業及人物』中央評論社。

外山正一［1899］『藩閥之将来 全——附教育之大計』博文館。

都倉武之［2020］「慶應義塾出身者はなぜ『群れる』のか」，『経営史学』第 54 巻第 4 号，
　　24-37 頁。

長妻廣至［2004］「明治期銚子醤油醸造業をめぐる流通過程——ヤマサ醤油を中心とし
　　て」，長妻廣至遺稿集刊行会編『農業をめぐる日本近代——千葉・三井物産・ラー
　　トゲン』日本経済評論社。

中西聡［2011］「書評：鈴木恒夫・小早川洋一・和田一夫著『企業家ネットワークの形
　　成と展開——データベースからみた近代の日本の地域経済』」，『経営史学』第 46 巻
　　第 2 号，91-93 頁。

―――［2019］『資産家資本主義の生成——近代日本の資本市場と金融』慶應義塾大
　　学出版会。

中西聡・井奥成彦編［2015］『近代日本の地方事業家——萬三商店小栗家と地域の工業
　　化』日本経済評論社。

長廣利崇［2013］「戦間期日本における高等商業学校の就職斡旋活動」，『大阪大学経済
　　学』第 63 巻第 1 号，104-125 頁。

―――［2019］「書評：若林幸男編『学歴と格差の経営史——新しい歴史像を求めて』」，
　　『社会経済史学』第 85 巻第 1 号，92-94 頁。

中村尚史［2010］『地方からの産業革命——日本における企業勃興の原動力』名古屋大

学出版会。

中村政則［1965］「明治・大正期における「地代の資本転化」と租税政策」，『一橋論叢』第53巻第5号，649-676頁。

———［1979］『近代日本地主制史研究——資本主義と地主制』東京大学出版会。

名古屋電鉄株式会社社史編纂委員会編［1961］『名古屋鉄道社史』名古屋電鉄株式会社。

日統社編輯部［1933］『神谷傳兵衛と近藤利兵衛』日統社。

野田兵一［1927］『財界暴風に直面して』文明社。

野田正穂［1980］『日本証券市場成立史——明治期の鉄道と株式会社金融』有斐閣。

芳賀惣治郎編［1914］『技術部彙報』第一機関汽缶保険会社。

浜松市役所編［1926］『浜松市史』浜松市役所。

———［1980］『浜松市史』三，浜松市役所。

疋田久次郎［1938］「我国火災保険会社の沿革（其二）」，『損害保険研究』第4巻第1号，218-253頁。

平野隆［2013］「福沢諭吉の経営思想・近代企業論」，小室正紀編『近代日本と福澤諭吉』慶應義塾大学出版会，255-276頁。

———［2017］「福澤諭吉と門下生の企業家たち——尚商立国の思想と士流学者」，『大倉山論集』第63号，29-59頁。

ヒルシュマイア，J.［1965］，土屋喬雄・由井常彦訳『日本における企業者精神の生成』東洋経済新報社。

ヒルシュマイヤー，J.・由井常彦［1977］『日本の経営発展——近代化と企業経営』東洋経済新報社。

福井康貴［2016］『歴史のなかの大卒労働市場——就職・採用の経済社会学』勁草書房。

福澤桃介［1930］『財界人物我観』，ダイヤモンド社。

富士銀行調査部百年史編さん室編［1982］『富士銀行百年史』株式会社富士銀行。

富士紡績株式会社社史編纂委員会編［1997］『富士紡績百年史』上，富士紡績株式会社。

藤山雷太［1918］「新社員採用の標準 三つの問題」，『実業之世界』第15巻第7号，28-30頁。

藤原楚水［1932］「財界学閥物語」（一）～（五），『弘道』第476号，54-57頁; 同第477号，45-46頁; 同第478号，41-42頁; 同第479号，41-43頁; 同第480号，36-37頁。

松崎欣一［2001］「福沢書簡に見るある地方名望家の軌跡——伊東要蔵と福沢諭吉」，『近代日本研究』第18巻，1-64頁。

松村敏・阿部武司［1993］「和田豊治と富士瓦斯紡績——『和田豊治日記』刊行に寄せて」，『近代日本研究』第10巻，125-159頁。

三鬼陽之助［1954］『五島慶太伝』東洋書館。

三木田十五［1933］『財界学閥展望』不動書房。

三科仁伸［2018a］「戦前期東京における電気鉄道の設立と展開——城東電気軌道・王子電気軌道を事例として」，『史学』第87巻第3号，33-59頁。

———［2018b］「日比谷平左衛門の企業家精神——日本製布・鐘淵紡績・富士紡績の再建及び人材育成制度の検討」，『史学』第88巻第1号，1-25頁。

————[2023]「静岡県と山梨県における金融・鉄道事業と地域振興——地域利害の相克と調整」，松本和明編『渋沢栄一がめざした「地域」の持続的成長——人的ネットワークの確立と連携の推進〈渋沢栄一と「フィランソロピー」3〉』ミネルヴァ書房，108-125 頁。

————[2025]「門野重九郎と鉄道事業」，『近代日本研究』第 41 巻，105-137 頁。

三田商業研究会編［1909］『慶應義塾出身名流列伝』実業之世界社。

宮本又郎［1999］『企業家たちの挑戦〈日本の近代 11〉』中央公論社。

村田昇司［1939］『門野幾之進先生 事蹟文集』門野幾之進先生懐旧録及論集刊行会。

森武麿［2018］「地主制史論（第 2 部「「中村正則の歴史学」を歴史に位置づける」）」，浅井良夫・大門正克・吉川容・永江雅和・森武麿編著『中村政則の歴史学』日本経済評論社，95-120 頁。

森川英正［1978］『日本財閥史』教育社。

————[1980]『財閥の経営史的研究』東洋経済新報社。

————[1981]『日本経営史』日本経済新聞社。

————[1990]「学者士人と経営者企業——福沢諭吉の実業観とその変化」，中川敬一郎編『企業経営の歴史的研究』岩波書店，61 頁 -80 頁

守田志郎［1963］『地主経済と地方資本』御茶の水書房。

文部大臣官房文書課編［1927-1950］『日本帝国文部省年報』，『大日本帝国文部省年報』文部大臣官房文書課。

山崎廣明［2000］『昭和金融恐慌』東洋経済新報社。

ヤマサ醤油株式会社編［1977］『ヤマサ醤油店史』ヤマサ醤油株式会社。

山田万作編［1891］『岳陽名士伝』私家本。

山名次郎［1926］「諸会社銀行は新卒業生採用に当つて須らく官私大学に依る差別待遇を撤廃せよ」，『実業之日本』第 29 巻第 23 号，138-141 頁。

山本達雄先生伝記編纂会編［1951］『山本達雄』山本達雄先生伝記編纂会。

吉野鉄拳禅［1915］『日本富豪の解剖』東華堂。

米川伸一［1994］「第二次大戦以前の日本企業における学卒者」，『一橋大学研究年報 商学研究』第 34 巻，3-38 頁。

若林幸男［2018］「サラリーマン社会と「学歴格差」」，若林幸男編『学歴と格差の経営史——新しい歴史像を求めて』日本経済評論社，1-26 頁。

和田一夫・小早川洋一・塩見治人［1992a］「明治 40 年時点の中京財界における重役兼任——「日本全国諸会社役員録」（明治 40 年版）の分析」，『南山経営研究』第 6 巻第 3 号，215-248 頁。

————[1992b]「明治 31 年時点の中京財界における重役兼任——「日本全国諸会社役員録」（明治 31 年版）の分析」，『南山経営研究』第 7 巻第 2 号，217-254 頁。

————[1993]「大正 7 年時点の中京財界における重役兼任——「日本全国諸会社役員録」（大正 7 年版）の分析」，『南山経営研究』第 8 巻第 1 号，75-125 頁。

渡邉恵一［1990］「軽便鉄道法の成立——国有化後における鉄道政策の一側面」，『立教経済学論叢』第 37 号，89-115 頁。

————[2005]「産業化と地方企業——青梅鉄道の事例」，武田晴人編『地域の社会経

済史――産業化と地域社会のダイナミズム』有斐閣，148-192頁。

【英語文献】

Chandler, Jr., A. D. [1962], *Strategy and Structure: Chapters in the History of the Industrial Enterprise*, Massachusetts Institute of Technology Press, Boston.

――――― [1977], *The Visible Hand: The Managerial Revolution in American Business*, The Belknap Press of Harvard University Press, Boston.

――――― [1990], *Scale and Scope: The Dynamics of Industrial Capitalism*, The Belknap Press of Harvard University Press, Boston.

Cole, A. H., [1959], *Business Enterprise in Its Social Setting*, Harvard University Press, Boston.

Hyman, H. H. [1942], *The Psychology of Status*, No.269 of Archives of Psychology, Columbia University, New York.

Michie, J. and Smith, J. G. eds. [1998], *Globalization, Growth, and Governance: Creating an Innovative Economy*, Oxford University Press, Oxford.

人名索引

朝吹英二　8, 75, 77, 80, 88
足立荘　94
足立孫六　137, 138, 180-184
阿部泰蔵　32, 72
生田定之　51, 54, 56, 63-65
池田成彬　8, 32, 63, 81, 89, 94
伊東磯平治　130, 134, 136, 140, 141, 154, 163, 164, 167, 168, 190, 197, 198, 201, 208
伊東武　130, 131, 151, 153, 154, 211
伊東要蔵　9, 10, 12-14, 41, 47, 54, 61, 80, 129-221, 224-228
稲延利兵衛　41, 93
井上角五郎　77, 79, 80
岩崎一　94, 115
岡本貞烋　41, 47, 54, 80, 90
尾崎伊兵衛　188, 189
小幡篤次郎　8, 72
門野幾之進　10, 34, 41, 47, 55, 59, 60, 65, 71-99, 119, 122, 224, 228
門野重九郎　119, 122
金光庸夫　3, 119
鎌田栄吉　30-32
神谷傳兵衛　41, 45, 54, 55
北川禮弼　75, 76, 77, 79-81, 88-90, 92, 94, 96, 115, 118
小泉信吉　8, 72
小樽勇　179, 186-188
五島慶太　34, 119, 122
小林一三　30, 34, 229
近藤利兵衛　41, 45, 55
坂田実　41, 47, 54, 89, 90
澤柳政太郎　30-32
渋沢栄一　3, 45, 200, 201
荘田平五郎　8, 32, 54
鈴木金平　156, 157, 167
高田早苗　30-32
高橋義雄　77, 80

対馬機　35
津田興二　13, 102, 109, 115, 118, 119, 122, 148, 224, 228
鶴見信平　164, 197, 208
豊川良平　41, 54
永松達吾　109, 115
中上川彦次郎　8, 32
永見勇吉　55, 57, 61
中村藤吉　135, 185, 197, 208, 214, 215
根津嘉一郎　104, 202
波多野承五郎　75, 77, 79-81, 88, 94
濱口吉右衛門（9代目，容所）　13, 39-41, 43, 44, 47, 53-57, 64, 139, 158, 223, 228
濱口儀兵衛（10代目，梧桐）　10, 44, 47, 77, 80
日比翁助　8
日比谷平左衛門　226
平賀敏　82
平沼亮三　82, 118
深井鷹一郎　208, 211, 214, 215
福澤桃介　8, 74, 94, 214
福澤諭吉　8, 23, 71, 74, 81, 115, 133, 155, 156, 228
藤山雷太　8, 80
藤原銀次郎　32
益田孝　77, 80
松尾侃次郎　179, 184-189
松永安左ェ門　8
武藤山治　8
村上守倫　155, 156
森村市左衛門　56, 90, 184
山名次郎　31, 35
山本達雄　54, 179, 186, 190
和田豊治　8, 40, 41, 54, 56, 65, 79, 80, 94, 118, 119, 137, 139, 148, 149, 151, 155, 158, 179, 184-186, 190, 224, 228
渡邊熊之進　103, 104, 106, 107, 122
渡邊寧祐　64, 157

著者紹介

三科仁伸（み しな まさ のぶ）

拓殖大学商学部経営学科准教授。1989年生まれ。慶應義塾大学大学院文学研究科後期博士課程単位取得退学。博士（史学）。

主な業績：「戦時期ヤマサ醤油における労働環境」（井奥成彦・中西聡編著『醸造業の展開と地方の工業化──近世・近代日本の地域経済』慶應義塾大学出版会，2023年）

「静岡県と山梨県における金融・鉄道事業と地域振興──地域利害の相克と調整」，松本和明編『渋沢栄一がめざした「地域」の持続的成長──人的ネットワークの確立と連携の推進〈渋沢栄一と「フィランソロピー」3〉』ミネルヴァ書房，2023年）

「松岡孝吉と電力事業」（井奥成彦，谷本雅之編著『豪農たちの近世・近代──19世紀南山城の社会と経済』東京大学出版会，2018年）

戦前期日本の学閥ネットワーク
慶應義塾と企業家

2025年3月14日　第1刷発行

著　者　三　科　仁　伸
発行者　柿　﨑　　　均
発行所　株式会社　日本経済評論社

〒101-0062　東京都千代田区神田駿河台1-7-7
電話 03-5577-7286　FAX 03-5577-2803
E-mail: info8188@nikkeihyo.co.jp
http://www.nikkeihyo.co.jp

装幀：渡辺美知子　　印刷：太平印刷社　　製本：誠製本

落丁本・乱丁本はお取替えいたします。　Printed in Japan
価格はカバーに表示しています。
© MISHINA Masanobu 2025
ISBN 978-4-8188-2673-1　C3034

・本書の複製権・翻訳権・上映権・譲渡権・公衆送信権（送信可能化権を含む）は，（株）日本経済評論社が著者からの委託を受け管理しています。
・[JCOPY]〈（一社）出版者著作権管理機構　委託出版物〉
本書の無断複製は著作権法上での例外を除き禁じられています。複製される場合は，そのつど事前に，（一社）出版者著作権管理機構（電話 03-5244-5088，FAX 03-5244-5089，e-mail：info@jcopy.or.jp）の許諾を得てください。

時代を超えた経営者たち
井奥成彦編著　本体 2800 円

近代日本の地方事業家
萬三商店小栗家と地域の工業化
井奥成彦・中西聡編著　本体 8500 円

戦前期日本の地方企業
地域における産業化と近代経営
石井里枝　本体 4800 円

近代日本の地域発展と鉄道
秩父鉄道の経営史的研究
恩田睦　本体 5000 円

戦前期都市銀行史研究
安田銀行を中心に
迎由理男　本体 9300 円

学歴と格差の経営史
新しい歴史像を求めて
若林幸男編著　本体 7300 円

工業化と企業家精神
ヨハネス・ヒルシュマイヤー著
川﨑勝・林順子・岡部桂史編　本体 6500 円

日本経済評論社